KB268589

오래된 새길
영성

오래된 새길 영성

원광대학교 원불교사상연구원 편

오래된 새길, 생명평화의 길

옛것은 사라져가고 새것은 보이지 않는 어둠에 잠겨가는 시대. 복합위기가 다가오고 있다. 인류의 생명과 안전이 위협받고 있으며 향후 나라의 진로를 가늠해야 할 엄중한 상황이다. 이러한 위기에도 불구하고 사회적 강자들의 공개념 실종은 우리를 좌절케 하고 대다수의 사회적 약자들은 각자도생의 길로 접어들며 인간적 삶의 희망을 잃어 가고 있다. 수많은 젊은이들과 노인들이 삶의 고통으로 인해 극단의 선택인 죽음으로 행진한다. 사회의 전 영역이 시장화되어 가고 인간의 상품화가 급속히 진행되고 있다. 민주화와 산업화는 인간화를 위한 과정이지 그 자체가 목적이 아니다. 이제 우리는 인간화에 실패했음을 인정해야 한다.

생명평화는 '생명을 존엄하게 여길 때 평화가 온다'는 말의 약칭이다. 화폐가치가 체제의 현실적 중심가치라면 인간가치, 생명가치는 체제 밖에 자리한 사회적 약자들의 이상적 가치이다. 그렇다. 인류의 역사에서 인간가치와 생명가치는 중심부보다는 주변부의 이상적 가치로 자리하고 있었고 새로운 문화는 늘 주변부에서 창조적 소수자들에 의해 태동되었다. 하늘 뜻을 깨달아 앞길을 밝혀주었던 사람들, 자연의 빛을 드러내고 땅의 소리를 전해 준 사람들, 힘없는 사람들과 함께한 사람들은 대개 당대의 문명을 비판하고 새로운 전망을 품는 체제 밖 사유를 한 사람들이었다. 보이지 않는 것들을 보고 깨달은 영성의 사람들이었다. 이들은 하늘·사람·땅과의 바른 관계를 이루려는 공생적 사유와 삶을 추구했다.

우리가 사는 이 땅에도 주변부에서 체제 밖 사유를 하며 새로운 문명을 전망하고 새길을 열어온 영성의 사람들, 풀뿌리 사상가, 다양한 삶을 꾸리는 생활자들이 있다. 이들은 생명평화라는 공동의 언어를 매개로 지난 30여 년 더불어 성찰하고 공부하며 일해 왔다. 이 책의 필자들은 종교인, 학자, 시인, 여론지도자, 사회운동가들을 포함하여 지역과 시민단체의 현장에서 일해온 생활자들을 망라한 남녀노소 30인이다. 새 문명을 전망하며 생명가치를 찾아온 사람들의 오랜 대화가 이제 결실을 맺어 자생적 풀뿌리 생명평화 담론이 책으로 엮어져 나옴은 뜻깊은 일이 아닐 수 없다.

이 책은 처음부터 의도한 기획출판물도, 그렇다고 우연한 결과물도 아니라고 본다. 사상서, 이론서, 이론번역서, 방법론에 관한 책들이 체제적 성격이라면 이 책은 한국사회의 주변부에 생산된 반문명적 영성과 다양한 삶의 현장 증언, 그리고 실존적 고뇌가 담긴 자생적 풀뿌리담론으로서 마치 무크지 같다. 요기(yogi)적 관점과 커미싸르(commissar)적 관점, 더 나아가 요기-싸르(yogi-ssar)적 관점까지 다양한 사상적 스펙트럼이 담겨 있는데 이점이 흥미롭기도 하거니와 생명평화의 패러다임이 다양한 입장을 포용하는 개방성을 담은 통 큰 사유의 틀이라는 인식을 새삼 떠올리게 한다. 밥을 비롯한 일상적 삶에 관한 작은 이야기들 역시 흥미로울 뿐 아니라 소비자가 아닌 생활(생산)자로서, 유권자가 아닌 주권자로서 삶의 정치, 일상의 정치의 의미를 일깨워 준다.

한편 주목할 점은 필자들의 다양한 견해와 활동의 밑바탕에 흐르는 공동체와 영성에 대한 관심이다. 생명평화운동의 사회적 책임과 지향성이 우주적, 사회적 공공성의 창출에 있다면 이는 앞으로 영성(종교성)을 갖는 건강한 시민운동으로의 성숙과 도약을 기대할 수 있는 의미 있는 변화라고 본다. 또한 문명론적 접근을 해온 생명평화운동이 다가온 위기를 넘어서는 전위적 현실참여의 장을 열어가며 그 깊이와 폭을 더 확충할 수 있으리라는 희망을 갖게 한다. 다만 여기서의 종교성은 종교적이라는 의미는 아니어야 할 것 같다. 또한 이러한 정신적 흐름은 앞으로 미학적 주제로도 이어져 갔으면 하는 기대를 갖게 한다. 외람된 훈수를 두자면 생명담론은 지속적으로 이어가더라도 관념적 추상성에 기운 사상중심의 연구, 즉 연구를 위한 연구는 절제하면 좋겠고 실사구시적 접근에 주안점을 두었으면 한다. 또한 현실적합성을 갖는 생명평화의 의제설정과 실행기획이 절실히 요청된다. 파국으로 치달을 수도 있는 상황을 어떻게 벗어나서 인간적 삶이 가능한 문명사회를 이뤄갈 수 있을까?

3.1운동 100주년을 맞으며 생명평화의 새물결이 널리 널리 번져가기를 기원하면서 오늘 이 책이 나오기까지 수고를 아끼지 않은 원불교 100주년 생명평화활동가마당 관계인사들께 감사드린다. 마지막으로 어려웠던 시절인 80년대 초반, 문명론적 접근으로 생명평화의 길을 여는 초석이 되셨던 작고하신 장일순 선생, 박재일 회장, 문순홍 박사, 그리고 김지하 시인, 장회익 교수님 등 선각적 현자들을 기억하며 높은 경의를 표한다.

생명평화는 모든 고등종교가 지향하는 오래된 새 길이다.

강대인 대화문화아카데미원장

종교문명의 대전환과 큰 적공

원불교 100주년 · 원광대학교 개교 70주년 기념 국제학술대회

오광익 _ 궁산, 원로교무

1

我國著名教授群 우리나라 저명한 교수 무리와

他邦優秀學人欣 다른 나라 우수한 학자들이 기쁘게

論經論政論生命 경제와 정치를 논하고 생명을 논하며

宗敎所談盛大聞 종교를 말하는 바가 성대하게 들렸어라.

2

建敎百年艱裏過 원불교 세운 백년, 어려움 속에 지나가고

圓光七十易非拖 원광대학 칠십년, 쉽게 끌어옴이 아니라네

上存眞理感應降 위에는 진리가 있어서 감응을 내리었고

下有匹儔同懋荷 아래로는 짝들이 있어 함께 힘써 멤이어라.

* 원불교 100주년 · 원광대학교 개교 70주년 기념 국제학술대회가 「종교문명의 대전환과 큰 적공」이라는 대제(大題)를 내걸고 원불교 중앙총부 반백년기념관과 원광대학교 숭산기념관에서 2016년 4월 28일에서 30일까지 개최되었다. 이 대회에 참석하여 두루 경청하고 그 감상을 한시로 엮었다.

3

世態渾淪活路焦 세태의 혼륜에 살아가는 길이 초조하고
地村環境破傷招 지구마을 환경은 깨어져 상함을 부르누나
群邦互戰平和壞 여러 나라 서로 다퉈 평화가 어그러지니
恩愛不施消滅邀 은혜사랑 베풀지 아니하면 소멸을 맞으리.

4

先天交易後天回 선천이 바뀌어서 후천이 돌아오니
主佛吾師此世來 주세 부처 우리 스승 이 세상 왔어라
道德再明人類濟 도덕을 다시 밝혀서 인류를 건지고
齊肩共活樂園開 어깨 나란히 함께 살 낙원을 열었네.

5

宗教文明轉換迎 종교문명의 전환기를 맞이하여
積功加力再開晴 적공에 힘을 더해 다시 열고 맑히리라
好治物質新生覓 물질을 좋게 다스려 새로 살림을 찾고
善啓精神聖世成 정신을 잘 열어 성스러운 세상 이루리.

4장 밥과 삶, 그리고 영성

5장 우리들의 이야기, 생명 평화

더불어 사는 삶
그 너머

김용우_생명평화결사

글머리에

굳이 노자(老子)를 인용하지 않아도 말로 표현할 수 없는 것을 말로 하는 것만큼 부질없는 짓이 없다는 것을 아는 사람은 다 안다. 다만 현실이 요구하니 간음한 여자를 앞에 둔 예수처럼, 혹은 나무 팔다가 스님 독경을 들은 육조 혜능처럼, 또는 베 짜는 소리의 주인공을 묻는 해월에게 '우리 며느리'라고 이야기하는 청주 근방의 서택순처럼 뜻하지 않은 입과 뜻하지 않은 귀를 위해 주절거려 본다.

이른바 생명(평화)운동이라고 하는 것이 30여 년 전에 시작된 이래 당시까지 주류를 이루던 사회운동의 유물주의적 경향에 대응해 끊임없이 이야기되었던 바가 영성(靈性, spiritual)이다. 생명운동은 근대 문명을 이끌어 온 이원론적 세계관을 넘어 일원론적 자타불이(自他不二)의 세계관을 통해 인간의 우주성(영성·불성·신성 등을 포괄하는 용어로 사용코자 함)과 진화를 바탕으로 조화로운 문명의 창조를 지향하는 운동이다. 근대 사회운동이 근대적 가치를 실현하기 위한 진보운동이라면 생명운동은 근대를 넘어 새로운 문명을 지향한다.

근대 사회운동은 인간과 자연의 분리, 물질과 의식의 분리, 이성과 감성의 분리에 입각한 합리적 이성이 중심이 되는 이원론적 주체에 의해 주도되기에 경쟁과 투쟁·합리적 이성에 의한 비판과 토론·국가권력의 장악과 계몽 및 제도 개혁을 통한 사회 진보를 주창한다. 반면에 생명운동은 천지만물 여아동근(天地萬物與我同根)이라는 인식에 기초해 자연과 인간·사람과 사람의 공생과 협동 및 공동체·물질과 의식의 통일성에 기반을 둔 진화적 사유와 이성과 감성 너머의 신성(神性) 혹은 영성(靈性)을 강조한다. 또한 삶의 근거지인 지역을 중심으로 생명의 우주성을 자각한 '더불어 사는 주인공'들의 수행과 더불어 사는 노력을 통해 자율성 증대와 자족에 기반을 둔 자립·공동체적 자치 등을 강조한다. 운동의 수단도 경쟁과 투쟁이 아니라 협동·평화·절과 기도·서로 배움 등을 강조한다.

한국사회의 근대화 과정은 외세에 의해 폭력적으로 전개되었고, 한반도에 근대국가가 들어선 것은 1948년의 일이었다. 그마저도 분단된 2국가 체제였다. 근대의 두 체제 간 경쟁과 대립이 끝났음에도 한반도는 아직 분단 상태이고 남북한 민초들의 내면에도 분단과 적대가 남아 있다. 남한은 자유 가치를 중심으로 근대화가 진행되면서 다종교사회가 되었다. 북한에서는 유물론에 기초한 사회주의 근대화가 진행되면서 국가의 절대적 우위 아래 종교의 사회적 영향력은 급속히 축소되었다. 근대 문명의 물질성과 욕망추구적 성격, 근대과학의 눈부신 성과와 합리적 이성의 강조는 근대 문명에서 종교의 위치를 끌어내렸다. 유럽에서는 가톨릭과 기독교의 쇠퇴가 확연하였고, 사회주의 체제가 존속했던 지역에서도 종교의 영향력은 쇠퇴하였다. 동남아시아·아프리카·남미 등에서 불교·전통 종교·기독교가 득세하고 이슬람권이 유지되고 있지만, 지구 상에서 민초들 삶의 신성성 또는 영성은 유물화(有物化)되거나 무시되고 있다. 근대 이전에 비해 혹은 근대의 출발 지점에 비해 종교의 영향력은 국가와 자본에 밀리고 있다.

한살림운동을 비롯한 생명협동운동은 그동안 꾸준히 확산되어 왔다. 더욱이 2012년 협동조합기본법의 제정과 함께 (그 수준과 질이 담보되어 있지는 않지만) 한국사회에서 협동조합에 대한 관심은 급격히 높아지고 있다. 특히 많은 사회운동가와 단체들이 협동운동을 하고 있는 점은 전통적인 투쟁운동으로부터의 전환이 시작되었다는 점에서 의미 있다. 또한 2000년대 들어 급속히 늘어나기 시작한 생명평화운동을 비롯한 생명ㅇㅇ운동은 다양한 영역으로 확산되고 있다. 생명을 직접 내걸지 않지만 일원론적 시선을 가지고 생명운동을 하는 곳들도 있다. 그런데 이러한 생명운동의 확산에도 불구하고 다양한 측면에서 문제가 제기되고 있다. 한살림운동을 비롯한 생명협동운동의 경우 지금까지는 성장과 확산의 과정에 있었지만 성장이 멈추거나 이루어지지 않는 상황에서 '욕망'이 어떻게 제어되고 공동체의 에너지로 전환될 수 있는가 하는 문제가 있다. 일부지만 곳곳에서 중요한 임직을 놓고 벌어지는 갈등이나 직원과 활동가 사이의 갈등, 농민과 소비자의 갈등 등은 생명협동운동의 대안적 해결 방안에 대해 고뇌하게 한다. 생명평화운동도 마주치는 현실이 있다. 수많은 공동체운동과 사회운동 역시 다르다는 이유만으로 적대하고 대립하고 때론 이해하기 힘들 정도로 서로 분노한다. 우리 사회 곳곳에서 드러나고 있는 갈등의 현장에서 생명평화운동이 제시하는 문제 해결의 방법과 대안은 무엇인가? 특히 갈등이 단기적 해결을 요청하고 있을 때 생명평화운동은 괴롭다(?). 다양한 영역의, 곳곳의 운동 영역에서 운동에 참여한 구성원들이 서로에게 또는 마주하고 있는 상대와 끊임없이 공방(攻防)하고 갈등하면서 분노와 화, 그리고 우울과 슬픔으로 심대한 에너지를 소모하고 있다. 우리 사회에 점차로 증대하고 있는 적대와 공동체운동 안에서의 갈등과 이견을 해소하는 방안에 대한 고민도 점점 커지고 있다.

이러한 상황은 우리 사회와 생명평화운동에 두 가지 문제를 제기하고 있는 것으로 보인다.

하나는 근대 문명으로부터 이식되고 근대 문명에 길들여진 삶과 사고·언어와 습관의 문제에 대한 종교의 사회적 역할은 무엇이었고, 근대화 과정에서 드러난 현상은 어떤 것인가의 문제이다. 또 하나는 대안 문명으로서 탈근대 문명운동인 생명운동이 어떻게 대립과 갈등의 해결책과 과정을 제시하여 인간의 성숙과 사회의 공동체적 성숙의 희망을 제시하는가이다. 우리가 생명운동을 통해 개인적으로나 사회적으로 깊어지고 성숙하고 진화하고 있는가, 우리의 평화가 이웃까지 평화롭게 하고 있는가의 문제이다. 전자가 근대 문명에서 있었던 종교의 역할에 대한 성찰이라면 후자는 생명운동이 제시해야 할 통합적 영성과 구체적 삶에서의 종교성(영성)을 실현하기 위한 방안에 대한 논의이다.

이 문제에 대한 답은 당연히 한반도의 근대화 과정에서 종교성의 전개 방향에 대한 성찰과 새로운 문명운동에서 종교의 역할과 통합적 종교성이 무엇인가에 대한 답으로 제시되어야 한다. 구체적으로는 현재 제기되고 있는 사회운동과 영성·공동체운동과 영성·노동과 밥의 영성·사회와 종교성에 대한 실천 과제의 모색 과정이 제기되어야 한다. 또한 이 문제의 논의는 한반도 남북문제의 탈근대적 해결 과정에서 종교성이 어떤 역할을 할 수 있는지에 연결되어 있다.

생명의 우주성과 한국사회

영성 하면 종교를 떠올리게 되거나 종교성에 대한 이야기로 들린다. 그러나 영성과 종교 및 종교성은 반드시 일치하는 것이 아니다. 오히려 종교 안에는 영성이 없을 수도 있다. 이미 누구나 우주 역사의 진화 과정을 머금고 있으며, 우주와 더불어 존재하기 때문이다. 또한 우리는 이 세상에 올 때 '나'라는 주체로 온 것이 아닐 뿐만 아니라 주체적으로 죽을(갈) 수도 없는 존재로서의 나와, 하루에 5만 가지 생각을 하는 뇌와 의식(consciousness)을 가지고 있는 존재들이다. 우리 안에 우주도 있고 불성도 있고 아버지 하느님도 한울님도 계시다. 그것을 깨달아 아는 사람도 있고 모르는 사람도 있다. 깨달아 그분과 함께하는 삶을 살고자 하는 사람이 있고(성찰과 수행의 삶), 세상의 시선과 철학에 기대어 모든 것을 밖에서 찾으려는 사람이 있다. 성찰과 수행의 삶을 산 붓다, 노자, 공자, 예수, 마호메트, 수운, 해월 소태산 등의 선현들이 있었다. 아니다. 이들도 무수히 많은 수행자들 중 하나였을 뿐이다. 앞선 선각자들의 깨달음과 말씀과 삶을 따르고자 하는 사람들이 종교를 만들었다. 종교는 그래서 진리를 실어 나르는 배[舟]일 뿐 진리가 아니라고 한다. 종교의 가장 큰 덕목은 교조를 따라 수행하고자 하는 진리 지향의 수행자가 많아지고, 사회적 실천 덕목과 윤리를 제시함으로써 민초들을 깨우치고 사회를 성숙시키는 것(종교의 세속화, secular religiosity)이다.

통계청의 '2005 인구주택총조사'에 따르면 한국인 4,700만 명 가운데 종교를 갖고 있는 국민은 전체의 53.1%인 2,497만 명이었다. 종교별로는 불교(22.8%), 개신교(18.3%), 천주교(10.9%)의 순이었다. 1995년과 비교해 '천주교 약진, 불교 정체, 개신교 쇠퇴'로 요약됐다. 개신교 신자 수는 1985년 648만 7천 명(16.1%)에서 1995년 876만 명(19.7%)으로 늘었다가 2005년엔 861만 6천 명(18.3%)으로 감소했다. 한국인의 약 46%는 종교가 없다. 대한민국 국민의 절반 이상이 종교를 가지고 있는 것이다. 2015년 말 진행된 '2015 인구주택총조사' 결과는 아직 발표되지 않았다.

그러나 한국 종교의 신뢰도는, 조계종 불교사회연구소가 2015년 10월 실시한 조사에 의하면 2014년 25%에서 2015년 11.8%로 하락했으며, 의료계(21.9%), 시민단체(21.5%) 금융기관(20.5%)이 20%를 넘긴 것에 비하면 한국사회에서 종교의 의미는 참혹하다. 특히 개신교와 불교의 신뢰도가 상대적으로 더 낮았다. 개신교 쪽의 조사에서도 개신교에 대한 신뢰도는 그리 높지 않다. 이는 근대화 과정에서 종교의 양적 성장에도 불구하고 종교가 사회를 통합해내는 원리인 도덕과 윤리의 통합과 실천에서 실패하고 있다는 방증일 가능성이 크다. 생명운동의 입장에서 볼 때 우리 사회의 종교문제는 종교 그 자체의 번성과 신뢰가 아니라 종교가 사회에서 담당해야 할 도덕과 윤리의 사회화 기능을 전혀 수행하지 못한다는 데 있다. 기독교인에게 기독교인으로서의 사회적 덕목과 삶이 없고, 불교인에게 불교인으로서 이웃과 함께하는 사회적 덕목과 울림이 없을 뿐만 아니라 성직자들과 교단 또한 사회적 덕목을 제시하는 선도적 역할을 하지 않는다. 한국의 종교는 자신의 종교 그 자체의 생존과 확장에 의미를 부여하고 실천할 뿐 사회적 성숙과 진화에는 신경 쓰지 않는다. 그래서 한국사회는 기독교인에게서 기독교의 윤리와 도덕 그리고 삶의 감동을 발견하지 못하고, 불교인에게서 불교의 도덕과 윤리에 따른 자비와 공동체성을 찾아내지 못한다.

근대화 과정에서 한반도의 종교문제는 종교의 비종교성과 비사회성에 있다고 생각한다. 종교가 제시하는 공감의 사회윤리와 도덕이 우리 사회에 존재하지 않는 것이다. 이에 따라 국가 이데올로기와 자본 이데올로기, 그리고 서구 철학의 이데올로기, 고루한 유교적 잔존 이데올로기가 우리 사회의 밑바탕에 깔리면서 각 종교의 목소리는 또 하나의 이데올로기나 이기적 허위의식으로만 존재하는 것이 아닌가 싶다.

최치원의 〈난랑비서〉를 보면 한반도인은 예부터 종교성이 강한 민족이었던 듯하다. 삼국시대 이전에도 고유한 우리의 수행 문화가 있었고, 지난 2000여 년의 역사를 보면 우리나라에 전해진 외래 문화와 종교를 적극적으로 수용했을 뿐만 아니라 우리의 정서와 문화에 맞추어 새로운 문화의 창조로 통합·수용하는 경향이 있었다. 불교를 받아들이고 세속화한 삼국시대와 통일신라 및 고려의 종교 문화가 1,000여 년에 걸쳐 이어지고, 조선조에 성리학을 받아들여 세속화하는 과정이 500여 년이나 된다는 사실은 이를 방증한다. 오늘날 한국사회의 종교성 또는 영성을 이야기할 때 지난 5,000여 년 동안 켜켜이 쌓인 영적 지층을 고려해야 한다. 그러한 측면에서 동학(東學)과 원불교도 바라보아야 한다.

한반도가 근대화의 초입에 서 있을 당시 조선은 유교적 덕목과 윤리가 지배하는 사회였다. 한반도 민초 5,000년의 역사적 지층 속에 있던 종교성은 당시 동학(東學)으로 한반도 민초들의 의식(consciousness)과 조응되고 있었다. 동학은 모든 사람이 한울을 머금고 있다는 영성을 바탕으로 당시까지의 사회적 신분 질서를 종교성으로 해체하였다. 보국안민(輔國安民), 광제창생(廣濟蒼生)이라는 동학의 사회적 슬로건은 조선 문명의 붕괴와 서양 문명의 도전에 대해 주체적인 새로운 문명창조운동의 성격을 띠고 급속히 민초들에게 흡수되었다. 구한말과 근대화 초기 한반도에서 동학, 증산교, 원불교로 대표되는 민족종교의 발흥과 개벽(開闢)이라는 언어의 공유는 종교가 새로운 문명의 창조에 끼치는 영향과 역할에 대해 생각하게 한다. 또한 근대화 과정에서 기독교의 성장과 확대, 그리고 불교의 정비와 부흥도 한반도 민초들의 오랜 영적 지층과 관련이 있다고 보아야 한다.

그러나 그러한 영적 지층에 비추어 현실의 종교가 제 역할을 하고 있는지는 별개의 문제이며, 근대화의 정점에 선 현실에서는 새로운 문제의식과 해결의 비전을 가져야만 한다. 어떤 측면에서 보면 근대화 과정에서 한반도의 종교는 근대화의 달콤한 과실(果實)을 따 먹었을 뿐 종교가 책임져야 할 본질적인 역할인 사회의 정신적(영적) 성숙을 위한 도덕과 윤리의 세속화와 이의 보편화에 전혀 기여하지 못했거나 오히려 사회적 분열과 타락을 부추겼다고도 볼 수 있다. 다른 측면으로는 그럼에도 불구하고 각각의 개별 종교 안에서 종교인들이 선각자들의 영적 중심을 잡으려 노력하고 수도원과 현장에서 치열하게 고뇌했기에 새로운 희망도 모색할 수 있었다고 볼 수 있다. 특히 다석 유영모, 함석헌, 장일순으로 이어지는 성직자가 아닌 평신도들의 영성적 생명사상과 운동의 지평은 한국사회의 종교성(영성)에 대한 탈근대적 희망을 함축하고 있다고 생각된다.

한국사회 생명운동의 한 단계 도약을 위한 영성적 과제

논란의 여지가 있겠지만『삼일신고(三一神誥)』의「신훈(神訓)」에는 '자성구자 강재이뇌 신(自性求子 降在爾腦 神)'이라는 구절이 있다. '내 안의 본성에서 찾아라. 신(한울님, 하느님, 불성, 우주성)은 이미 너의 뇌 안에 내려와 있다.' 영성이란 이미 인간의 내면에 존재하는 것이다. 특정 종교에 의해 주어지는 것이 아니라 사람 하나하나에게 이미 내재해 있다. 다만 종교는 그것을 일깨우는 도구에 불과할 뿐이다. 성철 스님도 진리를 위해 불교를 택한 것이지 불교를 위해 진리를 택한 것이 아니라는 말씀을 하셨다. 오쇼 라즈니쉬, 디팩 초프라를 비롯한 에크하르트 톨레 등 오늘날 세계적인 영성가들이나 신비주의자들 역시 종교 안에 영성이 있는 것이 아니라고 말한다. 그러한 점에서 생명운동은 모든 사람에게 영성 혹은 신성이 있으며 인간을 비롯한 뭇 생명이 신령한 존재임을 근본으로 삼는다. 다만 한국사회의 생명운동은 현재 각 종교로 확산되고 자기 종교 안에서 생명성의 근거들을 찾아 활동하고 있는데, 각 종교 안에서의 담론일 뿐 서로 회통하는 노력이 빈곤한 실정이다. 이것은 앞서 이야기했듯이 한국사회의 근대화 과정에서 종교가 자기폐쇄성으로 인해 사회적 역할을 방기하고 생명운동을 자기 종교 안에 가두는 우를 저질렀음을 드러내는 것이다.

한국사회 생명운동의 한 단계 도약을 위한 영성적 과제를 살펴보자. 우선, 탈근대적 사회운동으로서의 생명운동이 사회적 지층을 넓히기 위해서는 종교 간의 대화를 적극적으로 진행해야 한다. 물론 종교 간 대화의 핵심은 생명의 우주성(신성과 영성)에 대한 '종교별 다른 언어'의 사용을 인정하고 우리 사회가 추구해야 할 사회적 덕목과 윤리의 합의와 이의 확산을 위한 공동의 실천을 모색하는 것이다. 이것은 최치원의 〈난랑비서〉에 보이는 포함삼교(包含三敎)의 정신을 살리고 우주적 전일성을 확인하는 새로운 종교성(통합적 영성 종교성, integral spiritual)으로 나아가야 함을 의미한다. 특히 지금까지의 종교 간 대화 모임이 형식적이고 성직자 중심의 상층 단위 대화였다면, 이제는 지역을 중심으로 지역공동체에서 종교가 담당해야 될 도덕적 윤리적 구심을 위해 평신도들이 광범위하게 참여하고, 지역사회 민초들의 삶과 밀착하는 '지역종교회의'가 민회(民會) 형식으로 활성화될 필요가 있다. 마침 내년 (2017년)이 종교개혁 500주년의 해이다. 서구 기독교의 종교개혁을 기념하는 자리이지만 한국사회에서는 인류에게 제기되어 있는 종교 및 종교성의 과제를 짚어 보는 기회로 삼아야 한다고 생각한다. 특히 한반도에서는 한반도의 다양한 종교와 사회적 영성가들이 모여 한반도에 주어진 종교와 종교성의 과제를 성찰적으로 되짚고 문명 전환을 선도하는 영성적 전환이 논의되는 자리가 될 수도 있지 않을까 생각된다.

두 번째, 한국사회에서는 이제 근대 문명의 위기와 함께 근대적인 이데올로기 지향인 보수·진보의 담론 구도가 쇠락하고 있다. 물론 이것이 근대성이 강요하는 사회적 제 문제가 해결되었다는 것을 의미하는 것은 아니다. 다만 이제 성장 중심의 근대 문명, 자본과 국가 주도의 근대 체제에 종말이 다가오고 있으며, 이에 따라 근대적인 계급운동과 경쟁과 투쟁만으로는 문제가 해결될 수 없을 뿐만 아니라 새로운 사회에 대한 희망도 없다는 점을 이야기하는 것이다. 근대를 극복하기 위해 새로운 영역의 운동이 다양하게 전개되고 있으며, 이것은 근대적인 시선을 벗어난 조망과 해석을 필요로 한다. 마을운동을 비롯한 지역공동체운동은 탈국가, 탈자본을 근본으로 하여 자립과 자치의 연대운동으로서의 '새로운 나라' 운동까지 나아간다. 이것은 근대적 사회운동이 자본주의국가에 대응하는 방식과 상이하다. 전자가 저항과 제도의 개선을 통한 진보에 있다면, 후자의 활동과 논의는 새로운 문명 창조에 초점을 두고 인간 의식의 성장과 사회적 공진화를 모색한다. 이러한 점은 인간이 단순히 사회적 존재(being)가 아니라 끊임없이 변화하는 진화적 존재

(becoming)임을 강조한다. 이에 따라 탈근대적 존재는 물질보다는 성찰과 수행을 통해 더불어 사는 의식의 진화를 모색하는 영성적 존재가 되는 것이다. 이러한 탈근대적 생명운동의 존재를 근대적 주체가 아닌 무엇으로 할 것인가의 과제와 이러한 존재의 본질을 일깨우기 위한 공동체적 사회운동과 방법은 무엇인가를 찾는 과제가 있다.

세 번째, 신성 혹은 영성에는 체험과 수행을 통해서 이를 수 있다. 그렇다면 우리 사회를 뒤덮고 있는 물신성을 넘어 보통 사람들이 쉽게 접근할 수 있고 우주적 나그네들이 휴식하고 참자아를 찾을 수 있는 다양한 공간과 도움의 자리들이 확산될 수 있도록 하는 것이 과제이다. 모텔이나 호텔, 주인의식 없이 잠시 머무는 레지던스(residence)가 아니라 지구여행자들이 참자아(우주적 진리와 영성)를 찾을 수 있는 아쉬람, 피정의 집, 쉼터 등을 공동체적으로 조직할 필요가 있다. 한편으로는 성장이 멈춘 탈성장의 시대에 인류는 이제 고령화 시대를 맞이하고 있다. 이는 다르게 이야기하면 참된 죽음(삶)에 대한 열망과 모색이 점증하게 된다는 것이다. 2016년 초에 연명치료중단법 '호스피스 · 완화의료의 이용 및 임종 과정에 있는 환자의 연명의료 결정에 관한 법률안'(이하 연명치료중단법)이 통과되었다. 이는 한국사회에서 본격적으로 자율적 죽음과 생명의 존엄과 신비에 대해 심도 있는 논의와 제도적 보완이 필요하고 사회운동적 대안이 마련되어야 함을 의미한다. 이 문제의 본질은 생명의 본질인 '서로 돌봄'의 미덕을 우리 삶의 문화로 어떻게 내면화할 것인가에 있다. 누구든지 죽음을 생명 현상의 하나로 이해하고 평화로운 죽음을 맞이할 권리가 있고, 그것은 공동체 문명의 확산속에서 가능할 것이다.

마무리

생명운동의 시선은 전일적 인식론이고, 주인공 자신의 신성과 영성(우주성의 발견과 깨달음에 기초)에 기초하며, 생명운동의 주인공은 존재론에서도 이원론에서처럼 개개인으로 홀로 존재하는 자유인이 아니라 서로 어울려 존재하는 자율적인 존재로 진화하는 자이다. 이원론의 개인은 능력과 사고의 차이와 그에 따른 사회적 위계를 전제하고 있으나 당연히 이 위계를 넘고자 하는 개인적 자유와 국가에 의한 평등에 주목한다. 그러나 자유로운 개인과 평등하고자 하는 개인은 근대국가와 자본에 의해 통제되고 왜곡될 뿐만 아니라 조금만 게을러지면 오히려 무지(無知)의 장막에 갇히고 만다.

　생명운동의 주인공은 신성한(거룩한) 존재이자 서로 의지해 존재하는 공동체성에 기초한다. 생명운동의 주인공은 도리(道理)를 실천하고 섭리(攝理)에 순응하는 주인공으로 진화 또는 전환을 모색한다. 근대 철학에 기초한 사회운동은 허구적 주체 이데올로기와 근대 가치(자유·평등·우애)의 구현과 사회의 실현을 위해, 즉 근대의 완성을 향해 운동한다. 그러나 근대적 주체가 허구이듯이 근대 주체가 근대국가에 의존하는 사회 변화 행위는 사회주의에서 보듯이 인간의 자율성을 억압하고 허구적으로 끝날 수밖에 없다. 오히려 근대과학이 밝혀낸 다양한 성과들에 기초해, 떼야르샤르뎅이 말한 '현상으로서의 인간'을 자각하고 진화적 존재로서 생명으로서 새로운 문명운동의 주인공이 되어야 한다. 즉, 우주적 존재로서의 생명과 의존적 존재로서의 생명, 그리고 공생의 주인공으로서의 생명을 통합적으로 인식하고 우리의 이웃과 만물을 새로운 시선으로 바라보아야 한다.

1장

마을공동체와 영성

마을과 공동체운동에서의 영성

소란_ 전환마을 은평

"마을은 무엇일까요?"

"공동체는 또 무엇일까요?"

"마을공동체에 필요한 영성은 무엇일까요?"

"우리 마을공동체는 아직 거기까지 생각해 보지 못했습니다."

〈마을과 공동체운동에서의 영성〉 포럼 글 청탁서에 많은 마을공동체들이 거절한 이유는 모두 이러했다.

마을

마을은 무엇일까? 마을은 사람들이 어떤 지역을 함께 점유하여 삶을 영위하며 사는 지리적 공간의 경계이다. 마을은 교통이나 행정, 지리적 여건에 의해 구분되어졌고 그 안에 사는 사람들의 관계와 삶의 방식에 따라 구분되어져 왔다. 다시 말하자면 지리적인 것을 바탕으로 거주민들의 관계망이 도달하는 심정적 구획, 즉 공동체성이 통하는 곳까지를 마을이라고 보았다. 그러나 산업사회의 가속화에 따라 도시는 팽창하고 자본의 이익에 따라 주거지들이 구획되면서 마을은 지리적 구분들만 존재할 뿐 관계적 지형들은 사라졌다. 임노동자가 대부분인 현대사회에서 마을은 그저 잠을 자는 집이 있는 공간일 뿐 더 이상 공동으로 먹고살기를 고민해야 하는 공동체로서의 공간이 아닌 것이다.

마을공동체

공동체성이 통하는 마을의 회귀를 꿈꾸는 사람들은 마을의 문제들을 스스로 해결하기 위해 스스로 대안이 되겠다며 스스로 마을공동체를 만들고 있다. 21세기는 마치 빼앗긴 마을을 자본으로부터 구해야 하는 시기인 듯 마을공동체가 대안이라고들 한다. 마을공동체운동은 풀뿌리운동이 시작된 이래 지금처럼 활발하게 이야기된 적이 없었던 것 같다. 각 마을들은 저마다 공동체의 목적과 가치가 있으며 그 공동선을 찾아가고 있다.

마을공동체 안에서의 영성

마을공동체들은 사회적인 필요에 의해 만들어진 결사체이지만 실제 공동체의 운영은 개인의 관계들과 개인의 욕망들이 첨예하게 분열되며 맞부딪치는 장이다. 이러한 사회적 관계와 공동체적 관계 속에서 개인들은 저마다의 상과 목적이 다름을 알게 되는 장이기도 하다.

영성

훌륭한 시스템과 공동체의 상을 만들었어도 정작 누가 화장실 청소를 할 것인가로 혹은 지나가듯 말한 어떤 말 한마디에 흔들리며 공동체는 풍랑을 만나기도 한다. 그래서 모든 공동체에서는 어떤 것은 마을공동체의 가치이고 어떤 것은 개인의 삶이라고 구분 짓기보다는 그것들을 통합하는 과정이 필요합니다. 우리는 이를 가치, 마음, 영성이라 부를 수도 있다. 마을과 공동체 안에서 우리의 영성이 필요한 지점은 어디인지 그 이야기를 함께 해 보자.

우리 동네 사람들
이야기

조정훈_ 우동사

우동사의 탄생

우리동네사람들(줄여서 '우동사'로 부릅니다)은 2011년, 불교 단체인 정토회에서 만난 30대 전후의 6명의 청년들이 귀촌을 꿈꾸며 만든 모임이다. 각자 서울에서 직장을 다니고 활동하면서 해소되지 않는 무언가를 찾던 중 서로가 귀촌에 뜻이 있다는 것을 알고 일주일간 합숙을 한 끝에 2년 동안 함께 모여 살며 귀촌을 준비하자 하여 인천 검암에 복층 빌라를 전세로 얻어 우동사가 시작되었다.

6명으로 시작된 우동사는 그다음 해에 커플이 결혼하게 되어 한 집을 더 얻어 12명이 되었고, 그다음 해에 공동 주거에 관심 있는 사람들과의 모임을 통해 또 한 채가 늘어 18명이 함께 사는 모임이 되었다. 2014년에도 또 하나의 집이 마련되어 24명으로, 우동사와 공동 주거에 관심이 있는 청년들이 늘자 2015년엔 3개월간 함께살이를 체험하는 게스트하우스를 오픈하여 현재 약 30명의 청년들이 공동 주거를 하며 작은 공동체를 만들어 가고 있다.

검암동은 아파트와 빌라가 밀집한 주거 단지이지만 동네 주변으로 논밭이 펼쳐져 있어 도시와 농촌을 함께 경험할 수 있는 곳이다. 동네에서 빌린 주말텃밭을 친구들과 함께 운영하다 한 목사님의 도움을 얻어 2012년부터 30여 명의 청년들과 함께 강화도에서 손농사를 짓는 프로그램도 운영하게 되었다. 우동사에서 아이가 태어나고, 지인들을 중심으로 점점 알려지면서 검암동에 와 함께 살고 싶다는 분위기가 점차 커져 동네에서 서로 교류할 수 있는 마을 회관 격인 펍도 열게 되었다. 작은 규모지만 도시양봉과 양계도 하며 자급도를 높이는 활동도 하고 있다.

갈등의 시기

공간을 공유하는 걸 넘어 삶을 공유하는 단계로 나아가니 자연스레 갈등도 늘어났다. 초기엔 갈등이 생기면 정토회에서 배운 불교 지식을 바탕으로 상대가 미워지면 내 문제임을 자각하는 관점으로 매주 한 차례씩 열린 밥상 모임에서 자기의 마음과 생각을 내어놓는 시간을 가졌다. 남을 탓하는 이야기가 오가는 것이 아니다보니 표면적인 다툼으로 번지지는 않았지만 마음속에서 부대끼는 상태는 이어졌다. 마음에 들지 않는 상대를 이해하기 위해 타로워크샵이나 애니어그램 같은 프로그램의 도움도 받아 봤지만 근본적인 전환은 되지 않았다. 구성원들의 성품이 온화한 편이라 상대를 공격하는 일은 잘 일어나지 않았지만 상대를 미워하는 스스로를 탓하는 상태가 되기도 하는 등 갈등을 다루는 법에 대한 고민이 이어졌다.

그러다 우연히 지인의 소개로 일본 스즈카 지역의 공동체인 '에즈원 커뮤니티'에서 하는 워크샵을 알게 되었고, 우동사 멤버 몇 명이 참가하게 되었다. 이 프로그램은 어떤 내용을 교육하는 것이 아니라 몇몇 주제를 두고 실제가 어떠한가를 최대한 편안한 분위기에서 각자 가능한 만큼 살펴보는 프로그램이었다. 차분히 살펴보는 가운데 실제의 것과 내 생각으로 그리는 것 간의 차이를 알게 되고, 대부분의 시간을 실제와는 동떨어진 착각 속에서 살고 있다는 것을 알게 되었다. 고정관념을 내려놓고 각자의 경험을 최대한 활용하여 관찰의 힘을 키워 가는 것에 관심을 갖는 사람들이 늘어나게 되었다.

실제와 관념의 차이

　살면서 쌓인 지식에 기초하여 생각하는 것과 실제의 것 간의 차이를 인식하는 것은 무척 어려운 일이다. 신념이 강한 사람일수록, 믿음이 강한 사람일수록, 옳고 그름이 확실한 사람일수록 실제를 살펴보기보다는 자신의 생각에 비추어 상대와 사물을 판단해 버리기 일쑤라 정작 상대가 어떤지 살펴볼 수 있는 힘을 가진 사람이 드물다는 것을 알게 되었다. 사회에서 일반적으로 평가하는 좋은 사람, 책임감이 강한 사람, 권리 의식이 투철한 사람, 배려심이 강한 사람 역시 자신의 생각에 갇혀 있을 경우 실제가 어떤지 살펴보기 어렵다는 것도 알게 되었다. 사회에서 좋은 평가를 받는 가치관이나 신념으로 뭉친 사람들도 오히려 그것이 감옥이 되어 스스로를 억압하고 상대에게도 좋은 일을 한다는 전제로 자신의 생각을 강요하고 있다는 것을 알게 되니 스스로가 부끄러워질 뿐만 아니라 그럼 앞으로 어떻게 살아야 하나 하는 혼란스러움을 겪기도 하였다.

　하지만 이런 혼란스러움을 포함한 모든 개념들이 공부가 거듭될수록 자신의 머릿속에서 만들어지고 사라지는 상념임을 알아차리게 되니 오히려 간단명료해지기 시작했다. 그리고 다른 사람들을 바라보는 마음 역시 시비를 넘어서 '그렇구나' 하는 마음이 되었다. 그렇다고 마음속에서 시비가 아예 사라져 버린 것이 아니라 살면서 쌓인 지식과 경험을 바탕으로 여전히 시비를 가리고 좋은 것, 나쁜 것을 가리지만 그것이 실제가 그런 것이 아니라 내 머릿속에서 그렇게 생각하고 있는 것임을 알기에 고집하지 않고 상황이 바뀌면 유연하게 대처할 수 있는 방향으로 나아가기 시작했다. 무엇보다 상대에게 강요하는 일이 줄기 시작했다.

　불교에서 존재의 본질은 고정된 실체가 있는 것이 아니고, 드러나는 형태 역시 지속되지 않고 변화한다는 무아와 무상을 이야기한다. 이것도 지식으로 배우고 외우는 것이 아니라 정말 그런가를 하나하나 살펴보다 보면 그렇다는 걸 알게 된다. 물론 이 역시도 저의 인식에서 살펴본 것이라 실제가 어떤지는 단정할 수 없다.

그리고 만물이 서로 연결되어 있다는 '연기' 역시 일상에서 내가 먹는 밥과 나의 관계부터 살펴보기 시작하면 그 구분을 무 자르듯 할 수 없고 늘 변화되는 무아와 무상이란 사실, 공하다는 이치와 연결되는 것을 알게 된다. 서로 연결된 것이 세부적으로 어떻게 되어 있고 어떤 작용이 일어나는지에 대해서는 과학의 발전으로 더 잘 알 수 있겠지만 무아와 무상의 이치가 일상에서 적용된다고 할 때 내가 바라보는 상대와 실제의 상대가 다르다는 것을 인지하는 데 그 중요성이 있다고 생각한다.

공동체 역시도 실체가 있는 게 아니기 때문에 다양한 요소에 의해 늘 변화하는 것인데, 사람들이 머릿속으로 어떤 실체가 있다고 믿고 고정관념을 갖고 이야기한다면 이미 괴리가 생겨 버리게 된다. 개념이라는 것이 구분 짓고 고정하는 성질이 있어, 말을 한다는 것은 이미 실제와의 괴리를 발생시키는 한계가 있지만, 이를 인식하고 언어를 사용하는 것은 개념과 실제가 같은 거라고 믿고 이야기하는 것과는 커다란 차이가 있다.

실제로 알 수 있는 건 '내가 그렇게 보고 있다, 내가 그렇게 느끼고 있다'일 뿐이지만 상대가 좋은 사람, 나쁜 사람이란 판단을 내려 정말 그렇다고 믿어 버리면 마치 허깨비를 두고 시비를 하는 것과 같기 때문에 혼란스럽고, 헷갈리고, 화가 나고, 미움이 생기고, 파괴하고 싶은 마음이 사라지지 않게 된다. 그간 오랫동안 살아온 경험 탓에 순간적인 반응으로 화가 날 수 있지만 그것이 과거부터 쌓아 온 착각으로 인한 순간적인 반응이라는 것을 알게 된다면, 그리고 내가 만든 허깨비에게 화를 내고 있다는 걸 알게 된다면 마음은 마음으로 받아들일 뿐 그 이후에 어떻게 할지에 대해 굳이 고민하지 않아도 된다는 것도 알게 되었다.

우동사에서는 영성이라는 말이 낯설다. 공동체라는 말도 낯설고, 의무나 규칙 등도 잘 쓰지 않는 말이다. 우동사의 지향이 따로 있다기보다 내 생각과 실제의 차이를 인식하고, 이를 바탕으로 실제가 어떤지를 살펴볼 수 있는 분위기와 시간을 공유하는 장을 늘려 나가는 것에 관심 있는 사람들이 늘어나는 과정이다. 그래서 갈등은 점차 줄고 품이 넓어져 새로운 사람들이 와서 정착하고 있다. 이런 것도 구성원들이 필참해야 하는 교육 프로그램이 아니고 살펴보는 것에 관심이 있는 사람들부터 할 수 있는 만큼 해 나가고 있다.

개개인을 위한 전체

이런 영향으로 우동사에서는 규칙을 중심으로 삶을 꾸려 가는 것이 아니라 각자의 상태를 중심으로 규칙을 만들고 대처하는 흐름이 만들어져 있다. 규칙이 있다는 건 편리한 측면이 있기 때문에 현실에 적합한 규칙을 제안하고 실행하되 각자의 상황에 따라 유연하게 조율하고 상황이 바뀌면 규칙도 새로 논의해 나가고 있다. 모두가 마음에 드는 규칙은 존재하기 어렵기 때문에 순간순간 누군가는 참기도 하고 애쓰기도 하지만 그럴 때 규칙을 지켜야 한다고 하기 보다는 애쓰고 참는 마음을 꺼내 놓고 나누는 시간을 늘려 해소하는 방식을 택하고 있다. 이야기가 무리 없이 통할 수 있는 적절한 규모와 방식도 실험하고 있다.

우동사란 이름이 강조되면 될수록 공동체의 정체성이 중요하다고 인식하게 되는데, 실제로는 한 사람 한 사람의 구성원들의 집합이기 때문에 공동체가 잘된다는 건 결국 개개인이 하고 싶은 이야기를 편안하게 이야기할 수 있는 장을 만들고, 또 잘 들을 수 있는 사람들을 늘리고, 그래서 하고 싶은 걸 가급적 할 수 있는 장을 마련하는 거라고 생각한다. 소통이 안 된다는 것도 살펴보면 내가 스스로 내 마음이 어떤지 잘 모르거나 이야기를 꺼낼 때 진심을 이야기하기 어렵기 때문에 정확한 마음의 상태를 전달하지 못하고, 또 듣는 상대방은 말하는 사람이 어떤지를 살피기보다는 자기의 잣대를 가지고 판단하며 듣기 때문에 서로의 원하는 바가 충족되지 않는 경우가 많다.

실제가 어떤지 살펴보는 장을 통해 스스로를 얽매고 있던 것들이 점검되고, 나아가 상대를 탓하는 마음이 줄어들면 내 마음의 분주함이 사라져 점점 상대방을 살피며 이야기를 들을 수 있는 상태가 된다. 탓하는 마음이 없어진다고 해서 호불호가 없어지는 것이 아니라 오히려 더 명확해지기 때문에 가볍게 하고 싶은 걸 선택하게 된다. 걱정이 앞서 상대의 선택을 가로막기 보다는 무리가 안 되는 선에서 일단 가볍게 해 보고 불편한 지점들을 개선해 나가기 때문에 욕구를 억압하는 일도 점점 줄어든다.

공동체의 역할

현대사회에서 공동체의 중요성이 높아지고 있는데 공동체의 역할이 물질의 필요를 충족하는 데에만 있다면 이미 기존 사회는 가장 효율적인 방식으로 해결해 나가고 있는 듯하다. 요즘 공동체가 이슈가 되는 것은 물질의 필요를 넘어 마음을 의지할 곳이 필요하고 함께 무언가를 도모하고 싶기 때문인데 역설적이게도 상대에게 기대고 싶어하고 무언가를 요구하는 사람들이 많이 모이면 모일수록 관계망은 쉽게 무너지게 되는 듯하다. 처음에는 의지심이나 신념으로 함께하더라도 생각과 실제의 차이를 인식하여 점차 가벼운 상태에서 할 일을 하고, 나아가 다른 사람을 품을 수 있는 선순환 고리를 만들 게 된다면 시간이 지날수록 공동체는 현대사회에 긍정적인 영향을 끼칠 수 있으리라 생각한다.

그 선순환 고리를 만드는 에너지가 바로 수행·영성·깨달음 등으로 표현되는 것이 아닐까 한다. 사회로 스트레스를 내뿜는 게 아니라 오히려 사회의

스트레스를 흡수하고, 자신의 생각대로 사회를 움직이려는 것이 아니라 자신의 생각을 바탕으로 사회의 흐름과 변화를 살펴 적절한 조치를 취해 갈 수 있는 힘을 가진 사람들이 점점 늘어난다면 파괴의 에너지가 아닌 화합의 에너지로 전 지구적인 문제를 해결해 나갈 수 있지 않을까 생각한다. 애쓰지 않으면서도 서로에게 좋은 그 길, 많은 분들이 함께 그 길을 가면 좋겠다.

생태공동체를 만들어 가는 선애빌의 삶

이종민_ 기대리 선애빌

편리함을 기꺼이 포기하다

편리함의 추구는 인간 진화의 원동력이다. 그로 인해 과학기술과 문명은 급속한 발달을 이룰 수 있었다. 그중에서도 화장실을 집 안까지 끌어들일 수 있게 한 수세식 변기와 음식물을 오랫동안 보관할 수 있게 하는 냉장고는 현대 문명을 상징하는 발명품이다. 하지만 편리함을 얻게 되면서 우리가 잃어버린 것은 너무 컸다. 삭혀서 땅에 뿌리면 먹을거리가 되어 돌아올 똥과 오줌은 오염물질로 바뀌었고, 자연과 인간의 선순환은 복합오염의 악순환이 되어 버렸다. 제철음식을 통해 자연에 순응하는 조화로운 삶은 냉장보관을 통해 깨지게 되었고 현대인의 갖가지 질병을 초래하는 원인이 되었다.

충북 보은군 마로면 기대리에 있는 공동체마을 선애빌에는 이런 편리함들을 기꺼이 포기한 사람들이 모여 살아간다. 주민들이 이용하는 마을 한가운데 공동화장실은 전통적인 방식의 재래식 화장실을 개선한 생태화장실이다. 똥과 오줌을 분리해서 수거하며, 모아진 똥과 오줌은 근처 퇴비장에서 왕겨와 화목을 태운 재와 섞여 발효돼 주민들의 식탁에 오르는 먹을거리를 키우게 된다. 마을 주민들은 수세식 변기를 사용하지 않는 것 외에도 방 안에서 스위치만 켜면 태울 수 있는 화석연료 대신, 버려지는 나무와 종이 등 재생 가능 바이오 에너지를 태우는 화목 보일러로 방을 덥힌다. 텔레비전, 전자레인지 같이 많은 가정에서 필수품이 된 가전제품을 포기하고, 세탁기는 세 집에 한 대꼴로 공동 사용하는 불편을 감수한다. 그렇다고 세상에서 스스로를 고립시키는 것은 아니다. 집집마다 텔레비전은 없어도 컴퓨터는 갖춰 놓고 인터넷을 통해 세상의 흐름을 살피며 소통하고 있다.

금강의 지류인 보청천이 휘돌아 가는 야트막한 언덕배기에 기대리 선애빌이 들어선 것은 2011년이다. '선을 사랑한다'는 선애(仙愛)라는 마을 이름에서 알 수 있듯이 명상인 모임에서 맺은 인연이 출발점이었다.

'선[仙]'은 자연[山]과 인간[人]이 어우러져 살아왔던 선조들의 전통적 생태사상을 표현하는 개념이며, 그 근간에는 하늘[天]과 자연[地]과 인간[人]이 조화를 이루고자 했던 삼위일체의 정신이 있다. 이를 현대에 되살려 명상을 통한 자기수양과 생태적 삶을 조화시키는 것이 기대리 선애빌 주민의 삶의 근간이다. '명상(혹은 영성)'이라는 가치에서 출발했지만 '생태주의'라는 시대적 화두에 동의할 수 있었던 건 현대자본주의 문명이 인류의 존립 자체를 위협하고 있다는 판단 때문이었다. 대량생산·대량소비·대량폐기에서 시작해서 자원 고갈·기후변화로 이어지는 전 세계적 위기는 우리와 후손들의 지속 가능한 삶을 위협하는 문명의 마지막 신호였다. 그 신호는 명상을 통해 내면의 목소리에 귀기울이던 명상인들에게 더 큰 아우성으로 다가왔기에 자기수련에만 집중하고 있을 수 없었던 것이다. 하지만 그런 위기를 극복하는 대안으로 생태적 삶이라는 화두를 붙잡고 농촌 마을에서 공동체 생활을 시작할 수 있었던 건 단지 생태적 삶이 가지는 시대적 가치 때문만은 아니었다. 공동체에서의 생태적 삶은 지금 시대에 인간의 진화를 앞당기는 가장 강력하면서 효율적인 라이프스타일이라는 판단 때문이었다.

인간은 경험을 통해 진화하기 위해 태어났다는 테제는 가장 기본적 출발점이다. 우리가 살아가는 아름다운 지구는 그것을 가능하게 하는 학교이자 실험장이다. 학교에는 규칙이 있고 배움을 위해서는 설정이 필요한데 설정에는 원래 타고나는 것이 있고 살아가면서 자신이 선택하는 것이 있다.

원래 타고나는 것에는 DNA(핵인자)와 사주(시간 인자)가 있으며 살아가면서 후천적으로 영향을 미치는 것에는 환경과 개인의 영적 수준이 있다. 이들이 종합적으로 발현되면서 매 순간 선택을 하고 경험하게 된다. 풍부한 경험을 통해 알차고 성숙한 영이 되어 돌아가는 것이 결국 삶인 것이다.

'비움' 영적진화와 관계회복의 자기수양

경험을 통해 형성되는 인간의 진화 정도는 기운의 맑음·밝음·따뜻함에 의해 드러난다. 기운이 맑고, 밝고, 따뜻하려면 비워져야 하며 이를 통해 궁극적으로 진공(眞空) 상태인 본성(本性)과 만나고 전인(全人)에 이르게 되는 것이다. 결국 비움은 영적인 진화를 위한 강력한 자기수양의 방법이다.

반면 과학기술과 매스미디어에 기초한 현대자본주의 사회는 사람들을 끊임없이 물질적 유혹에 노출시키고, 편리와 효율을 추구하게 한다. 상품 판매를 통한 자본의 무한 증식을 위해서는 인간의 욕구마저도 통제하고 새롭게 만들어 낸다. 이 과정은 자원 개발을 위한 자연의 무한정한 수탈을 동반할 수밖에 없다. 이 고리를 끊는 것은 무의식중에 뼛속까지 파고든 편리·안락·효율의 라이프스타일을 벗어던지는 노력이며 일상적인 비움의 실천이다. 일회용품이 주는 편리함, 과학기술이 주는 안락함, 소비를 부추기는 말초적 욕구에서 벗어나 인간이 원래 가진 건강한 야생성을 회복하고 자연과의 조화를 이루는 삶이 바로 생태적 삶이다. 생태화장실과 빗물 재활용 시설을 통해 자원을 순환하고 전자제품 사용을 줄이거나 공동 사용하는 것은 마을 단위에서 할 수 있는 생태적 삶의 실천이다.

하지만 물질적 순환 구조에서 벗어나기 위한 노력으로서뿐만 아니라 인간성과 관계 회복의 측면에서 비움은 더 큰 의미가 있다.

높은 교육 수준과 엄청난 양의 정보에도 불구하고, 현대인들은 사람 간의 소통을 어려워한다. 치열한 경쟁 구도에서 살아남기 위한 지식 위주의 교육을 통해 자기 권리를 찾고 이해관계를 조정하는 데는 능숙하게 만들었지만, 서로 이해하고 양보하고 나누는 인간을 만들어 내는 데는 실패했다. 개인화되고 파편화된 사회관계 속에서 무엇보다 자신을 성찰하고 인격적·영적으로 성숙한 사람을 길러내는 데 기존 교육은 제대로 역할을 못하고 있는 것이다. 그러다 보니 개인의 지적 수준은 높아졌지만 자신에 대한 통제력은 오히려 낮아지게 되었다. 그것을 감추기 위해 세상과 더 높은 담을 쌓고 자신의 틀에 안주하게 만든다. 경계는 더 강화되고 점점 더 폐쇄적으로 되어 간다. 필요한 이들과만 소통해도 살아가는 데 큰 지장이 없다. 원래 불완전하게 태어난 인간이 현대사회의 경제적·제도적 특징에 의해 더 큰 불완전성에 휘둘리게 되는 것이다.

작은 공동체를 만들고 함께 살아가는 것은 서로 다른 소우주들이 모여 경계를 허물어 가는 과정이다. 경계는 타인과 나를 구분 짓는 구분점이기에 경계를 아는 것은 나를 알고 타인을 알아 가는 과정이기도 하다. 결국 관계 속에서 끊임없이 관계를 허무는 과정을 통해 나를 알게 되고 그 속에서 드러난 나를 비움으로써 본성을 발견하는 것이 영성의 진화를 이루는 수련의 과정인 것이다. 낡은 경계가 허물어지면 새로운 경계가 만들어진다. 자신을 고립시키는 폐쇄적 경계가 아니라 열려 있으면서도 개인의 가치를 존중하는 새로운 경계이다. 궁극적으로는 경계를 넘어서게 되는 경지가 공동체 주민들의 목표이다.

경계를 없애고 비움을 훈련하는 공간으로 작은 공동체마을은 효과적인 모델이다. 공동체를 꾸려 나가는 것은 정치·경제·교육·문화·복지 등의 많은 문제를 주민들 스스로 기획하고 만들어 나가는 과정이다. 국가나 지자체, 혹은 사회 전체적으로 고민해야 할 문제들을 한 마을 단위에서도 고민하고 풀어 나가야 한다. 자칫 어렵고 복잡한 문제로 보일 수 있으나 뒤집어 이야기하면 자신의 삶을 둘러싸고 있는 많은 문제들을 스스로 선택하고 결정해 나가는 과정이기도 하다.

마을의 크고 작은 현안을 결정하는 의사결정 방법은 새로운 '정치'의 실험이다. 그 실험의 형식은 인디언식 원탁회의나 화백회의 같은 의사결정 방법이다. 하지만 중요한 것은 형식이 아니라 회의 과정에서 자신의 생각, 감정, 욕심을 내려놓고 타인의 생각을 받아들일 수 있는가 하는 것이다. 부부나 가족조차도 서로의 차이에 따른 갈등을 쉽게 해결하지 못하는 것을 생각하면, 수십 명이 모여 소소한 문제들까지 합의하는 것이 결코 쉬울 리가 없다. 자신의 고집과 생각을 내려놓지 않으면 불가능한 일이다. 하지만 공동체의 초창기에는 쉽지 않았던 의사결정이 해를 거듭할수록 좀 더 빠르고 쉽게 이루어지고 있다. 점점 서로의 생각과 스타일을 잘 알게 되기에 서로 배려하고 맞춰 주는 것에도 익숙해져 가는 것, 그것이 공동체라는 학교가 의미 있는 실험이 될 수 있는 이유일 것이다.

좀 더 넓게 보면 공동체는 새로운 차원의 민주주의를 만들고 훈련하는 공간이다. 만장일치의 합의를 훈련하는 과정을 통해 인격적으로나 영적으로 성숙한 인간으로 진화해 나갈 수 있다. 그리고 그런 인간들이 살아가는 사회를 영성 민주주의 사회라고 표현할 수 있을 것이다. 영성 민주주의를 만들어 가는 데 중요한 덕목 중의 하나는 소통력이다. 온전한 소통은 타인에 대한 관심과 이해, 언어와 행위 이면에 숨어 있는 인간에 대한 통찰, 매사를 진화의 기회로 받아들이는 지혜를 필요로 한다. 그 바탕에는 사랑이 있으며, 그 대상은 인간만이 아니라 더불어 사는 자연과 모든 것의 근원인 하늘까지 포함하는 개념이다.

결국 비움을 통해 소통하고 그것으로 다른 존재와 상생하는 사회가 선애빌 주민들이 꿈꾸는 사회이다. 결코 쉽지 않은 과정이지만, 끊임없는 비움 연습으로 오늘도 조금씩 나아지는 삶을 살아가기 위해 노력하고 있다.

청년들이 꿈꾸는 공동체와 영성

넥스트젠코리아('NextGENKorea: 추아영, 민지홍, 이정)

* GEN(Global Ecovillage Network)의 청년네트워크입니다.
세계에 국가별, 대륙별로 네트워크 모임을 가지고 있습니다.

넥스트젠코리아(NextGENKorea)는 한국사회에 생명 · 평화 · 공존 · 자유 · 사랑의 가치를 실현하기 위하여 청년들과 함께 국내외 생태마을, 공동체 연대와 교육, 프로젝트 등을 통해 공동체 정신을 회복하고 자신의 삶을 중심으로 지역과 국가, 아시아와 세계를 넘나드는 생태운동을 꿈꾸고 있다. 팀원들 역시 다양한 경험과 흐름을 바탕으로 이곳까지 오게 되었다, 이 단체를 시작하는 과정에서 팀원들 개인의 경험과 흐름이 어떤 결로 공동체와 영성에 맞닿았는지를 이야기하는 것으로 포럼에 함께하려고 한다. 국내외 생태마을을 여행하면서, 시골에서 청년들의 공동체를 실험하면서, 대안교육을 받아 오면서 모아지게 된 청년들이 꿈꾸는 공동체와 영성에 대한 이야기이다.

여러 생태마을을 여행하며 상상하고 희망했던 산들의 이야기

제가 생태마을과 영성공동체에 관심을 가지게 된 것은 2007년 대학생 무렵부터이다. 입시 중심의 고등교육을 벗어나 비로소 자신과 주체적인 삶을 스스로 찾으려는 의욕, 대학 공부로는 채워지지 않던 관계와 일과 삶을 하나로 가져가고 싶은 갈증, 대안사회의 모델을 찾고자 하는 마음 들이 여행의 나침반이었다. 그때부터 유럽과 아시아의 공동체를 찾아 여행을 다닌 것이 지금 생태마을 네트워크와 교육에 관한 활동을 하게 된 계기가 되었다. 넥스트젠에서는 생태마을을 이야기할 때, 외부에 생태마을을 짓는 것 못지않게,

우리 내면에 풍경과 생태마을을 만드는 것이 중요하며, 그렇기 때문에 우리 안의 영성을 이야기하고 있다. 예전에는 낯선 단어였던 공동체·영성·생태마을을 지금은 많은 사람들이 삶을 적극적으로 이야기하면서 언급하고 있는데, 근본적인 성찰과 대안의 삶에 영성이 절실하게 필요하다는 공감대를 보여주는 듯하여 진심으로 반갑다. 청년들이 왜 영성과 공동체적인 삶, 대안을 함께 고민하게 되었는지 알아가는 데 제 경험이 조금이라도 도움이 되기를 바라는 마음으로 나눈다.

여러 영성공동체, 종교공동체, 생태마을들을 다니며 발견한 공통점은, 서로의 방식과 모습은 달랐지만, 매일 함께하는 하루의 리듬 속에 영성의 문화가 깊이 깃들어 있다는 점이었다. 어떤 곳은 기도와 묵상으로, 어떤 곳은 명상으로, 어떤 곳은 노래와 춤으로 노동과 회의의 문화 가운데 영성이 살아 숨 쉬고 있었다. 이전에 '영성'이라는 말은 저에게는 손에 잡히지 않고 머나먼 것이었고, 종교와 신앙의 울타리 안에 속한 무엇이었다. 그러나 다양한 공동체와 마을 사람들은 제게 영성의 삶은 특정 종교의 교리·설교·형식·건물에 있지 않으며, 함께 살아가기 위해 반드시 필요한 마음과 정신으로 사람과 사람 안에 깃들어 있다는 것을 알려 주었다. 당신과 내가 연결되어 있음을 지금 여기서 가슴으로 영혼으로 느끼고 더불어 살아가는 또 하나의 감동이었다. 밭일을 하면서 뿌리고 거둘 때, 사람들과 함께 먹을 식사를 위해 재료를 다듬고 요리를 할 때, 이것을 나누는 눈길과 손길에 영성이 깃들어 있었다. 살림과 청소 등 다른 이가 정성스레 준비해 놓은 것을 받고 나눌 때, 아침에 어떠한 일을 시작하고 저녁에 끝맺을 때마다 잠시 동안 모두가 손을 맞잡고, 연결된 모든 것에 깃든 축복을 감사와 사랑으로 받고 나누는 순간에 영성이 있었다. 경제적인 문제와 비용에 대한 첨예한 입장을 조율하고 결정해야할 때, 개인의 욕구와 공동체의 책임, 개인의 내려놓는 마음과 공동체의 내어놓는 깨어 있는 그 사이에 영성이 있었다. 신념과 종교가 달라 입장이 부딪치는 순간에도 사랑하기 위해 여전히 서로에게 귀 기울이고 함께 있는 노력 안에 영성이 있었다. 부끄럽고 감추고 싶은 자신과 타인으로부터 겪는 고통과 실패를 진실된 관계 안에 고백하고, 서로가 용서하는 마음자리에 영성이 있었다. 때때로 다른 이의 증오와 고통 어린 삶이 누군가의 삶을 이해할 수 없는 비극으로 내몰 때에도, 깨어 있는 고요와 사랑으로 용서의 자리에 돌아오는 정신에 영성이 있었다.

사람은 때때로 현실에 절망하고 좌절할지라도 다시 마음을 모으고, 함께 꿈꾸는 것을 포기하지 않았다. 이 소망이 우리를 함께 무언가를 시작하게도 하고 멈추게도 한다. 또 마을을 이루게도 하고 떠나게도 한다. 저는 넥스트 젠을 통해 친구들과 함께 일하고 나누는 삶을 이제 막 시작하였다. 여행과 공동체 교육 프로그램을 배워 왔지만, 함께 일하고 살아가는 매일의 순간 속에서 서로 다른 삶과 경험을 바탕으로 다른 생각과 감정을 가진 우리들이 매 순간 깨어 있는 의식으로 조화로움을 이룬다는 것은 결코 쉽지 않다는 것을 절감하고 있다. 이제 우리는 에고(EGO)마을이 아닌 에코(ECO)마을로 나아가야 한다는 일본의 한 공동체의 말이 그들의 깊은 고민과 과정 안에서 나왔다는 것을 공감하게 된다.

그 어려움이 깊은 고민이 된 어느 날 한 선생님을 찾아간 일이 기억난다. 우리는 어느 시점부터는 진정으로 함께 사는 법을 잊어버린 채, 경쟁하고 소유하고 서로를 분리시키는 방식을 뼛속 깊이 익혀 왔기 때문에, 지금의 우리 세대들은 더불어 조화롭게 사랑하며 사는 것을 연습해 본 적이 없었다. 지금의 어려움을 겪을 수밖에 없는 것은 어찌 보면 자연스런 일이며, 그렇기에 우리들은 이 시대에 영성을 바탕으로 함께 살고 일하는 연습을 하려는 마음을 모아, 뜻을 세우고 간직하는 것이 정말 귀한 일이고 반드시 필요한 일이다. 사람과 자신을 문제로 삼아 좌절하고 상처받기보다 이 모든 과정을 우리 모두와 세상을 위한 배움의 과정으로 여기며 나아가라는 따뜻한 말씀을 함께 나누며 이 글을 마친다.

우리들의 실험실 별에별꼴에서 보파의 이야기

별에별꼴은 충남 금산 건천리에 있는 폐교를 중심으로 청년들이 하고자 하는 삶의 이야기를 주체적으로 실험하며 필요한 것들을 함께 만들어 가는 공동체이다. 이 폐교에 들어온 지 4년 차에 들어선 우리들의 별에별꼴살이는 시작부터 우여곡절이 많았지만, 모두에게 여러 방식으로 지속되고 있다. 우리가 울고 웃으며 우여곡절을 겪은 별에별꼴살이에서 가졌던 생각들을 지금을 여기를 살아가는 청년으로서 '영성'이라는 단어와 함께 이야기해 보려고 한다.

별에별꼴의 처음은 아무런 준비 없이 시골살이를 결심하고 무작정 실행에 옮긴 두 처자로부터 시작된다. 우리가 처음에 겪은 많은 우여곡절은 '준비 없이' '무작정'이라는 단어로 표현되는 것들이었지만, 점차 '왜?'라는 질문이 수반되는 것들로 모아지기 시작했다. 우리가 별에별꼴로 오게 된 이유는 무엇일까? 시골살이에서 마주하는 여러 어려움들을 직면하면서도 '콧노래가 저절로 나오고 여기에 잘 살고 있구나!'라고 생각하게 되는 것은 어떤 이유에서였을까? 무엇이든 과하게 넘쳐 나는 도시가 싫고, 몸과 마음이 하는 이야기를 시간의 여유를 가지고 듣고 싶고, 스스로의 배움을 통해 주체적인 삶을 살고 싶은 두 청년들이 점차 늘어났다. 비교와 비난의 대상이 되었던 나의 가난과 느림과 탐구와 자립의 능력이 편안하게 자리했다. 우리는 분리와 단절이 당연하게 여겨지는 사회구조 안에서 살고 있다. 그러나 이 시공간의 모든 존재들과 교감하고 소통하는 유연한 관계를 통해 이러한 분리와 단절이 해소될 때 한 줄기 빛이 우리의 마음속으로 들어왔다.

학교에서는 '나'의 존재를 확인하고, 이해하고, 사랑하는 것이 중요하다고 가르쳐 주지 않는다. 그보다 사회적으로 바른 시민이 되는 것을 교육받는다. 다양한 친구들이 많은 고민과 결심 끝에 "건강한 농사를 배우고 싶어요." "공동체적인 삶이 뭘까?" 라는 이야기를 하면서 별에별꼴에 찾아온다. 그러나 여러 날을 함께 지내다 보면 사실은 농사나 공동체가 고민이 아니고, 나는 어떤 사람이고, 무엇을 좋아하고, 다른 존재와(사람과 자연과 그 밖에) 어떻게 소통할 것인가를 끊임없이 고민하는 모습을 보게 된다. 오랜 시간을 들여 자기 존재를 확인한 후에야, 내가 즐거울 수 있는 모습을 찾은 후에야, 농사든, 공동체든 관계 맺는 방식에 대해서 다시 배우고 만들어 가는 과정을 함께하면서 '이 시대에 우리가 놓치고 가는 것이 뭘까?'라는 생각이 들었다.

관계의 유연함이라는 것은 어떤 것일까? 별에별꼴에서 아침, 저녁으로 공동체 생활을 하면서 관계한다는 것에 대해 깊이 생각하게 되었다. 우리는 온전히 개인이거나 온전히 공동체일 수 있을까? 혹은 전혀 관계하지 않을 수 있나? 사적이라고 생각하는 감정과 행동 역시도 물결처럼 작게 혹은 크게 주변 사람들에게 영향을 미치고 있다. 개인과 공동체와 넓게는 국가와 우주와도 우리는 쉬지 않고 관계맺음을 하고 있다. 이 관계를 통해 지복감과 즐거움을 만들어 가는 것은 우리 자신이다. 내가 아니고서는 할 수 없는 일이다. 그리고 이것은 나와 너의 존엄함을 알고 우리의 연결 고리를 이해할 때 가능한 일일 것이다. 최선의 솔직함을 전제로 할 때, 위로와 기다림에 지치지 않을 때, 관계의 유연함은 우리에게 다가올 것이라고 생각한다.

이렇게 별에별꼴의 이야기는 웃고 우는 계(界)에 대한 이야기이다. 삶을 위한 저마다의 기술을 습득하고 연마하면서. 처음에는 먹거리나 에너지 등 지속 가능한 삶의 여러 기술에 대해 지식인인 척 떠들었다. 사실은 나를 사랑할 줄도 모르면서. 나의 존재를 사랑하는 것과 너의 존엄함을 이야기하는 것, 그리고 우리의 관계에서 꽃이 피어오르는 것은 당연한 것이고 이 당연함을 영성이라고 이야기하는데 우리는 잊고 살았는지 모르겠다. 그래서 별에별꼴살이는 우리에게 특별함이 아니고 너무나 당연함이라고 생각한다. 그래서 서로에게 의지할 수 없고 기대할 수 없는 단절된 사회에서 별에별꼴은 너무나 귀한 관계이다. 어쩌면 이 삶이 자본주의사회에 대한 저항이고 투쟁이면서 사랑일지도 모르겠다.

정이가 생각하는 마을과 공동체운동에서의 영성

제가 생각하는 영성은 영혼이라는 말을 풀어 설명할 수 있을 것 같다. 영혼이라 함은 사전적으로 육체에 깃들어 마음의 작용을 맡고 생명을 부여한다고 여겨지는 비물질적 실체라는 뜻, 죽은 사람의 넋이라는 뜻, 신령하여 불사불멸하는 정신이라는 뜻이 있다. 영성은 신령한 품성이나 성질을 말한다고 한다. '신령하다'는 것은 믿을 수 없을 정도로 색다르고 놀랍다는 의미의 '신기하다'와 신령스럽고 기묘하다는 의미의 '영묘'가 합쳐진 것이라고 한다.

여기에서는 '주체에 깃든 신령한 마음의 작용을 맡고 생명을 부여하는 불사불멸의 정신'이라는 말로 영성을 정의하고 싶다. 저는 몇 해 전 고등학교를 졸업한 뒤 자연의 삶을 찾아 시골로 내려갔다. 그곳에서 마음껏 뛰놀고 밭을 가꾸고 단식과 명상을 하고 산과 바다를 넘나들면서 영성을 깨우는 시간을 보냈다. 제가 경험한 바로, 자연 안에서의 영성은 시(時)와 간(間)의 사이에서 살아가는 영원한 과정이며, 나와 너의 관계는 분리될 수 없는 것으로 경계에서 생명으로 피어오르는 그런 것이었다. 바람과 햇살이 물 위에 수놓는 무늬와 무한한 소용돌이를 볼 때 그랬고, 가만히 몸체에 스며드는 햇살을 느낄 때, 물속을 울리는 계곡의 소리를 들을 때 눈을 감고 물속의 푸른 적막을 유영할 때가 그랬다. 제 생명이 반응하는 곳은 모두 경계에서 비롯되었다. 생명은 순환하며 서로의 층위를 머금고 있었다. 원소·원자·세포·생물·지구·은하·우주 각기의 연쇄적 활동은 연결되어 있으며, 서로의 존재 없이는 지속될 수 없고, 삶과 죽음으로 끊임없이 순환되고 있다. 생명은 영성의 양식이며, 영성은 삶과 죽음이라는 생명의 근원에 있다. 영성과 생명은 서로를 머금고 있다.

시골에서 유유자적하던 어느 날 문득 공동체에 대한 욕구가 뇌리를 스치고 지나간 적이 있다. 그것이 제 욕구의 원형이었고 사명이었다. 돌이켜 보니 대안교육의 환경 안에서 제가 상대적으로 자유롭게 성장할 수 있었던 건 많은 이들의 마음으로 가능했고, 저 또한 생명의 통로로서 마음에 뿌리내려진 씨앗을 잘 가꾸고 또 다른 씨앗을 심고 싶었다. 그렇게 넥스트젠과 생태공동체, 마을운동을 만났다.

공동체운동은 단순히 사람들만의 공동체가 아니고 모든 생명들을 위한 공동체여야 한다고 생각한다. 뭇 생명들의 개별의 주체가 공동의 뜻과 몸을 이루어 나가는 활동은 영성의 시선으로 진행되어야 한다고 생각한다. 영성의 시선이라 함은 각 주체들에 깃든 넋과 불사불멸의 정신에 대한 존중이고, 나와 너의 경계를 허물고 천지만물로 머무르며 하늘과 땅을 이어 발현의 매개로 거듭나는 것이며, 비로소 주체에 내재된 하나의 뜻을 깨우치는 동시에 지금 이 순간 각자의 모양으로 살아가고 삶의 신비를 직조하는 인드라망이 되어 가는 일이라고 생각한다. 영성은 사이에 깃든 서로의 신을 믿는 생명의 의지이다. 영성은 나의 신이 당신의 신에게 건네는 인사이다. 영성의 뜻은 소유할 수 있는 것이 아니다. 무엇보다도 보편적으로 치환되어야 한다고 생각한다. 뭇 생명들과 함께 춤추고 노래하는 삶을 응원하고 그 길을 보편적 영성과 함께하는 것이 지금의 공동체운동이라고 생각한다.

이렇게 세 청년들은 각자 다양한 시공간과 경험으로부터 영성을 체험한다. 감사와 축복과 관계와 생명 안에서 서로의 존재 자체를 인정하고 사랑하지 않을 수 없다. 더 많은 청년들의 길에도 자신만의 방식으로 만나는 영성의 결이 있다. 허나 지금 이 시대는 우리에게 이러한 관계성 안에서 삶의 충만함을 느낄 수 있는 삶의 여유를 주지 않는다. 바쁨과 경쟁, 물질 중심 사회구조에서는 양적인 질로써 삶의 성공 지표를 이야기한다. 많은 청년들이 삶의 주체성을 잃어버리고 사회구조 안에서 쳇바퀴 돌듯이 누군가를 위한 일인지도 모른 채 앞으로 달려가고 있다. 넥스트젠코리아는 청년들과 함께 살아가는 주변과의 관계의 중요성을 영성을 통해 일깨우고, 생활에 반드시 필요한 만큼의 소유와 삶의 생기를 영위할 수 있도록 돕는 정신과 육체적 교육 활동을 통해 경쟁과 단절의 사회구조의 공동체성을 회복하고 삶의 주체성을 되찾아 오는 데 힘쓰고자 한다. 국내외 여러 생태마을과 공동체의 연대와 협력을 함으로써 지역적인 사고와 활동의 한계를 넘고, 동시대의 청년들과 소통하고 교류하며 삶의 확장을 경험한다면 충분히 변화가 가능할 것이라고 생각한다.

2장

초불안사회와 영성

초불안사회와 영성

이무열_ 마케팅커뮤니케이션협동조합 살림

점점 더 불안이 심해지고 있다. 그래서 초불안사회라고 이야기들을 한다. 불안이 도를 넘어선 사회를 일컫는다. 하루를 행복하게 살 수 없는 불행한 시대이다.

불안은 어디에서 올까요?

불안은 알 수 없는 외부의 미래로부터 시작해서 우리의 마음에 머물며 오늘을 사는 우리의 행동을 강제하고 있다. 강제라는 말을 하니, 내 의지가 아닌 다른 누군가의 의지에 묶인 삶, 노예의 삶을 연상하게 된다. 보이지 않는 강제, 무섭지요. 정말 우리는 누군가의 통제에 의해, 미래의 어디로 이끌려 가고 있는 걸까?

불안이 아이들의 놀이와 웃음을 빼앗아 버린다. 청소년들과 청년들에게서는 앞으로 펼쳐질 꿈을 가져가 버린다. 불안은 직장인에게 껍데기만 남겨 놓는다. 그리고 나이 든 노인에게도 끝까지 남아 화를 만들고 있다.

결국, 아이들은 하루가 신나지 않고, 청소년들은 미래를 그릴 수 없고, 직장인들은 보람을 앗아 가는 불안 때문에 행복하지 않다.

고려장은 원래 나이 든 분들이 인생의 어느 지점을 지나면서 한곳에 모여, 살아온 인생을 돌아보며 비움을 갖는 풍속이었다고 한다. 이런 지혜로운 이야기는 화보다 웃음을 가진 노년을 그릴 수 있게 해준다.

불안하고 행복하지 않은 사람들이 모이면 불안하고 행복하지 않은 세상이 된다.

그림자경쟁이라는 말을 빌리면 불안은 그림자미래라고 할 수 있다. 아직 오직 않은 미래가 오늘을 살아가는 이들을 어둡게 하고 있으니까. 이런 불안은 고립에서 시작해서 경쟁으로 자라나는 게 아닐까 한다.

이웃으로 함께 살아갈 누구와도 마음과 몸을 나누지 못하니, 저마다 높이 쌓은 성 안에 숨어 나만을 고집하고 쉴 새 없이 싸움터에 나가 받은 상처가 불안의 힘이 되는 것이다. 승리도 행복을 가져다 주지 못하긴 매한가지이다. 내일 다시 싸움터에 나갈 사람에게 행복은 어울리지 않는다.

2016년 대한민국이 싸움터이다. 오히려 학교와 기업, 정부는 불안을 만드는 싸움을 부정하지 않고 승리하기만을 주문한다. 무엇 때문에 이렇게들 끝나지 않는 싸움을 붙이는지, 눈치 빠른 분들은 알아채셨을 것이다. 그것은 물신(物神) 때문이다. 욕심(慾心) 때문이다.

미래에서 오는 불안의 원인을 찾기 위해 거꾸로 아래의 뿌리를 돌아보면 어떨까? 상대가 아닌 나의 뿌리를 들여다보면 어떨까? 편안하지 싶다.

초불안사회와 영성이란 주제로, 나면서부터 이어지는 불안의 시간들을 꿰어 보았다.

(1) 아이와 부모의 불안, (2) 청년의 불안, (3) 직장인의 불안, (4) 노년의 불안. 그리고 마지막에 전혀 불안할 필요 없는 행복한 우리 삶을 이야기한다.

눈치 빠른 분들은 알아채셨을 것이다. 그 비결(秘訣)이 무엇인지….

초불안사회에서의 자녀 양육, 어떻게 할 것인가?

장기성_ 성공회대학교 외래교수

부모는 아이가 자라는 내내 불안하다. 아이가 잘못될까 봐 불안하고, 내가 지금 아이를 제대로 키우고 있는 것인지 궁금하고 불안하다. 원고는 작성하다가 잘못되면 처음부터 다시 쓰면 되지만, 육아는 그럴 수도 없는 일이라 더욱 답답하고 불안하다. 육아는 아이의 현재와 미래에 대한 고민을 동시에 해야 하는 것이며, 그 결과에 대해서도 확신이 없으니, 어찌 보면 불안한 것이 너무나 당연할 수도 있다. 그러나 불안함을 잔뜩 가지고 하는 일이 온전할 수는 없다. 불안함에는 원인이 있고, 그 원인에 대한 진단이 있어야 해결책을 찾을 수 있다.

습관 탓인지, 사회 문화 탓인지, 우리는 많은 것에서 결과에 따라 과정의 옳고 그름이나 중요성을 논하곤 한다. 그 많은 것 중 육아도 예외는 아니다. 아이를 잘 키운다는 것도 늘 결과를 염두에 두고 하는 말이니, 알 수 없는 결과에 불안해하고, 현재의 육아 과정 또한 불안의 연속일 수밖에 없다.

육아 과정에서 느끼는 불안함은 아이의 안전에 대한 현재적 불안함과 아이의 장래에 대한 예측 불가능성에 따른 미래적 불안함으로 나누어 볼 수 있다.

아이의 안전에 대한 현재적 불안

내가 어렸을 때를 생각해 보면, 주위에 유치원이나 어린이집을 다니는 친구가 없었다. 친구들과 하루 종일 동네 골목에서 뛰어놀았다. 밥때가 되면 옆집에 가서 끼니를 해결하기도 했다. 동네 골목길에는 차도 다니지 않았고, 주위에 마을 어른들이 계셔서 별 걱정 없이 노는 것에만 집중했던 것 같다. 예전에는 어린이집보다 훌륭한 마을과 동네 골목, 마을의 어른들이 있었다.

그런데 지금 우리 동네에서 나와 우리 가족을 아는 사람은 없다. 동네에서 뛰어노는 아이도 없고, 엄마도 아이도 집 주위에는 친구가 없다. 옆집 사람들이 어떤 사람들인지도 잘 모른다. 엄마와 아이가 친구도 없이 매일 함께 보내는 건 여간 힘든 일이 아니다. 아내 없이 혼자서 두 딸과 세 끼니를 해결하며, 하루 종일 지내는 날은 소주 10병을 마신 날보다 더 힘들다. 연속 3일 그렇게 하라고 하면 난 가출할지도 모른다. 어린이집에 머리 숙여 감사해야 할 지경이다.

과거에는 부모가 혼자서 아이를 잘 키워야 한다는 외로운 고민이 그다지 필요 없었다. 먹고살기 바쁜 부모를 대신해서 마을 전체가 육아를 함께할 수밖에 없었던 현실이 그리 나쁜 것만은 아니었으리라 생각된다.

부모의 직장 생활, 부모의 개인적 활동이나 휴식, 적절한 조기교육 등 어떤 이유에서건 대부분의 부모들은 아이를 어린이집에 보낸다. 그런데 어린이집에서 학대를 당하거나 방임 등으로 사망에 이르는 사례들이 끊임없이 일어나고, 회자된다. 어린이집에서 아동학대 사건이 터질 때마다 정부와 정치권이 대책이랍시고 내놓는 것이 어린이집 CCTV(closed-circuit television) 설치에 관한 것이었으며, 2015년에는 어린이집 CCTV 설치가 의무화되었다. 법을 개정한 국회의원들도 CCTV 설치가 어린이집에서 일어나는 다양한 형태의 아동학대를 예방하고 근절할 수 있을 것이라고 생각하지는 않는다. 다만, CCTV라는 감시 체계를 통해 어린이집 교사가 스스로 아동학대적 행위를 하지 못하도록 함으로써, 조금이라도 아동학대를 줄일 수 있을 것이라는 말도 안 되는 막연한 기대를 하고 있을 뿐이다.

어린이집 CCTV 설치는 파놉티콘을 떠올리게 한다. 파놉티콘(Panopticon)은 1791년 영국 철학자 제레미 벤담(Jeremy Bentham)이 제안한 건축 방식으로 학교·공장·병원·감옥 등에서 한 사람에 의한 효율적 통제와 감시 체계이다. 1975년 프랑스의 철학자 미셀 푸코(Michel Foucault)는 『감시와 처벌』에서 파놉티콘을 '한 권력자가 만인을 감시하는 체제'로 설명하였다. 파놉티콘 안의 사람들(우리 아이들)은 언제 어디서 지켜볼지 모를 텔레스크린과 마이크로폰(감시자로서 CCTV와 부모, 교사 등)의 시선 때문에 규율을 어길 수 없고, 이는 점차 사람들에게 내면화되고 스스로 자신을 감시하게 되는 것이다. 궁극적으로 '자발적 복종'의 단계까지 이를 수 있다.

텔레스크린과 마이크로폰은 조지 오웰(George Orwell, 1903-1950)의 대표적 소설 『1984』에서 등장하는, 당(party)의 강령에 어긋나는 이단적인 사고방식이나 행위 등을 말살시켜 버리기 위해 사용하는 일상을 지켜보는 전자장치이다. 이 소설에서 어린이들은 부모의 대화나 행동, 심지어 부모의 잠꼬대까지 엿듣고 경찰에게 고발하도록 훈련되어 있다.

또한 미셀 푸코의 지적처럼, 개인의 일거수일투족에 관한 모든 자료가 저장되는 데이터베이스가 마치 파놉티콘이 죄수들을 감시하듯이 사람들의 일상생활을 통제하고 관리하는 도구로 잘못 사용될 수도 있다.

어린이집 CCTV 설치 의무화는 보육교사뿐 아니라 우리 아이들에 대한 정보기술로 구축된 감시 체계의 결정판이며, 우리 아이들을 일상적 감시 체계가 작동하는 공간에서 미미한 일탈도 경험하지 못하고 개인의 자율성도 완전히 무시당하며 생활하도록 하는 장치가 될 것이다.

그리고 파놉티콘과 시놉티콘은 반대되는 개념의 말이다. 시놉티콘(Synopticon)은 그리스어로 광장을 뜻하는 아고라와 같은 의미로, 사이버 시대가 열리면서 소수의 감시자와 다수의 피감시자 간의 경계가 사라지고 모두가 서로를 감시하는 상황 또는 체계를 의미한다.

아이의 장래에 대한 예측 불가능성에 따른 미래적 불안

아이를 키울 때 느끼는 불안의 대부분은 아이의 앞날에 대한 걱정일 것이다. 미래에 대해 걱정하고 대비하는 것은 인간의 특성이겠으나, 걱정이 지나치면 현재를 즐기지 못하고 현재의 행복을 미래로 유보하는 결과를 초래하게 된다.

모든 부모는 아이를 '잘' 키우고 싶어 한다. 아이를 잘 키운다는 것은 개인의 철학에 따라 다르겠지만, 대부분의 부모가 잘 키운 아이의 이상적인 표본을 '착한 서울대생'으로 삼는 듯하다. 아이가 인격적으로 훌륭하게 성장하기를 바라는 마음은 '착한'에 담고, 미래에 사회적으로 인정받으며 보다 많은 돈을 벌기 위한 직업을 가졌으면 하는 마음은 '서울대생'에 담아 비유적으로 표현한 말이다. 그러나 많은 부모들은 '착한' 아이보다는 '서울대생'으로 키우기 위한 노력만 하는 것 같다. 이 또한 아이의 미래에 대한 불안함으로 빚어진 결과이다. 그래서 어린이집에서 한글도 모르는 아이에게 영어를 가르치고, 초등학생부터 고등학생까지 방과 후에는 학원으로 뺑뺑이를 돌리는 현상이 나타나는 것이다. 이것은 아이를 위한 것이 아니라 아이를 학대하는 방식으로 부모의 불안함을 덜고 있는 것이다.

아이들의 미래를 예측 불가능하게 하는 것은 사회구조와 시스템의 문제이다. 고등학교만 졸업해도 사회의 구성원으로 자기 밥벌이를 할 수 있는 사회가 되어야 하나 그렇지 못한 것이 문제다. '1등만 기억하는 세상'에서 '나만 아니면 된다'는 초개인화가 초래되는 것이고, 대부분이 노동자로 살고 있지만 노동자를 관리하거나 고용하는 사람을 만들려고 하는 것이다.

불안한 세상에서, 불안한 부모와 살아가는 우리 아이들은 당연히 불안하게 살아가고 있다. 불안하니 부모들은 아이들을 그저 다그칠 뿐이며, 아이를 다른 아이와 비교하며 엄친아, 엄친딸을 들먹이고, 옆집 엄마의 한 마디에 대책 없이 흔들리며, 다시 부모의 불안을 아이에게 전가한다.

따로, 또 같이

예전에는 정치만 좀 달라지면, 국가 경제만 좀 좋아지면, 모두가 같이 잘 살 수 있으리라 기대했지만, 지금은 정치가 달라져도, 국가 경제가 좋아져도, 함께 잘 살 수 없다는 문제가 있다. 세상을 뒤집을 수 없는 이상 그것을 해결하는 가장 좋은 방법은 공동체의 복원일 수밖에 없다. 그리고 그 공동체에의 참여는 거창한 무엇이 아니라 내가 발붙여 살고 있는 현실에서 시작해야 한다. 그리고 무엇보다 내 삶에서, 우리 가족의 삶에서 경쟁심과 이기심을 몰아내는 방법은 여럿이 함께 모인 곳에서 고민해야 해결 가능할 것이다.

이전 사회와는 달리 지금의 우리 사회에서 중요한 가치는 경쟁 · 효율 · 자본 축적 · 소비 확대 · 세계화 · 기술 등에 있는 것이 아니라, 협동 · 공생 · 자연(생태) · 행복 · 지역사회 · 창의성 등에 있다고 한다. 공동체는 똑같은 생각을 가진 사람들이 모인 단위를 말하는 것이 아니다. 로봇이 아닌 이상 사람들은 다 다르고 다양하다. 따라서 공동체를 고민하기 위해서는 근본적으로 우리는 서로 다름을 인정해야 하고, 여럿이 함께하는 것에 익숙해져야 하며, 그런 과정에서 공동의 목표와 가치를 찾아 나가야 할 것이다.

우리 아이들은 단순히 지적 능력만 키워 대는 학교에서가 아니라, 산 나들이 · 꽃밭과 텃밭 가꾸기 · 들살이 등의 경험을 통해 생명을 배우고, 원 없이 놀아 보는 경험을 통해 관계와 소통을 배우고, 정형화되지 않은 수업을 통해 창의력을 발산할 수 있는 교육 환경에서 자라야 한다. 흙을 밟으며, 더위와 추위 속에서도 뛰어놀고, 자연의 흐름에 따라 생활하는 과정에서 생명과 나눔을 자연스레 배울 수 있도록 기회를 줘야 한다. 정형화되지 않은 놀이를 통해 창의성을 배우고, 놀이와 친구들과의 관계를 통해 내려놓아야 할 것과 지켜야 할 것을 스스로 발견할 수 있도록 해야 한다. 반드시 그래야 하는 것도 없고, 절대 안 되는 것도 없는 환경과 문화에서 스스로 사유할 수 있는 힘을 기르도록 해야 한다. 그런 과정에서 공존의 철학을, 우리처럼 책으로 배우는 것이 아니라, 일상적인 경험과 자신의 생각을 통해 배울 수 있기를 바란다. 그리하여 여러 가지 문제점을 안고 있는 공교육에 자극이 되기도 하고, 변화를 요구할 수 있는 의미 있는 대안적 실험이 끊임없이 이루어져야 할 것이다.

'아이를 잘 키웠다'의 결과적 모습은 아주 다양하겠지만, 예측불가능성으로 인해 나타나는 불안을 해소하기 위해 아이를 '함께' 잘 키워야 한다는 생각을 공유할 필요가 있으며, 결과나 목표가 아니라 과정에 중요한 가치를 두어야 한다. 아이들이 마을에서 다양한 가치와 철학을 가진 사람들을 만나고, 또래 친구들과 자연 속에서 계산 없이 뛰어놀면서 자연스럽게 스스로의 세계관을 고민하고 학습하던 과거의 모습처럼 말이다.

간디의 사상은 진리 앞에서의 단순함, 노동하는 삶, 공동체로 요약할 수 있다. 혼자만 행복하다고 진정 행복한 것이 아니라 사회 전체가 더 나아가 인류 전체가 행복해야 개인의 행복도 보장된다. 그런데 현실 세계에는 사회 전체를 불행하게 하는 구조적인 악이 많다. 간디는 시민들에게 구조적 악에 대해 '저항해야 할 의무'가 있다고 말했다. 그런데 이때 개인은 무력하기 때문에 공동체를 만들어 구조적 악에 저항해야 한다는 것이다.

세계 기아·물 부족·환경오염 등 지구촌을 위협하는 심각한 문제들도 결국 그 해결책은 '거창하고 위대한 기술'이 아니라 '사소하고 작은 행동'에 있다. 중대한 문제를 푸는 것을 미션으로 잡되, 비전은 우리 주변의 사소하고 작은 변화를 일으키는 것에서부터 시작해야 한다. 실현할 수 있는 것부터 하나씩 바꾸다 보면 결과적으로 지금과 미래 사이에는 큰 차이가 만들어질 것이다.

대전환의 시대,
노답 상황에 빠진 청년들

이충한_ 하자센터

* 이 글은 서울연구원과 하자센터가 함께 진행한
〈저성장 위험사회 전환도시와 청년 연구〉의 연구 과정 및 결과물인
『노오력의 배신』 에서 많은 영감을 받았음을 밝힙니다.

지금 한국은 신분제 사회로 리턴 중

2015년, 한 단어가 청년들 사이에서 빠르게 퍼져 나갔다. 역사상 최초로 청년 당사자·연구자·언론·여당과 야당의 정치가들이 모두 '현실을 표현하는 적확한 말'로 받아들이게 된 단어다. 그것은 바로 '헬조선'이다.

헬조선이란 '지옥처럼 괴롭고 희망이 없는 한국사회'라는 뜻이다. 물론 기성세대는 이 말을 듣고도 청년들에게 여전히 훈계를 해 댄다. 너희들이 충분히 '노력'을 하지 않아서 그렇다, 우리 당에 투표하지 않아서 그렇다는 식이다. 하지만 그런 '꼰대질'은 더 이상 먹히지 않는다. 청년이건 기성세대건, 우리 모두 여기가 '헬조선'임을 인정해 버렸기 때문이다. 2015년 9월에 JTBC 뉴스가 조사한 바에 따르면 20-40세 젊은 층 중 88%가 '한국이 싫어서 다른 나라로의 이민을 생각해 본 적이 있다'고 답했고, 93%는 '한국이 부끄럽다고 느낀 적이 있다'고 했다.

그렇다면 청년들은 왜 갑자기 자신들이 사는 나라를 '헬'이라 생각하기 시작했을까? 그 답은 나머지 두 글자 '조선'에 있다.

청년들의 눈에 지금의 한국은 두 가지 측면에서 중세 조선 사회와 다름없다. '헬조선'의 기원은 일본 청년들 사이에 유행한 단어인 '중세 잽(Japan) 랜드'라는 설이 있다.

한국이 중세 사회와 다름없는 첫 번째 이유는 낙후된 가치 체계 때문이다.

새누리와 더민주가 아직도 우리는 보수요 당신은 좌파요 하면서 주거니 받거니 하지만, 여기에 근대적 '이념'이라는 것은 없다. 그저 당파 싸움이 막장으로 진행되었을 당시의 노론과 소론이 연상될 뿐이다. 정치뿐만이 아니다. 사회에서 작동하는 모든 가치 체계가 청년들의 눈높이와는 맞지 않는다. 학교에서도, 일터에서도, 가정에서도 문제가 발생했을 경우 합리적인 원칙에 따라 해결되기 보다는 억압과 강제 속에 숨겨지는 것이 일반적이다.

한국이 중세 사회와 다름없는 두 번째 이유는 부와 권력의 세습에 기반을 둔 신분제 때문이다. 기본적으로 헬조선 담론의 기저에는 '흙수저 계급론'에 대한 분노가 자리잡고 있다. 금수저 · 은수저를 입에 물고 태어난 놈은 따로 있고, '일반 청년들'은 흙수저 집안에서 태어나 어떠한 전망도 갖지 못한다는 것이다. 산업화 단계에 따라 계층 이동의 가능성이 줄어드는 것은 어쩔 수 없지만, 이만큼 노골적으로 부의 세습을 허용하는 근대국가는 많지 않다.

여기서 가장 중요한 것은 이 나라가 앞으로 굴러가지 않는다는 점이다. 언제부터인가 나라 전체가 고속도로를 역주행하는 느낌이다. 동시대의 다른 나라들과 비교해서 경제적 하부구조는 상당히 앞서 있는데, 정치사회적 상부구조는 저만치 뒤떨어져 있다. 그래서 쪽팔리고 화나고 힘 빠진다는 느낌, 이것이 헬조선의 본질인 것이다.

아무리 노력해도 '시민'이 될 수 없는 나라

"그렇다면 청년은 왜 이런 상황을 스스로 바꾸지 않는가?"라고 반문할 수도 있다. 주로 80년대에 세상을 바꾸어 보았다고 자부하는 사람들이 이런 질문을 한다. 거꾸로 물어보자. 당신들이 진짜로 바꾼 것이라면 지금 세상이 이 꼴은 아닐 텐데? 당신들이 30년 동안 노력해도 못 바꾼 걸, 사회생활을 시작도 안 해 본 청년들이 바꿀 수 있단 말인가? 물론 그들이 '세상을 바꾸라'는 말에 담은 뜻은 단순히 청년 세대로서의 정치적 의사 표명을 하라는 의미일 수도 있다. 하지만 여기에도 두 가지 오류가 있다.

첫째, '청년 세대'라는 것은 더 이상 하나의 집단이 아니다. 청년들이 '수저 계급론'을 빌려 표현하듯이, 이들 사이에도 너무나 큰 차이들이 존재한다. 그리고 이들은 유년기에 IMF 경제 위기를 맞으면서, 이른바 '386세대' 부모들에 의해 철저히 '생존주의적 개인'으로 자라났다. 생존을 위해 무한히 경쟁해야 하는 개인들은 절대 서로 연대할 수 없다. 경쟁 시스템을 만든 장본인도, 이들을 링 위로 몰아넣은 것도, 청년들이 아니라 부모 세대다.

둘째, 정치적 의사 표명은 '시민'들의 권리이다. 그런데 이 사회는 청년들에게 그러한 권리를 주고 있는가? 산업화 세대는 근면 성실하게 일하면 '국가의 아들, 또는 그(가부장)의 피부양자'가 될 수 있었다. 80년대의 민주화 세대와 90년대의 신세대에게는 정치적 투쟁과 문화적 활동을 통해 스스로 '시민'과 '개인'이 될 수 있을 만한 자원들이 주어졌다. 하지만 지금의 청년 세대는 철저히 소비자본주의 속에서 자라나 성인이 되었는데, 받아 주는 일자리가 없어서 더 이상 소비할 능력마저 없게 되었다. 자, 생존이 사치가 된 시대의 생존주의적 개인, 노동을 제공하지 않는 사회의 소비자는 무엇이 될 수 있을까? 무엇도 될 수 없다. 그들에게는 현재도 없고, 미래도 없는 것이다.

그래서 지금의 청년들은 평생을 워킹 푸어(working poor)로 살아가야 할 뿐만 아니라, 이전 세대들이 누렸던 욕망과 권리를 빼앗긴 채 '2등 시민'으로 살아야만 한다. 3포, 5포를 넘어 이제는 'N포 세대'라고 하지만, 사실 이들이 자발적으로 포기한 것이 아니므로 강제로 박탈당했다고 보아야 한다. 개인의 노력으로 '일반 시민'의 지위를 획득할 수 있었던 시대는 지나가 버린 것이다. 그리고 심지어 이 모든 것은 태어나면서부터 결정된다. 이 사회가 분배 정의를 실현하지 않는 핑계로 수십 년간 제시해 왔던, 유일한 신분 상승의 계단이었던 대학도 이제는 20년간의 사교육으로 구매할 수 있는, 가장 확실한 계급 재생산의 도구가 되어 버렸기 때문이다.

노답 상황, 인정과 포용만이 답

이쯤 되면, 청년들이 어떤 위기를 겪고 있는지를 찾는 것보다 문제가 없는 부분을 찾는 것이 더 빠를지도 모른다. 사실 청년 문제와 관련해서 낙관적으로 바라볼 수 있는 여지는 거의 없다. 대부분의 문제들이 서로 얽혀 있어 답이 안 나오는, 그야말로 '노(no)답' 상황이다. 노동·주거·관계·학업 등 어느 영역에 가도 사면초가가 아닌 곳이 없다.

그런데 얼마 전, 여기에 핵폭탄이 얹혔다. 알파고다. 이제 청년들은 사람이 아니라 기계와 경쟁해야 한다. 기계의 기계적인 면이 아니라, 기계의 인간적인 면과 말이다. 이 경쟁에서 뒤처지면 어떻게 될까. 아무도 모른다. 몰라서 더 두렵다.

이 사회에 지성이라는 게 존재한다면, 혹은 인간적인 감성이 남아 있다면 이 대목에서 명쾌한 결론이 나와야 한다. 노답이다, 답이 없다, 우리는 답을 가지고 있지 않다고 말이다. 이 세계는 빠르게 (주로 나쁜 방향으로) 변화하고 있으며, 기성세대는 그 답을 가지고 있지 않다. 아마도 답을 찾지 못한 채로 죽을 것이고, 그래도 괜찮을지도 모른다. 하지만 지금의 청년을 포함한 미래 세대는 답을 필요로 하고, 그 답과 함께 살아가야 한다.

이 (답이 없다는) 답을 가지고 앞에서 언급한 문제들을 다시 바라보아야 한다. 가장 먼저, 청년 세대를 '인정'해야 한다. '너희가 우리와 비슷한 생각을 하고 있다면, 너희가 충분히 노력한다면, 너희가 쓸모 있다면 인정해 줄게'가 아니다. 무조건적으로 그들의 존재를 인정해야 한다. 생각이 달라도, 나약해 보여도, 일을 잘 못해도 그대로 인정해야 한다. 그들을 '포용'할 울타리를 다시 만들어 내야 하며, 그 울타리가 바로 이들이 겪어 보지 못한 '사회'일 것이다. 더 이상 스스로 답을 내려 하지 말고, 그들과 기성세대의 사이에 질문을 던져 보자. 그것이, 세계를 전환해 내는 첫걸음이다.

직장인의 함정

김 호_더랩에이치

직장은 당신의 직업을 만들어주지 않는다

네 가지 중 하나이다. 지금 우리 각자가 처해 있는 상황 말이다. 이 그림을 보면서 내가 어디에 있는지, 그리고 이런 상황이 내게 무엇을 의미하는지, 앞으로 어떻게 해야 할지 생각해 보자.

〈그림1〉 직장과 직업으로 나누어 본 네 가지 처지

		직업	
		있음	없음
직장	있음	3	2
	없음	4	1

직장이란 쉽게 말하면 건물의 개념이다. 내가 출근하는 사무실 혹은 조직(기업·정부·비영리 조직 등)이란 뜻이다. 물리적인 개념이며 하드웨어이고, 사람으로 말하면 몸에 해당한다. 직업은 조직이나 건물에 속한 것이 아니라 내 안에 존재하는 개념이다. 쉽게 말하면 내가 보유한 기술 혹은 능력을 나타낸다. 이번 세션의 주제에 '영성'이란 단어와 연결되는 영어 단어 중에 스피릿(spirit)이란 것이 있는데, 이를 웹스터 사전에서는 사람 안에 존재하는 힘으로 신체에 생명·에너지·힘을 주는 것이라고 정의하고 있다. 직업은 스피릿 혹은 영성 혹은 소프트웨어라고 할 수 있다. 직장인들이 흔히 혼동하는

것이 직장과 직업의 개념을 동일시하는 것이다. 이런 혼동 자체가 스스로에게 큰 위협이 되고 있다는 점을 먼저 생각해 봤으면 한다.

이제 네 가지 영역을 하나씩 살펴보자.

1의 영역은 직업도 직장도 없는 상태로 대표적인 예는 학교를 졸업하고 직장을 구하지 못하고, 별다른 경험이나 경력도 없어서 그냥 쉬고 있는 상태를 말한다.

2의 영역은 직장은 있는데 직업은 없는 상태이다. 말장난처럼 들릴지 모르지만, 현재 직장인들의 가장 큰 위기가 바로 이 지점이다. 직장 경력은 20-30년 되는데, 즉, 어떤 조직에 속한 상태로 수십 년을 일했는데, 정작 자기 자신에게 남는 기술이나 전문성은 없어서 조직을 떠나는 순간 1의 영역으로 가게 될 운명이다. 자기 자신이 2번 영역에 있는데, 이런 자기의 현실을 모른 척하거나 아예 모른다면, 직장인의 위기를 온몸으로 기다리고 있는 것과 마찬가지이다.

3의 영역은 직장에 다니면서도 자기 안에 전문성을 축적하여 직업도 가진 상태이다. 이들은 직장의 입장에서는 되도록 붙잡으려고 하는 대상이 되어, 본인이 원할 경우, 보다 오래 직장 생활을 할 수 있으며, 이들이 직장을 떠나면 4의 영역으로 가서 어느 조직(직장)에 속해 있지는 않지만, 자기만의 직업으로 행복하게 먹고살 수 있는 사람들이다.

조직은 당신의 직업을 만들어 주는 데에는 크게 관심이 없다. 직장은 현대 자본주의에서 생존하기 위해 직장인들을 가장 '효율적인 방식'으로—잘하는 동안 쓰고, 아니면 내보내고—'돌릴' 궁리를 하게 된다. 우리는 이미 '인재가 미래'라고 주장하는 기업이 젊은 인재들을 어떻게 다루는지 잘 알고 있다.

어떻게 해야 할까? 안타깝게도 나는 퇴직이 얼마 남지 않은 직장인들이 어떻게 직업을 만들어 조직에서 밀려난 뒤에도 잘 살아갈 수 있는지에 대한 해답을 갖고 있지 않다. 나는 언론에나 나올 법한 예외적인 사례들—50대에 정신차려 엄청난 노력을 하고, 여기에 더 어마어마한 행운이 곁들여져 새로운 성공을 만들어 낸 그런 사례들--을 가지고 무책임하게 희망을 주고 싶지도 않다. 대부분의 사람들에게 그런 행운이 찾아들지 않기 때문이다.

나는 직업을 만들고 있는가?

내가 이 자리를 빌려 말하고 싶은 것은 세 가지이다.

첫째, 직업이란 내 안에 깃들여지는 것으로 절대 단기간에 만들 수 없다는 것이다. 직장 생활을 접고 프랜차이즈로 치킨집이나 커피집을 한다고 치자. 프랜차이즈는 내 안에 존재하는 것이 아니다. 여전히 본사의 갑질에 의해 원치 않는 인테리어 공사를 해야 할 것이고, 당신은 겉은 멀쩡한 가게의 주인이면서 서서히 망하는 열차를 타고 있는지도 모른다. 직업이란 당신이 청년 시절부터 벤처사업 등을 하는 것이 아니라면 일반적으로 직장 경험을 통해 만들어 갈 수 있다. 즉, 내 직장 생활의 의미를 확인해 볼 수 있는 중요한 질문 중 하나는 "나는 내 직장 경험을 통해 나만의 직업을 만들어 가고 있는가?"이다.

둘째, 30대에 자기 직업과 관련된 직장 경력을 쌓아 갈 때, 결국 40대에 자기만의 직업을 만들어 3의 영역에 들어가게 되고, 설사 조직을 떠나게 되더라도 생존할 수 있게 된다. 그렇게 하기 위해서는 자신의 직업에 대한 고민을 보다 일찍 시작해야 한다. 왜, 예술가나 예능인들만 어린 시절에 자기 자질을 알아보고 일찍부터 준비를 해야 할까? 이들은 자신이 좋아하는 것에 일찍 '베팅'을 하며, 서바이벌 프로에 나와, 정말 이 길로 가야 할지 도전하면서 결정하고 싶다고 한다. 그들처럼 10대는 아니더라도 일반적인 사람들도 20대에는 자기의 자질을 찾도록 노력해야 한다. 학교 졸업 때까지는 아니더라도 직장 생활 5년 정도를 지내면서 자신이 정말 이 세상에서 하고 싶은 것은 무엇인지, 자신의 전문성이 무엇일지 찾아보고 도전을 시작해야 한다. 이는 결국 자기에 대한 성찰을 통해 가능하며, 이를 위해 다양한 사람들과 만나고 대화·독서·심리 테스트 등 다양한 방안을 시도해 봐야 한다. 한 가지 오해하지 말아야 할 것은 20대에 전문성과 직업을 정한다는 것이 자기가 평생 그 일을 해야 한다는 것을 의미하지는 않는다. 세월이 가면서 20대에 생각한 전문성과 연결이 되면서 계속 새로운 영역을 개척하게 되지만, 전문성에 대한 고민이나 노력이 없이 그냥 '직장 생활'만을 하는 사람에게는 새로운 기회가 찾아올 가능성이 희박하다.

마지막으로 다수의 함정이다. 사회심리학자 로버트 치알디니(Robert Cialdini, 1945-)는 사회적 증거의 원칙이란 것에 대해 말한 바 있다. 사람들은 심리적으로 어떤 의사결정을 할 때 주변의 사람들이 어떻게 결정하는지를 관찰하며, 대다수 혹은 유사한 타인들(many or similar others)의 행동으로부터 영향을 받는다. 이는 한국과 같은 집단주의 사회에서 더 큰 영향력이 있으며, 더군다나 사회적, 경제적으로 불안한 시기에 더 큰 힘을 발휘한다. 직장인의 입장에서 주변을 둘러보면 앞서 말한 2의 영역, 즉 직장 경력만 쌓고, 직업은 만들지 않거나 만들지 못하고 40대 후반에서 50대 초반에 밀려 나오는 경우를 많이 볼 수 있다. 직업을 만들어야 한다는 말에 일부 동감을 하더라도 '현실적이지 않은' 선택이라 외면하게 된다. 심리적으로도 그렇게 외면하는 것이 더 편할 수 있기 때문이다. "나는 직업을 만들고 있는가?"라는 새로운 질문에 대해 고민하며 불편한 현실을 직시하고 새로운 도전을 하기보다는 바쁜 회의와 회식 속으로 자신을 일단 밀어 넣는 것이 차라리 마음 편하다.

영성은 우리에게 힘과 생명과 에너지를 준다. 영성·스피릿을 만들기 위해 우리는 나름의 방식대로 기도하고 반성하고 희망을 갖는다. 직업은 직장생활에, 그리고 '곧' 다가올 직장 이후의 삶에 힘과 생명과 에너지를 불어넣는다. 우리가 이 세상에 태어난 것은, 그리고 이 험난한 삶을 하루하루 살아가는 것은 단지 월급이 정기적으로 나오는 '직장인'이 되기 위한 것은 아닐 것이라 나는 믿는다. 그보다는 자기만의 관심과 재능을 살려 이 세상의 한 구석이라도 변화시키기 위한 일을 하기 위해서일 것이고, 그래서 우리가 현실의 고통을 이겨 내는 것이 아닐까? 그런 점에서 우리는 자기만의 직업을 갖기 위해 이 세상에서 존재하는지도 모른다.

노년의 위기
'은퇴한 노년이
마주하고 있는 위기'

한용술_ 스마트영상작가

최근 노인의 자살률이 급증하면서 노년의 위기라는 말이 각종 언론 매체에 자주 등장하고 있다. 과거에는 평균수명이 짧아 회갑이 넘자마자 자연스럽게 삶의 마감을 준비하면서 살아왔다. 그러나 현재는 평균수명이 82세 정도(남자는 78세, 여성은 84세)로 급격히 늘어남에 따라 별다른 준비 과정 없이 직장에서 은퇴하여 이후 오랜 기간 속수무책으로 살아갈 수밖에 없는 운명이 되었다. 그러나 특정 국가나 지역에 노인이 많아지면 고령화는 크나큰 사회문제로 대두하게 된다.

노인이라는 말은 '나이가 들어 생물학적·사회적 기능이 저하된 사람'을 의미하는데, '인간으로서 삶의 마지막 과정에 다다른 나이 든 사람'에 대한 일반적 호칭으로 가장 널리 사용되고 있다. 그러나 단어 자체가 지닌 부정적 의미를 줄이기 위해 노인보다는 노년(老年)이라는 말로 바꾸어 사용하기도 하고, 장년층에서 노년층까지의 보다 넓은 인구를 통칭하는 고령자라는 말을 쓰기도 한다. 최근에는 시니어·실버·어르신이라는 용어도 비교적 많이 사용하고 있다.

우리나라에서 과거에는 회갑을 맞이한 60세 이상의 성인이면 당연히 노인으로 인정받았으나, 현재는 65세가 넘어야 노인으로 인정된다. 노인의 연령에 대하여 명시적으로 정의된 것은 없으나, 기초연금법 제3조에서 연금수령자의 대상과 노인복지법 제25조부터 제28조까지 기술된 내용 등에서 생업지원·경로 우대·건강진단·상담 및 노인주거복지시설 또는 재가노인복지시설에 입소시키거나 입소를 위탁하는 조치를 취할 때의 기준을 65세 이상으로 보고 있으므로 노인의 기준을 65세라고 보는 것이다. 또한 65세는 독일의 기대수명이 40대 중반일 때인 1889년 비스마르크가 시행한 노령연금 지급 기준이라고 한다. 그러나, 최근에는 50+라는 용어도 많이 사용하는데 이는 대략 40대 중반 직장에서 명예퇴직 당하는 시기로부터 노인으로서의 법적 지위를 받게 되는 연령인 65세 미만까지의 연령층을 말하며, 우리나라의 베이비부머들이 이에 속한다.

노년의 불안은 빈곤, 건강, 고독 등 사회적 현상

따라서, 이번 주제인 은퇴한 노년의 위기의식은 50+ 세대, 65세를 넘었지만 활동 가능한 노년층, 평균수명을 넘어선 계층 모두에게 체감하는 온도가 같을 수는 없다고 생각한다. 이 원고를 위하여 평균수명보다 낮은 연령이면서 은퇴한 노년층을 60-65세, 65-70세, 평균수명 정도인 70대 후반의 세 그룹으로 나누어 의견을 들어보았다. 이들을 대상으로 '한국에서의 노년의 위기'라는 주제로 대화를 나눈 결과, 정도의 차이는 있었지만 그들이 최근에 느끼는 삶의 문제 또는 위기는 대체로 비슷한 경향을 보이고 있었으며, 그들의 응답에서 얻은 여러 가지의 위기 중 가장 많이 꼽고 있는 위기로는 경제 문제, 건강 문제, 고독과 소외 문제 등이 있었다. 이들과의 대화를 종합해 분석해 보면 위기의 원인이 개인적인 것도 있지만 많은 문제들은 사회적인 현상이 복합적으로 작용해서 일어난 것임을 느낄 수 있었다. 그러면 이들이 생각하고 있는 노년의 위기 문제를 하나씩 살펴보기로 한다.

첫째, 은퇴한 노인이 마주하고 있는 위기로는 경제 문제가 있다. 은퇴한 노년층 중 나이가 평균수명보다 낮은 노인 대부분은 본인들이 살아오면서 전통적으로 해 왔던 노부모 모시기는 더 이상 생각해 볼 수 없는 역사 속으로 흘러간 과거의 현상으로 생각하고 있었으며, 그들의 자녀 부부와는 독립적인 삶을 영위하고 있었다. 그들이 젊었을 때에는 수입의 대부분을 자녀 교육에 투입함으로써 자신의 노후 생활에 대한 대비를 충분히 할 겨를이 없었으며, 직장에서 퇴직한 현 시점에 와서는 건강하고 일할 의욕과 능력이 있어도 늘어난 수명에 알맞은 재취업 기회는 사라지고 수입이 거의 없는 실정이 되었다.

이러한 이유로 요즈음 노인의 경제적 빈곤 문제는 날로 심각해지고 있다. 통계 자료에 의하면 OECD 국가 중 우리나라는 노인 빈곤율 1위이며, 노인 인구 절반이 빈곤에 시달리고 있다고 한다. 사회보장제도에 의한 유일한 수입원인 노인수당이나 국민연금마저 생계에 큰 도움이 되지 않아 행복한 삶을 영위하기보다는 근근히 목숨을 연명하는 정도에 그칠 뿐이다. 그나마 경제적으로 여유 있는 노인마저도 은행 금리 하락으로 인하여 실질적인 재산은 꾸준히 감소하고 있는 실정이다.

은퇴한 노인이 당면하고 있는 두 번째 위기로는 건강 문제를 들 수 있다. 노인의 보건·의료 문제는 신체적 노화와 질병에서 오는 문제이며, 직장 은퇴에 따라 경제적으로 빈곤해진 노인 중에는 영양실조가 발생하는 빈도가 높으며 그들 중 병이 나도 초기에 치료하지 못하여 병을 키우고 있는 경우까지 있다고 한다.

통계에 의하면 노인 10명 중 8명은 한 가지 이상의 약을 복용하고 있다고 하며, 이들 대부분은 당뇨병·고혈압·심장병·치매·골다공증·관절염과 같은 질병을 하나 이상 지니고 있다고 한다. 이 질병들은 조기 발견이 어렵고, 만성적이며, 대부분 완치가 어렵다는 특징이 있다. 그나마 의료 기술의 발달로 수명이 꾸준히 늘어나 평균수명은 늘어났지만 신체의 전반적인 기능 감소와 더불어 퇴행성 질환을 앓게 됨에 따라 건강한 삶을 누릴 수 없어서 행복한 삶을 누리지 못하고 자신의 의료비 부담뿐 아니라 사회적 비용까지 크게 부담시키고 있는 실정이다.

은퇴한 노인이 당면하고 있는 위기로 세 번째는 고독과 소외 문제이다. 은퇴 후 자기가 담당하고 있던 사회적 역할을 상실하게 되면서 경제적, 심리적인 상실과 허탈감으로 인하여 고독과 소외감을 경험하게 된다. 이들은 하는 일이 없고 따분하며 사회적으로 고립되어 소외에 빠지게 되어 술에 의존하든가 우울감에 빠져 극단적인 선택을 하기도 한다. 이런 원인 때문에 우리나라는 세계 노인 자살률 1위의 국가라는 불명예까지 얻게 되었다.

은퇴한 노인의 노독과 소외 문제는 급격한 도시화로 인하여 주택난과 핵가족화가 촉진되어 가족과의 연결이 끊어져 노인 생활의 고립화를 가속시켰으며 노쇠에 따른 심정의 약화, 죽음을 앞두고 느끼는 두려움과 인생의 허무감 등 여러 가지 요인에 의해 유발된다. 특히, 가정 내 역할의 상실, 은퇴 후의 길어진 노후 생활을 위한 소일(消日) 자료 부족 등은 시급히 해결해야 할 과제이다.

그 외에도 경제력이 있으며 고학력인 노인의 경우에 자녀의 맞벌이 때문에 손주 돌봄에 많은 시간을 할애하는 문제, 재테크 문제, 여행·스포츠·문화 행사와 같은 취미 활동 등 그들이 제기하는 몇 가지 이슈가 있었으나 위기라고 보기에는 적절치 않아 여기서는 다루지 않는다.

유엔은 79세까지 청장년으로 분류, 노년의 재개념화 필요

최근 유엔의 새 연령 분류에 따르면 17세 미만은 미성년, 18-65세는 청년, 66-79세는 중년, 80-99세가 노년, 100세부터 장수 노인이라고 한다. 이에 따르면 은퇴한 노년층 중에서 50+는 청년, 현재의 노인 중 평균수명 미만은 중년이며, 평균수명 이상인 분들만 노년으로 분류된다. 따라서 청년이나 중년층에 해당하는 평균수명 이하의 노인들에게는 퇴직 후 재고용의 기회가 부여되어야 하며 국민연금·국민건강보험 등을 현실화하여 사회보장제도를 확대하고, 여가 시설을 확충하여 소일거리를 확보하는 등 지속적인 노력이 필요하다.

21세기에 들어와서는 경제력 있는 노인 인구가 급증함에 따라 앞으로 노인 문제는 예전과는 다른 방향에서 바라보아야 한다. 노동 인력 확대라는 개념 도입과 함께 노인 자신과 가족, 국가와 사회가 함께 노력함으로써 노인 문제를 해결해야 하며 보다 근원적으로는 노부모를 모시는 효 문화를 확산시키기 위한 각종 정책의 개발과 시행이 우선되어야 할 것이다.

우울증 보편화 시대에
영성을 말한다는 것

이정배_ 전 감리교신학대학교 교수

본래 필자에게 주어진 과제는 초(超)불안사회의 징조와 그 치유책에 관한 것이었다. 종교적 영성이 이 주제에 대한 답이 되기를 기대하면서 말이다. 하지만 본 글에서 필자는 '초(超)불안'을 '우울증의 보편화'란 말로 살짝 뜻을 비틀어 생각해 볼 것이다. 우울증과 불안이 서로 같지는 않되 결코 나뉠 수도 없다는 판단에서다. 물론 전자가 다소 정신적 차원의 개념인 반면 후자는 물적 토대와 좀 더 연루된 사안일 수도 있을 듯싶다. 하지만 신앙이나 종교 나아가 학식이나 재산 유무에 관계없이 도처에서 불안을 호소하며 자신의 우울 증세를 못 견뎌 하는 이들이 많다. 불안감으로 우울해지고 우울하기에 더욱 불안한 현실이 우리 시대의 민낯(자화상)이라 할 것이다.

이 땅의 사람들은 도대체 왜 불안하고 우울한가?

그렇다면 OECD 20을 넘어 G7에 속했다고 자랑하는 이 땅의 사람들이 도대체 왜 불안하고 우울한가? 큰 틀에서 볼 때 우리 역시도 울리히 벡(Ulrich Beck)이 주장한 위험사회에 접어든 까닭이다. 성장과 위험이 동전의 양면처럼 공속(共屬)되어 성장할수록 위험해지는 모순이 일상이 된 것이다. 불특정 다수의 죽음(살인)이 목하 현실이란 말이다. 다수는 이에 둔감할 수 있겠으나 혹자는 이런 구조적 모순에 저항할 것이다. 여기서 저항이란 불안감의 극단적인 또 다른 표현이라 하겠다. 하지만 이 저항이 패배할 것을 앞서 가늠하기에 항거하는 이들조차 우울하다. 시지푸스 신화의 영향력이 지금도 여전히 크게 작동하고 있는 탓이다. 후쿠시마 원전 사고, 세월호 참사, IS 테러, 시리아 난민, 사드 배치 등 나라 안팎에서 일어나는 이 모든 것이 바로 위험사회를 드러내는 단면이자 증상이다. 하지만 이렇듯 위험사회에 대한 진단이 구체적 개개인에게 피부로 와 닿지 않을 수도 있다. 그럴수록 왜 위험사회가 되었는가를 먼저 말하는 것이 옳다. 어찌 '성장'이 '위험'과 같은 뜻의 다른 말이 되었는가를 물어야만 하는 것이다. 이에 대한 답은 미시적 차원에서 접근해야 설득력이 있다.

한 일간지에 이 땅을 대표하는 한 40대 직장인의 자기 고백이 실렸다. 좋은 스펙을 갖고 이름난 직장에 취직하여 최선을 다해 일하고 있으나 정작 자신이 뒤처지고 있다는 강박관념, 즉 불안감으로 매 순간 우울증에 시달리고 있다는 내용이었다. 이를 분석하여 상담한 전문가는 이 사람의 경우 선민의식과 피해의식 사이에서 방황하다 나락(심연)에 빠져 삶의 현장에서 퇴출될 여지가 크다고 보았다. 선민의식이 클수록 피해의식 역시 커져 자기 분열에 이른다는 것이다. 국가적 차원에서의 성장이 곧 위험이듯이 개인 영역에서 우월함이 열등감이 되는 현실은 이처럼 정확히 중첩되고 있다. 능력 있는 사람일수록 실상 더 많이 허무를 느끼며 심리적 탈진 상태에서 일상을 버티고 있다고 보아야 할 것이다. 그렇다고 하여 무능력자, 소위 흙수저들이 무탈하다는 말은 의당 아니다. 미래에 대한 그들의 불안과 좌절, 그로 인한 자포자기와 삶에 대한 무력감 역시 사회를 더욱 위험하게 만들 뿐이다. 어느 경우든 자본주의적 현실은 인간 욕망을 부추겨 결국 개인, 사회 그리고 국가 전체를 우울증에 빠져들게 한다.

언제부터인가 대한민국은 세계에서 욕망지수가 가장 높은 나라가 되었다. 기독교 강국임을 자랑했고 유불선의 영향력을 과시했으며 무수한 신흥종교들이 계속해서 탄생하는 작금의 현실에서 OECD 국가 중 욕망지수가 최상이란 것은 한마디로 종교무용론을 야기시킨다. 본래 욕망과 종교는 반비례해야만 정상이다. 욕망지수가 높으니 자살률 역시 최고이며 불행지수 또한 그에 버금가니 우울증의 보편화에 종교의 역할이 결코 작지 않다. 말을 바꾸자면 이 땅에서는 종교의 순기능보다 역기능이 대세라는 것이다. 자본주의사회에서 종교가 그 시효를 다했다는 말도 회자된다. 종교가 자본주의를 종교화시키지 못했고 오히려 그 역이 현실이 되었다는 말이다. 자본주의가 종교를 자본주의화했다는 것이 한없이 처참하다. 이런 정황에서 종교인의 삶은 더 분열되었고 그래서 우울하며 불안하다. 신앙이 긍정성만을 부추길 경우, 현실에서 불안과 우울은 더 한층 가중될 것이다. 인간을 욕망덩이로 만드는 종교의 병리적 현상이 바로 불안이자 우울증이기 때문이다.

이런 점에서 재독 철학자 한병철의 논거는 '우울증의 보편화' 혹은 '초(超)불안사회'를 이해하는 데 큰 도움이 된다. 물론 독일이 우리와 다른 측면이 있기는 하다. 혹독한 파시즘을 겪은 이후 진일보한 민주적 제도를 마련했기에 대기업을 중심한 갑(甲)질 횡포가 많이 순화된 탓이다. 최소한 약자에 대한 배려가 우리보다 많을 듯싶다. 하지만 불안과 우울은 후진국이나 흙수저들만의 고질병이 아니다. 앞서 말했듯이 모든 차이―신분·계급·직업·종교·남녀노소―를 막론하고 우울증이 지금 이 땅 곳곳에서 보편화되고 있는 중이다. 잘사는 나라일수록 그 폐해가 심각하다. 후기 자본주의 시대의 두드러진 징표로서 자기착취란 말이 두루 회자된다. 저마다 자신에 대해 갑(甲)의 횡포를 자행하는 사회가 되었다는 뜻이다. 아무리 좋은 스펙을 쌓아도 피해의식을 지울 수 없어 과부하가 걸릴 정도로 자신을 닦달하며 산다. 제 속도를 유지하며 안전거리를 유지하며 사는 것을 사회가 용납하지 않기 때문이다. 성숙 아닌 성장이 목적이자 가치인 한 과속으로 인한 희생양들이 속출할 수밖에 없다. 조직과 사회의 걸림돌이 되지 않기 위해 타자뿐 아니라 자신까지 착취하는 삶이 우리들의 일상이 된 결과다. 그래서 우리는 지금 피해

자이면서 가해자의 삶을 살고 있다. 예외가 일상이 된 탓에 우리들의 삶은 죽음의 고통에 직면하고 있는 것이다. 성서가 말하는 피조물들의 탄식이란 것이 바로 이를 일컫는다. 오죽했으면 동시대를 사는 우리를 '호모 사케르' 즉 온전히 주체가 되지 못한 채 외적 자극에 반응하며 사는 '벌거벗은 인간' 으로 묘사했는가를 생각해 본다.

우리 사회를 초(超)불안사회로 이끄는 자기착취를 어떻게 하면 멈출게 할 수 있을까?

필자는 '물질이 개벽했으니 정신을 개벽하자'는 원불교 창시자의 말을 좋아한다. 이는 '몸을 줄여 마음을 늘리자'는 다석(多夕) 유영모의 십자가와 부활의 이해와도 상통한다. 하지만 주위를 둘러보아도 정신이 개벽된 사람, 마음을 늘려 사는 사람이 보이질 않는다. 외적 자극에 저항하지 못하고 그에 순응하며 사는 삶 자체가 정신의 부재, 마음의 왜소함의 반증들인 까닭이다. 외적 자극에 순응한 탓에 정신이 탈진한 것, 바로 그것이 우울이며 불안의 실상이라 하겠다. 거듭 말하지만 사회는 모든 것이 가능하다고 말한다. 끝없는 성장을 추동할 목적에서다. 이를 위해 과속할 것을 지속적으로 주문해 왔다. 그럴수록 거듭 자기착취가 반복될 뿐이다. 이런 자기착취는 일종의 병리적 현상으로서 불안과 우울을 잉태한다. 모든 것이 가능한 사회에서 어느 순간 성과를 낼 수 없는 자신을 발견할 때 우리는 우울하고 불안해진다. 자살률이 최상인 것도 이런 연유에서이다. 초(超)불안, 우울의 보편적 실상이 과속사회의 희생양으로서 자살이라 할 것이다. 경쟁으로 내몰린 극단적인 과잉 활동으로 스펙 쌓기의 열풍에 휩싸인 젊은 세대를 생각하면 나라의 앞날이 걱정이다. 더 많은 활동(성과)을 요구할수록 더없이 불안하고 우울해지며 수동적이 되니 말이다. 젊은 세대들에게 공동체는 없고 모래알 같은 개인들

뿐인 것도 우울의 보편화를 앞당길 수 있겠다. SNS 상에서 '좋아요' 누르는 것 외에 그 어떤 다른 행위를 할 수 없는 현실에 무력감을 느끼는 이들도 적지 않다. 이를 일컬어 '촉감 없는 사회'라고들 말한다. 그렇다면 우리 사회를 초(超)불안사회로 이끄는 자기착취를 어떻게 하면 멈추게 할 수 있을까? 개인적 차원의 자유, 그것이 실상은 자신을 착취하는 족쇄란 사실을 어찌 공론화시킬 수 있을까를 종교는 묻고 답해야 마땅하다. 기독교의 경우 "내가 너희를 자유케 하였으니 다시는 종 노릇 말라."고 했으니 말이다. 시급히 정신적 탈진을 경감시킬 수 있는 길을 찾아야만 한다. 이와 동시에 사회를 편 가르는 이중성, 즉 정규직과 비정규직을 비롯한 일체의 차별적 구조 자체를 문제시하는 체제 저항 역시 필요 막급하다. 소위 반인반수(半人半獸)의 존재를 양산해 온 이런 차별적 구조가 사람을 자기착취로 내몰았던 구조적 요인인 까닭이다. 독일의 경우와 달리 한국의 상황에서는 더욱 그렇다. 이것이 바로 이 땅의 종교들이 맞닥트려야 할 피할 수 없는 과제라 할 것이다. 내세의 구원을 말하기 전에 사회 내 병리 현상을 치유할 수 있는 힘, 사회적 영성이 필요 막급한 이유이다.

이 지점에서 우리는 우리를 절망케 하고 불안으로 이끈 세월호 참사를 말하지 않을 수 없다. 차별적 구조를 공고히 했고 자기착취를 부추겨 온 후기 자본주의 사회의 병폐를 오롯하게 드러낸 까닭이다. 성장이 위험사회를 만든 대표적 사례라 말해도 좋다. 평형수를 빼내어 과적했고 부당이익을 얻었으며 이를 눈감아 준 정치 세력이 있었고… 등등, 열거하자면 꼬리에 꼬리를 무는 의혹과 불법으로 인해 죄 없는 불특정 다수 304명의 생명이 살해당했다. 일회용 노동자들이 당일 세월호의 키를 움직였다는 사실도 기막힌 언어도단이라 하겠다. 정녕 우리들 성장이 이처럼 부실 위에 터 닦여진 것에 놀라야 마땅하다. 더구나 한 사람도 구하지 못했고 아니 구하지 않았다는 의혹을 정부가 해명하기는커녕 더욱 키우고만 있으니 사람들은 "이것이 국가인가?"를 묻기 시작했다. 부실과 거짓이 삶의 기반이자 토대를 굉음을 내며 붕괴시키기 시작한 것이다. 백성들을 향한 권력자들의 뭇 거짓말과 무례함이 지나쳐 우리들의 사적 삶에 트라우마로 작용한 결과다. 그리하여 누구도 믿지 못하고 믿을 수 없는 사회가 되었고, 그래서 더욱 자기 속으로 침잠해 들어가 저마다의 감옥을 만들고 있다. 공동체의 미덕 대신 사적 개인들의 병적인 자기애(自己愛)만 도처에 만연할 뿐이다. 하지만 이 역시 자기착취의 또 다른 면모라 할 것이다. 누구도 믿지 못한 채 자기 속에 침잠한 인간은 자신만을 닦달하며 살 수밖에 없다. 종교 역시 국가와 조금도 다르지 않았다. 하여 "이것이 교회인가?"의 물음이 국가에 대한 절망과 맥을 같이했다. 유족과 미수습자 가족의 고통을 내세로, 미래로 돌리며 잊으라 한 것이다. 오늘, 지금 여기를 애도하지 않고 내세와 미래를 논한다는 것, 이 또한 성서의 본뜻과 다르다는 차원에서 거짓과 진배없다. 주지하듯 기독교 신앙을 지녔던 희생자 가족들은 지금껏 따랐던 교회의 가르침에 절망했고 교회를 떠났다. 오히려 자신들 곁이 된 거리의 사람들에게서 새로운 신(神)을 발견했다고 하였다. 그러나 노란 리본에서 가슴에 단 이들이 이런저런 이유로 실종되고 있다. 봄꽃 보기를 힘들어하며 사람 꽃[人花] 노란 리본에서 용기를 얻던 자식 잃은 부모들의 절망 역시 크고 깊어졌다. 교회마저 등 돌렸으니 이들의 배신감·절망·좌절 그리고 불안과 우울은 하늘을 찌를 것이다. 20대 총선을 앞두고 유족들을 조롱한 정치인들이 백성들에게 표를 달라 구걸하고 있으니 참으로 '슬픈 코미디'다. 그들의 읍소에 마음을 빼앗긴 동료와 이웃을 보는 세월호 가족들의 마음과 그들의 '곁'이 된 뭇 사람들의 마음이 찢어질 듯 고통스러울 것이다. 하여 우리들 미래가 초(超)불안하다. 행여나 세상에 절망한 그들이 자기 목숨마저 내버릴 것 같아, 이런 일을 상상하는 것조차 우울하다. 자기착취가 다른 방식으로 작동할 여지가 참으로 크고 많은 사회에 우리가 살고 있다.

그렇다면 어찌해야 불안과 우울을 이겨 낼 수 있을까? 이를 확대 재생산하는 우리 사회를 치유할 수 있을 것인가? 거짓에는 저항하고 진실에는 공감하는 힘을 키우는 일이 중요하다. 또한 '촉감 없는 사회' 속에서 다시금 공동체를 만드는 일이 필요하다. 이를 위해 우리 모두는 무수한 외적 자극들에 대해 옳게 때로는 더디게 반응하는 내공을 쌓아야 한다. 저항해야 될 거짓에 순응하며 더디게 반응해도 좋을 욕망에 즉각 반응하는 것이 흔히 말하듯 정신줄 놓고 사는 삶이 아닐까 싶다. 성장이란 이름하에 국가는 그간 백성을 과잉 자극했고 우리 역시 지나친 업적주의로 정신적 탈진 상태에 이른 것이다. 하지만 세상이 더욱 좋아질 것을 믿는 문명 자체가 수명을 다한 상황에서 우리의 정신을 다시 찾아와야만 하겠다. 성장 대신 성숙을 선호하며 삶 자체를 달리 계획할 때가 된 것이다. 관점 자체를 달리 디자인하면 세상은 달리 보이고 세상을 달리 살 수 있다. 종교란 본래 세상을 달리 보도록 가르치는 손가락이었고, 신앙은 바로 달리 볼 수 있는 눈(觀)인 것을 기억할 일이다. 그런데 종교도 그 시효(時效)가 다했다고 느끼는 사람이 많으니 어찌하면 좋을까?

내가 혼자가 아니란 사실을 스스로 확인할 수만 있다면 우리들의 우울 증세는 경감되지 않을까?

그럼에도 시대의 징표인 우울의 보편화, 초(超)불안의 실상을 치유할 나름의 생각을 말해야 할 지면에 이르렀다. 어찌 답이 쉽겠으며 누군들 꼭 맞는 정답을 낼 수 있겠는가? 그럼에도 용기 내어 몇 가지를 생각해 본다. 나는 종종 신앙(종교)의 다른 말로서 고독·저항·상상이란 개념을 선호해 왔다. 종교 없는 영성은 가능해도 영성 없는 종교는 불가능하다는 말에 공감하며 신앙의 세 차원을 인문학적으로 달리 표현할 생각에서다. 신앙으로 불안과 염려를 극복하려는 통상적이면서도 인습적인 언술의 재고인 셈이다. 우선 고독은 타자에 대해 폐쇄적인 외로움과 달리 '열린 단독자'의 상태를 뜻한다. '열린 단독자', 참으로 역설적 개념이 아닐 수 없다. 자기가 선택한 삶, 자기의 길에 마음을 다하기에 열등감에서 자유한 감정이라 할 것이다. 피해의식으로부터의 구원이라 말해도 좋겠다. 자신과 견주어 우월한 존재들을 있는 그대로 인정할 수 있는 탓이다. 깊은 고독은 우리 각자가 더 큰 존재의 그늘 속에 머물 수 있도록 돕는다. 더 큰 소속감을 찾고 얻을 수 있다는 뜻이다. 하지만 현실은 모두가 혼자란 생각, 홀로 책임져야 한다는 강박적 외로움으로 가득하다. 고독하지 않고 모두가 외롭기 때문이다. 그럴수록 사람들은 소음을 즐기며 집단의 일원이 되려 하나 그 역시 불안을 가중시킬 뿐이다. 종교마저 이들의 외로움에 편승할 뿐 깊은 고독을 가르치지 못한다. 종교 자체가 고독하지 않기 때문이다. 그럴수록 고독은 신앙의 또 다른 이름이 되어야 옳다. 저항은 고독의 근저에서 비롯하는 신앙의 힘이다. 그렇기에 저항은 일차적으로 자신에 대한 저항이어야 한다. 성과 주체로만 살고 있는 자신에 대해 저항할 때 세상과 체제에 대하여 저항할 수 있다. 이를 위해 세상 자극에 즉각 반응하지 않고 그것을 중단시키는 내적 힘이 필요하다. 이 힘이 체제를 거역하는 저항으로 이어질 것이다. 체제를 뒤바꾸지 않고서는 우울의 보편화를 치유할 길이 없다. 활동 과잉에 따른 지속된 허무를 뼈저리게 느낄 때 체제 모순에 저항이 시작될 수 있다. 하지만 체제를 전복하는 저항은 상상(환상) 없이는 힘이 없다. 고독이 우리를 상상의 세계로 이끈다면 그 상상이 우리를 체제로부터 자유롭게 할 힘을 주기 때문이다. 여기서 상상은 체제 밖 사유를 일컫는다. 체제에 안주하지 말라는 것이다. 성서의 하나님 나라 사유를 비롯한 일체의 종교적 표상이 체제 밖 사유에 대한 기표들이다. 세상 안에서 세상 밖을 살라는 명령이 종교 본연의 본분이자 사명인 까닭이다. 이점에서 한 신문이 말하듯 금번 총선에서 소위 '지는 싸움'을 자처했던 녹색당과 노동당의 노력에 주목하면 좋겠다. 체제 밖 사유란 결코 쉬운 일이 아니다. 더 큰 공동체, 새로운 소속감을 창조하는 일인 탓이다. 체제 안주 세력들이 도처에서 갑(甲)질하고 있는 한 이렇듯 체제 밖 사유를 꿈꾸며 살아 내는 일은 분명 '지는 싸움'이다. 그럼에도 이를 그칠 수 없는 것은 현재에 대한 우환(憂患)의식 탓이자, 새로운 미래를 소망하기 때문이다. 백성들이 고통당하지 않는 미래, 우주 생태계가 더 이상 신음하지 않는 새로운 세상을 상상했기에 지속적으로 저항할 수 있었고 '지는 싸움'도 마다하지 않았던 것이다. 거듭 말하지만 바로 여기에 종교의 자리가 있다. 십자가는 바로 이를 상징한다. 그러나 이 길이 결국 보편화된 우리들의 불안을 잠재울 것이라 믿는다.

이제 말을 정리할 시점이다. 일상을 지배하는 초(超)불안을 넘기 위해 더 큰 소속감과 공동체가 필요하다. 그것이 혈연가족을 넘어 대안공동체라도 상관없다. 건물로서의 교회가 아니라 마을공동체로서 교회이면 더욱 좋을 것이다. 내가 혼자가 아니란 사실을 스스로 확인할 수만 있다면 우리들의 우울 증세는 경감되지 않겠는가? 이와 함께 안팎의 거짓된 욕구에 내몰려 자기를 감금하는 자폐증으로부터 의당 벗어날 일이다. 또한 내가 매일 쓰러지는 약한 존재이듯이 내 밖의 사람들 역시 상처투성이의 존재란 것에 공감을 표해야 옳다. 공감력의 확대, 이것이야말로 지난 시대의 신앙과 이성을 대신할 새로운 종교적 에토스일 것이다. 그렇기에 학자들은 공감을 두 번째 차축 시대를 맞는 종교들이 세상에 가르쳐야 할 공통 내용이라 하였다. 이제 종교는 그 실효를 다한 것이 아니라 새롭게 그 역할이 중해졌다 할 것이다.

3장

사회운동과 영성

사회운동과 영성

양재성_ 목사

영성이란 말을 정의하긴 어렵다. 그렇다고 정의할 수 없는 건 아니다. 영성은 서 있는 자리에서 어떻게 의미 지우느냐에 따라 달라진다. 각자의 자리에서 모든 생명이 제 숨을 평화롭게 쉬는 세상을 만들기 위해 진심을 가지고 거짓·폭력·비인간화에 저항하는 모든 행위는 거룩하다. 이 시대의 고난의 현장에 참여하여 참해방된 인간의 삶을 노래하는 사람과 종교적 진심을 담아 생명평화를 노래하는 분들의 글을 모았다.

한 몸 평화 영성

한 몸 평화 영성은 하나님·인간·자연의 관계를 불일불이론적인 내재적이고 유기적인 관계로 본다. '몸'의 생명의 원리는 서로 다른 다양성을 가지고 있으면서 한 몸이라는 유기적인 관계 속에 통합되어 있다. 그리고 몸은 약자중심적인 성격을 가지고 있으며 이기적이고 모순적인 자기중심성에서 해방을 토대로 불의한 사회로부터의 해방으로 나아가기에 개인적이면서도 우주적이요, 역동적이다.(이강실 목사)

생명운동과 영성

모든 생명은 한 체성에서 나왔으니 하나이다. 삶의 형태는 서로 다르지만 공존해 왔다. 이것은 자연의 질서요, 생명의 신비이다. 생명운동은 인류의 파괴적 욕망에 대한 반성에서부터 출발한다. 모든 생명이 서로 없어서는 살수 없는 생명적 관계라는 깨달음은 모든 존재를 존중하고 배려하고 돌보게 한다. 미세한 생명일지라도 함께 살아갈 수 있도록 자리를 지켜 줘야 한다. 그래야 나 자신도 거기에 있을 수 있다. (강해윤 교무)

천도교와 영성

참다운 운동은 나의 변화에서 시작되기에 수행이 필요하고 영성이 필요하다. 동학의 영성은 시천주이다. 물질과 생명, 그리고 정신은 나누어질 수 없는 하나의 실재이며, 모든 만물은 살아 있을 뿐 아니라 그 안에 신성한 우주적 생명을 품고 있다. 그러니 모두가 하늘이다. (김용휘 교수)

주민운동과 영성

밀양 어르신들은 땅과 공동체 그리고 지속 가능성을 기반으로 있다. 삶의 진리라는 것이 이 땅과 뗄 수 없는 감수성을 품은 가난한 사람들과의 친교에서부터 비롯된다는 것은 변함없는 진실이다. 고공에 오른 노동자들조차 결국 땅에 발을 딛고 한 사람으로서 정당하게 존중을 받고자 하는 열망을 품고 있다. 누구든지 가리지 않고 받아들여 커 가는 공동체는 절대 멈추지 않는 속도로 정진한다. 어떤 상황에서도 무너지지 않는 주체가 되어 서로를 의지하며 새로운 세상을 위한 변혁의 삶을 끝까지 이어 가게 한다. (김준한 신부)

생명평화운동과 영성

존재와 세상에 대한 연기적 성찰을 바탕으로 자기완성을 향한 주체적이고 당당한 삶은 오늘 한국의 사회운동가들이 가꾸어야 할, 그중에서도 생명평화운동가들이 꽃피우고 나누어야 할 영성이다. (도법 스님)

정치현안운동과 영성

영성(靈性, spirituality)은 초월적 존재와의 합일(合一)을 통해 형성되는 인간의 내면적인 자기 통찰력을 뜻한다. 반면 정치(政治)란 국가권력의 행사를 의미하는 용어로 인간 사회의 외적 조건을 다스린다. 종교란 신도들의 내면을 깨워 하늘의 부름을 깨닫게 함으로 자신이 몸담고 있는 세상을 보다 평화롭고 정의로운 세상으로 만들어 가는 데 그 소명이 있음을 인식해야 한다. 그러기에 종교는 정치적이다. 종교의 영성은 정치의 근본을 되새기고 정치 활동이 어디로 향해야 하는지 그 목적지를 지시해 준다. (조헌정 목사)

환경운동과 영성

설악산은 어머니이며 산양은 형제다. 그리고 나와는 하나다. 그 자연의 흐름 속에 사는 것이 아름다움이다. 자연에 대한 예의와 염치를 갖추고 생명에 대한 존엄을 지켜 가야 한다. 생명과 자연의 흐름을 깨뜨리는 모든 세력에 저항한다. 모든 생명이 자연 속에서 더불어 살아야만 하는 까닭은 생명의 어울림 속에서 서로의 삶이 온전해지기 때문이다. 설악산에 깃들어 사는 생명들이 마음 놓고 살아갈 때까지 나는 저항한다. 모든 생명이 제자리에서 삶을 이어 간다는 것은 너무도 자연스러운 일이다. (박그림 대표)

시로 읽는 '사회적 영성'

나는 내 것이 아니다. 중요한 것은 어떤 종교의 교리를 믿느냐가 아니라 어떻게 세계와 인간을 해석하고 어떤 삶을 살려고 하느냐다. 무엇보다 난 현대의 모든 사회적 영성들이 이 모든 생명평화의 길을 가로막고, 가치를 훼손시키며, 파편화시키고 나아가 파괴하고 있는 자본주의 문명에 대한 분명한 반대와 저항, 극복에 나서는 게 필요하다고 생각한다. '사회적 영성'이란 것이 천상의 신들의 이해와 요구를 위한 것이 아니라 이 지상에서 모든 생명 있는 것들이 갖는 사회적 희망과 요구의 총합이라면, 그 희망과 요구들이 특권층들에게 독점되지 않고 모든 사람들에게 골고루 분배되게 해야 한다. (송경동 시인)

귀한 분들이 소중한 글을 내 주셨다. 신과 합일을 이루는 내면적 영성과 고난받는 현장에 참여하는 실천적 영성이 하나 될 때 진정한 영성이 된다. 개인의 성화와 사회적 성화를 함께 이루어야 한다. 까마라 대주교의 "가난한 자들을 위해 일하면 성인이라고 부른다. 하지만 이 사람들이 왜 이토록 가난하게 살아야 하지 하고 물으면 빨갱이라고 부른다."는 말은 많은 생각을 하게 한다. 존재의 발견과 존재를 깨뜨리는 모든 폭력에 대한 저항 없이 영성적 삶에로 나갈 수는 없다. 진정한 영성적 삶이 없이는 저항도 없다. 죌레(Dorthee Soelle)는 "신비의 사람이 저항한다."고 말했다.

한국 개신교의 사회변혁과 개인 변화를 위한 한 몸 평화 영성

이강실_ 목사

나는 일곱 살 때부터 교회를 다니기 시작했지만 거의 마흔 살이 될 때까지 신앙 문제로 갈등하면서 "하나님은 누구이신가?"라는 질문을 하며 살아왔다. 이 질문은 내가 목회를 시작하면서 더욱 본격화되었다. 특히 목회와 함께 더불어 참여했던 사회변혁운동과 여성운동은 이 질문을 역사 현장과의 깊은 관계 속에서 생각하게 만들었다. 이 질문들이 모태가 되어 나는 '한 몸 의식'에 근거한 "한 몸 평화" 신앙관을 정립하게 되었으며, 이것이 사회변혁과 개인 변화를 통합하는 영성으로서 의미가 있다고 생각하여 여기에서 소개하기로 한다.

'한 몸 의식'이 태동하게 된 배경

어렸을 때 나의 하나님은 극히 윤리적인 분이셨다. 착한 사람이 되는 것이야말로 하나님이 우리에게 원하시는 것이라고 생각했다. 그러나 대학교에 들어가서 역사에 동참하시며 정의와 평화를 위해서 일하시는 하나님을 만났다. 이때부터 사회변혁운동에 동참했고 하나님에 관한 생각으로 늘 갈급했던 나는 대학교를 졸업하자 신학대학원에 입학했다. 거기에서 칼 바르트(Karl Barth)를 주로 공부하면서 하나님의 초월성과 내재성의 변증법적인 관계에 대해서 공부했다. 그러나 아직도 흡족한 대답을 구하지 못한 나는 한국 신학연구소에서 일하면서 본격적으로 민중신학을 공부하며 오랫동안 기존의 기독교 교리에 대해 가졌던 의문들과 회의의 많은 부분을 해소할 수 있었다. 그러나 나는 여기에서도 나의 신앙적인 질문에 대한 궁극적인 답을 찾지 못했다. 그 후 나는 연구소를 떠나 지금 내가 몸담고 있는 교회 현장에서 남편과 함께 부부 목회를 시작하였고 동시에 사회변혁운동과 여성운동에 동참하면서 한 몸 평화의 신앙관을 정립하게 되었다. 그 배경을 간단히 설명해 보고자 한다.

첫째, 나는 보수적인 기독교가 말하는 교리나 성서 해석과 신앙 양태에 강한 의문을 품었다. 특히 한국 교회가 개인 구원에 편향되어 있고 현실도피적이며 내세지향적인 신앙관을 강조함으로써 사회적인 책임을 무시했다고 생각했다. 믿음과 기도의 목적을 물질 축복과 물량주의적인 성장과 동일시함으로써 이기주의와 물질만능주의를 강화하고 신자유주의적인 자본주의를 도모하는 데 앞장섰다고 본다. 또한 성령의 역사를 방언 · 예언 · 치유 · 기적 · 환상과 같은 신비적인 체험들과 동일시함으로써 사람들을 비현실적이고 광신주의적인 신앙으로 잘못 인도하는 결과를 빚었다. 기독교의 반공주의는 통일과 사회변혁의 큰 걸림돌로 작용하고 있으며 타 종교를 무조건 배척하고 적대시하는 배타적인 태도는 종교 간의 연대와 협력을 저해하는 주요 요인이 되고 있다.

둘째, 이러한 개인주의적이고 물질주의적인 한국 기독교에 대한 반성 과정에서 민중신학이 태동했다. 1970년대 민중의 아픔과 고통에 동참하면서 형성된 이 신학은 민중의 눈으로 성서를 보고 한국사를 재조명하며 사회변혁적인 민중의 힘을 발견하고 증언하였다. 그들은 비역사적이고 개인주의적인 성서 해석을 지양하고, 민중의 구체적인 경험을 사회정치문화적인 상황에서 고찰하면서 하나님의 뜻을 발견하는 성서 해석을 주장하였다. 물질 축복, 초자연적인 은사, 병 치유를 강조하는 성령부흥운동에 반해, 사회변혁운동에 함께하는 성령운동을 제시하고 있다. 이웃 종교에 대해서도 열린 자세를 가지고, 민중 해방이라는 구체적인 현실 목표를 놓고 함께할 수 있는 장을 공유하며 서로를 풍성하게 만들었다.

이처럼 민중신학은 보수적인 한국 교회를 흔들어 깨워 사회변혁에 동참하도록 만드는 데 중요한 역할을 했지만 몇 가지 한계점을 언급하지 않을 수 없다. 개인 구원에 초점을 맞춘 보수적인 성향과 달리 민중의 고통에 관심을 갖고 사회·정치·경제 변혁에 동참하는 신학이지만, 인간의 영적이고 실존적인 상황을 보는 데 소홀했다. 따라서 '죄'를 사회학적인 차원에서만 고려함으로써 개인의 내적 성찰과 자유 부분에 대한 숙고가 부족했다. 이웃 종교와의 대화도 사회변혁적인 차원에서만 봄으로써 그들이 가지고 있는 실존적인 성찰을 제대로 평가하지 못하고 있다. 따라서 인간을 환경에 의해 결정되는 기계적인 존재로 전락시킬 위험성을 가지고 있으며, 이는 신앙이 비집고 들어갈 틈을 봉쇄하는 결과를 빚을 우려가 있다.

셋째, 나는 사회변혁운동에 동참하면서 사회변혁과 개인 변화가 병행되어야 한다는 것을 깨달았다. 정의와 평화를 위하여 일하면서도 조직과 조직끼리, 개인과 개인끼리 소통과 연대를 하지 못하고 서로 분열하고 적대하는 모습, 사회적인 정의·평화·민주를 이야기하면서 자신 안의 불의·미움·독재·탐욕·불평등적인 요소를 성찰하지 못하는 모습, 모든 문제의 원인을 사회와 타인에게서만 찾으며 자신의 잘못은 들여다보지 않는 모습, 외적인 변화만을 추구하면서 자신의 변화를 게을리하는 모습, 정파중심적이고 권력지향적인 조직문화 등의 모습을 보면서 사회변혁은 개인의 변화와 맞물리지 않으면 이루어질 수 없음을 깨달았다. 더군다나 사회적·정치적 억압과 불의로부터의 해방이 곧바로 영적인 자유와 평화를 가져오지 않는다는 것을 통해서 이제 외적·내적인 변화를 통합할 수 있는 영성이 필요함을 느꼈다.

넷째, 한반도의 분단은 나의 신학 형성에 결정적인 영향을 미쳤다. 나는 통일운동에 참여하는 과정에서 '한 몸'에 대해 새로운 시각을 갖게 되었으며 이것은 통일에도 유용한 '한 몸 의식'을 배태하게 만들었다.

'한 몸 의식'의 형성과정

이 '한 몸 의식'은 한반도의 분단 문제에 대한 나와 내 남편의 고민에서 산출되었다. 내 남편은 1980년 5·18 광주민주화운동으로 상무대에서 고문을 당한 이후로 왜 우리 민족에게 이런 비극이 일어났는가를 질문하게 되었다. 그것은 바로 분단 때문이었다. 분단이야말로 우리 민족이 정치·경제·사회·문화적인 차원에서 겪는 모든 문제의 근원임을 깨달았다. 그때 우리는 탈무드에서 머리가 둘 달리고 몸통이 하나인 아이에 대한 수수께끼를 발견하게 되었다. 우리는 이 아이가 바로 남과 북의 관계를 잘 묘사해 주고 있다고 생각했다. 이 탈무드에 따르면, 이 머리 둘이 서로의 아픔을 공유하면 한 사람이고 그렇지 않으면 두 사람이라는 것이다. 우리는 이 수수께끼를 통해 남북이 서로 아픔을 나누어야 한다고 강조했다. 그러나 분단 50년째가 되는 1995년 8월 15일에 우리는 이 수수께끼에 대해 새로운 해답을 발견하게 되었다. 비록 다른 머리가 한 머리의 아픔에 동참하지 않는다 하더라도 이 아이는 둘이 아니라 이미 하나라는 것이다. 하나의 머리가 죽으면 몸통도 죽고 다른 머리도 죽는 공동운명체이기 때문이다. 그러므로 우리는 바로 이 한 몸 의식에서 통일운동은 출발해야 한다고 생각했다. 이미 한 몸이라는 의식에서 출발하는 것과 둘이 하나가 되기 위해 노력하는 것은 엄청난 차이가 있다. 전자는 한 몸 의식에서 출발하지만 후자는 남북은 둘이라는 이원론에서 시작하고 있기 때문이다.

이 한 몸 의식은 나의 신앙의 문제를 해결하는 데 큰 도움이 되었다. 나는 한 몸 의식을 생각하면서 하나님과 인간의 관계를 한 몸의 관계로 보게 되면서 내가 오랫동안 신앙적인 갈등을 겪은 이유가 바로 이원론적인 사고에서 비롯되었다는 것을 알게 되었다. 즉 나는 하나님·인간·자연의 관계를 외적인 관계로만 보았지 불일불이론적인 내재적이고 유기적인 관계로 보지 못했다는 것을 깨닫게 되었다. 인간과 우주 없는 하나님은 존재하지 않고, 하나님 없는 우주와 인간도 존재하지 않으며, 인간과 하나님 없는 우주도 존재하지 않는 내재적인 관계이다. 하나님과 인간과 우주는 머리가 둘 달린 아이처럼 분리할 수도 없지만 그렇다고 동일하지도 않은 유기체적인 관계를 맺고 있는 것이다.

그러나 나는 나의 사회변혁운동의 경험을 통해 고난당하는 희생자들에 대한 고려 없는 유기적인 관계는 자칫하면 상대주의에 빠질 위험이 있다는 것과 강자의 이익을 대변하는 논리로 돌변할 수 있다는 것을 알게 되었다. 그래서 불일불이적인 유기적 관계를 넘어서는 관계의 원리를 '몸'의 생명의 원리에서 생각하게 되었고, 이것은 신약성경 고린도전서 12장을 통해 잘 표현되었다고 생각한다. 몸은 많은 지체들을 가진 하나의 몸을 의미한다. 불일불이론에 따르면, 이 지체들은 둘도 아니고 하나도 아니다. 즉 이 지체들은 서로 다른 다양성을 가지고 있으면서 한 몸이라는 유기적인 관계 속에 통합되어 있다는 것을 의미한다. 그러나 고린도전서 12장의 한 몸은 이것을 넘어선다. 즉 지체들 중 가장 약하고 아프고 보잘것없는 지체들이 특별한 관심과 배려를 받는다는 것이다. 즉 몸은 약자중심적인 성격을 가지고 있다. 이런 점에서 불일불이적인 관계라는 표현보다 "한 몸"이란 은유가 더 창조적이고 역동적이며, 사회적인 정의와 개인 구원을 통합하는 데 매우 유용하다고 본다.

'한 몸 의식'의 원리

나는 고린도전서 12장의 한 몸을 삼위일체를 설명하기 위한 은유로 택했다. 이제 그 은유를 택하게 된 동기와 이유를 설명하겠다.

나는 인간의 몸이 하나님과 인간과 우주와의 통합적이면서도 자율적인 관계성을 드러내는 데 매우 효과적인 은유라고 생각한다. 그것은 몸이 인간·우주·하나님을 연결짓는 중재자의 역할을 하기 때문이다. 아시아적 관점에 따르면 우주의 음양오행설은 인간의 몸과 직접 관련이 있으며, 몸의 훈련 특히 숨의 훈련이 곧 영적인 수행의 기본이라는 점은 익히 알려져 있다.

'한 몸'에서 '한'은 '혼'으로 단순히 숫자 '하나'를 의미하지는 않는다. 이것은 한국적인 의미에서 '크다', '온전하다'는 뜻을 가지고 있다. 유동식 씨에 따르면 '한'은 한국인의 원초적인 마음을 뜻하며 여러 가지 의미가 있다고 한다. 한은 다양성을 받아들이며, 상반적인 것을 하나로 결합시키며 지금 여기의 공동체를 중요하게 여기고 이를 위해 실천하는 마음이다. 그러므로 이 '한'은 고린도전서 12장의 '한 몸'과 비슷한 성격을 가지고 있다.

그렇다면 이 한 몸이 가지고 있는 원리는 무엇인가? 나는 그것을 다양성·통합성·약자중심성으로 볼 것이며, 이것을 자유·사랑·정의로 표현하고자 한다.

첫째, 다양성-자유: 몸이 다양한 기능을 가진 여러 지체들로 되어 있다는 것은 생명의 원리이다. 다양하지 않으면 생명을 유지할 수 없다. 모든 지체들은 나름대로 자율성과 고유성을 가지고 있다. 그런데도 현대 사회는 각자의 고유성을 인정하지 않고 고정된 틀에 가두어 정형화시키며 위계질서 속에 우열을 따지려 하고 있다. 많은 사람들은 자기가 아닌 다른 누군가가 되기 위해 경쟁을 하며 결국은 자신을 있는 그대로 받아들이지 못하고 사랑하지도 못하는 불행한 인간으로 전락한다. 우리는 종교·성별·인종이 다름을 차별이 아닌 축복으로 받아들여야 한다.

둘째, 통합성-사랑: 지체들은 각기 다양성·고유성·자율성을 가지고 있지만 한 몸으로 통합되어 있다. 모든 지체는 공동운명체로 연결되어 있다.

지체의 다양성은 건강한 몸을 유지하기 위한 방향으로 통합되어야 생명을 유지할 수 있다. 바울은 진리를 통해 자유함을 얻었으며, 이 자유는 기꺼이 다른 사람의 종이 되는 사랑으로 흘러야 한다고 말한다. 예수님은 원수까지도 사랑하며, 미워하는 자를 선대하며, 저주하는 자를 축복하며, 모욕하는 자를 위해 기도하는 사랑을 강조하고 있다.

셋째, 약자중심성-정의: 한 몸 안에는 계급도 차별도 없다. 그러나 이것은 무차별적이고 무조건적인 평등을 의미하지 않는다. 고린도전서 12장은 지체 중 가장 약하고 열등한 부분이 특별한 사랑과 관심을 받아야 한다고 말한다. 이것은 생명의 원리이다. 몸이 아프면 모든 지체는 이 아픈 부분을 치유하기 위해 온 힘을 기울인다. 정의는 바로 모든 존재 중 가장 약하고 고난당하는 부분을 중심에 놓고 우선적으로 관심을 가져야 한다는 것을 의미한다. 바로 하나님·예수님·성령님이 약자와 고난받는 자와 함께 구원의 사업을 전개하고 있음을 성경은 보여준다. 하나님은 가장 낮은 사회적인 계층인 히브리인들을 통해 세계 구원의 씨앗을 뿌렸고, 예수님은 지극히 작은 자와 자신을 동일시했으며, 성령님은 우리로 하여금 이런 정의를 실천하도록 힘과 용기를 주신다.

자유·사랑·정의는 유기적인 관계를 맺고 있다. 이 세 가지가 어우러져 평화를 만든다. 이 중에 하나라도 빠지면 나머지 둘은 무의미하다. 사랑과 정의가 없는 자유는 방종으로 흐른다. 자유와 정의가 없는 사랑은 집착이나 맹종으로 변질된다. 자유와 사랑이 없는 정의는 분열과 배척을 낳는다.

지금까지 나는 나의 한 몸 의식이 어떻게 태동하고 형성되었는가를 설명하였다. 나는 목회 현장과 사회변혁운동의 현장에서 일하면서 개인 구원과 사회변혁 사이의 갈등을 해소할 수 있는 통전적인 영성에 관심을 갖게 되었으며 이것이 나를 한 몸 의식으로 인도하였다.

이 한 몸 의식은 개인 운명이 사회 전체와 그리고 우주와 하나님과 연계되어 있음을 보여준다. 한 몸 의식은, 총체적인 해방은 단순히 불의한 사회로부터의 해방만이 아니라 이기적이고 모순적인 자기중심성에서 벗어나는 것도 의미한다는 것을 일깨워 주었다. 이 한 몸 의식은 먼저 한 몸의 기본 세포인 부부 관계에 적용되며, 또한 우리 민족의 역사적 과제인 통일의 기본 원리로도 적용될 수 있다. 이것은 하나님과 인간 간의 관계 분열, 인간과 인간 간의 관계 분열, 인간의 자기 자신과의 관계 분열, 그리고 인간과 자연 간의 관계 분열을 치유하는 데에도 도움이 될 수 있을 것이다.

비록 개발 논리로 인해 생태계가 파괴되고 세계화로 인해 서민들의 정치적·경제적인 고통이 심화되고 있으며, 인간소외로 인간성이 파괴되는 시대에 살고 있다 하더라도 우리는 아직 희망을 잃지 않는다. 그것은 하나님이 우리와 한 몸으로 계시며, 한 몸 의식을 가진 많은 사람들이 생기고 있기 때문이다. 이제 이 한 몸 의식을 넘어서서 보다 창조적이고 변혁적인 의식들이 개발되어 세계 평화에 기여하기를 바란다. 한국 개신교회도 이런 한 몸 의식을 가지고 사회변혁과 개인 구원에 앞장서는 모습으로 나날이 새로워져서 원불교의 삼동윤리정신과 더불어 한 몸 평화 세상을 이룩해야 할 것이다.

생명운동과 영성

강해윤_ 원불교 교무

모든 생명은 근원이 하나이다

원불교 교조 소태산 대종사께서는 깨달음을 통해 '만유가 한 체성'이라고 밝혔다. 모든 생명의 근원을 따져 들어가 보면 바다로부터 왔으며 바다는 우주의 먼지로부터 생성되었다고 하는 과학적 이론을 따르지 않더라도 만물의 근원이 하나인 곳으로부터 생겨났다고 하는 사실에 모두가 공감하고 있다. 바로 이렇게 생겨난 만 생령이 이 지구 안에 수많은 다양한 종을 이루고 있으며, 삶의 형태는 서로 다르지만 적자생존의 법칙에 따라 공존해 왔다. 이것은 자연의 질서요, 인간의 능력을 넘어선 부분에 해당한다. 그러나 이러한 공존의 삶이 크게 파괴된 것은 농업혁명과 산업혁명 등 인류 문명의 비약적 발달에 기인하며, 인간의 욕망이 극대화되고 물질의 풍요를 인간만이 누리게 되면서 공존이 아닌 독점이 이루어지게 되었다. 인간이 지구 상의 모든 것을 지배하는 인간 본위의 세상이 되어 버린 지 오래고 이제는 이를 당연하게 받아들이고 있다.

더욱이 인류 문명이 자본주의를 기반으로 끝없는 욕망을 부추기며 이를 당연하게 받아들이는 파괴적 문명을 구가하며 내달리다 보니 어느새 지구는 더 이상 지탱하기 어려운 지경에 이르렀고, 욕망의 전차는 멈추지 않고 막다른 길을 향해 달려가고 있다. 결국 모든 것을 죽이는 파괴적 문명의 결과는 인간마저도 죽게 만드는 결과를 가져올 것이 자명하다.

생명운동은 이러한 인류의 파괴적 욕망에 대한 반성에서부터 출발하게 되었다. 더 이상 이렇게 지구를 파괴하고 인간을 비롯한 모든 생명체를 위협하는 행위를 가속하지 않고 멈추거나 늦추자고 하는 것이다. 생명운동은 범위가 넓어서 아주 세밀한 행동으로부터 거대 담론에 이르기까지 매우 다양하고도 폭이 넓다. 그러나 그 근본은 모든 생명이 서로 없어서는 살 수 없는 관계에 있으며 하나의 근원으로 연결되어 있다는 사실을 깨닫는 것이다. 이것이 바로 생명운동에서 가져야 할 영성이다. 이렇게 우주적 관점에서 바라볼 수 있는 것이 영성이다. 자신의 존재를 깊이 성찰하여 내 스스로가 나약하고 고립된 존재가 아닌 우주적 존재라는 사실을 발견하고 만물이 서로 관계하고 있다는 것을 확연하게 깨닫는 것이다.

우리가 이러한 영성에 기초하여 세상을 바라본다면 우리 자신과는 영 다르게 생긴 것들과 우리가 전혀 인지하지 못하고 살아가던 생명체들이 내 주변에서 나와 함께 살아가고 있고 근본적으로 하나로 연결된 관계망에 함께 있다는 우주적 관점이 생겨날 것이다. 이러한 우주적 관점에서 바라본다면 비록 오늘 우리가 생존을 위해 섭취하는 모든 생명체마저도 존귀한 존재가 되어 나의 몸 안으로 들어오는 것을 느끼게 될 것이다. 그렇게 바라보면 세상 만물을 사용할 때에 어느 것 하나도 조절하지 않을 수 없게 된다.

개벽은 생명이다

일찍이 소태산 대종사는 "물질이 개벽되니 정신을 개벽하자."는 표어로써 원불교를 개교하였다. 오늘날 가히 물질이 개벽된 지경에 이르렀다는 사실은 다 인정할 것인데, 이를 사용하는 사람의 정신은 어느 정도에 있는지를 생각해 보면 인류의 정신문명을 크게 일깨워야만 할 것이다. 나는 이러한 소태산 대종사의 개벽정신을 이어받아 실천해 나가기 위해 '개벽은 생명'이라고 규정하고, 생명을 살리고 생명을 보전하는 생명운동을 전개해 나가야 한다는 당위를 갖게 되었다. 처절하게 파괴되는 삶의 터전과 마구 교란되는 생태계와 생명의 위협을 일상적으로 겪고 있는 현장 활동을 하다 보니, 관념적이었던 이러한 주제들이 보다 진지하게 다가왔다.

과연 나 자신과 우리 인류가 문명의 발달을 통해 이룩한 안락한 삶과 풍요로운 물질적 혜택을 어떻게 조절할 수 있다는 말인가? 인간의 욕망은 더 많이 더 계속을 부추기고 있고 종교마저도 그 물욕의 바다에 빠져 허우적거리고 있는데 거기로부터 빠져나올 수나 있는 것인지에 대한 회의마저 들었다.

나는 스스로 이를 극복하지 않고서는 생명운동이라는 현장 활동에서 의미를 찾을 수가 없다는 사실에 절망하며 나 자신을 돌아보았다. 자본주의에 철저히 물들어 그것으로부터 전혀 자유롭지 않아서 생명운동이라는 것이 어울리지도 않는 존재였지만, 그래서 더욱 스스로를 헌신하며 욕심을 비우는 것, 즉 마음을 내려놓고 마음을 비우는 것을 영성의 바탕으로 삼았다. 이것은 소태산 대종사가 천명하신 정신개벽이며 마음공부였다. 우리는 이러한 영성에 기초한 생명운동을 해 나가야 한다. 만약 영성에 기초한 생명운동이 아니라면 분별에 빠져서 나누고 갈라놓는 일에만 더 치중할 것이다. 그것은 결코 생명운동이 될 수 없을 것이다.

모두가 함께 살자

그동안 우리 곁에서 벌어졌던 새만금 방조제 사업, 4대강 사업, 제주 해군기지 사업, 핵발전소 확대 사업, 각 지역 골프장 사업, 평창 동계올림픽 사업, 설악산 케이블카 사업 등 굵직한 사업들로 파괴되고 있는 현장에서 우리가 지켜 내고자 하는 갯벌과 강과 산과 나무와 바위와 인간의 생명을 충분히 지켜 내지 못한 채 힘겨운 투쟁 속에서도 큰 성과를 거두지 못한 측면이 있다.

처절한 자기희생을 바치면서도 지켜 내지 못하고 파괴되어 가는 자연과 죽어 가는 생명을 바라볼 때에 너무나 절망적이고 가슴이 아파 견딜 수가 없었다. 그러나 한편 생각해 보면, 나 스스로가 우주적 존재이며 내가 하는 어떠한 행위가 우주적 순리를 거스르지 않는다면 자연스러운 것이며, 자연을 따르는 삶이란 비록 오늘 쓰러지는 듯 보일지라도 결코 사라지지 않는 소중한 삶이라는 깨달음이 다시 일어서서 나아갈 수 있는 힘을 갖게 해 주었다.

만약 우리가 그 하나하나의 결과와 일에만 매달려서 생명운동을 한다면 현상적으로 생명운동은 매우 절망적으로 비추어질 것이다. 그러나 우리가 아무것도 이루지 못한다 하더라도 생명을 살리려고 애쓰고 생명을 지키려고 애쓰고 함께 살아가려고 애쓰는 일은 무가치하지 않다. 현상이 아닌 영성에 기초하여 우주적 관점으로 나의 일과 나의 삶과 내 곁의 환경을 바라보아야 한다. 그런 영적 바탕 위에서 일과 운동과 삶이 존재해야만 지속 가능하다. 그래서 생명운동의 기반은 영성에 기초한 운동이 될 수밖에 없다.

그렇게 된다면 만 생령과 내가 둘이 아님으로 만 생령과 공존하려는 노력을 지속적으로 할 것이다. 우리 모두가 함께 사는 것이다. 비록 미세한 것일지라도 함께 살아갈 수 있도록 자리를 지켜 줘야 한다. 그래야 나 자신도 거기에 있을 수 있다. 이것이 환경운동이고, 생태운동이며 생명운동이다.

모두 나비가 되는 꿈

--천도교와 영성

김용휘_ 천도교 한울연대

신음하는 헬조선

동학혁명으로부터 122년이 지난 오늘날, 우리 삶의 풍경은 그때와 별반 다르지 않다. 오히려 그때보다 더한 차별과 멸시, 폭력이 비인간적 모습으로 다양하게 나타나고 있다. 비정규직의 차별과 청년실업의 증가, 낮은 최저임금, 복지 사각지대에서 청년들과 여성, 사회적 약자들의 삶과 일자리 문제는 점점 더 고통스러워지고 있으며, 높은 자살률과 낮은 출산율에서 보듯이 생명의 존엄성이 외면당하고 있다. 모든 영역에서 사람보다 돈이, 생명보다 돈이 더 중시되는 냉정한 사회로 바뀌었다.

지금 우리 사회에는 모든 영역에서 반생명적인 문화가 확산되고 있다. 아이를 출산하는 데서부터 보육·교육·농업·의료·환경·먹거리·에너지 등 모든 영역에서 사람과 생명을 존중하기보다는 과학이란 이름으로 관리·통제·획일화·물신화하고 있다. 문제가 더 심각한 것은 이 모든 분야가 돈벌이의 수단이 되어 버렸다는 사실이다. 우리 사회의 반생명적인 문화의 이면에는 두 가지 문제가 이중적으로 굴절되어 있다. 하나는 물질과 정신을 둘로 보며, 눈에 보이는 것만 인정하고 세계를 고립된 입자들에 의해 구성된 기계론적 사유로 보는 서양 과학의 폐해이고, 다른 하나는 모든 영역이 자본에 포획되어 있다는 문제이다.

현재 대한민국의 상황은 참으로 암울하다. 사회운동도 활력을 잃고 지쳐 있다. 이럴 때일수록 좀 더 멀리 보고, 구체적 비전을 제시함과 동시에 운동 주체의 역량을 강화해야 한다. 진부한 이야기일 수 있겠지만 참다운 운동은 나를 변화시키는 데서부터 시작된다. 부정적인 마음과 기운으로 좋은 세상을 만들 수는 없다. 먼저 내 안의 부정적 감정을 사랑과 믿음으로 치유하고 나서 열망의 에너지로 세상을 바꾸어야 참된 변화를 이끌어 낼 수 있을 것이다. 그래서 수행이 필요한 것이며, 사회운동에 영성이 필요한 것이다. 하지만 지금, 운동하는 사람들은 자기의 몸과 마음을 돌보지 않고, 반대로 수행하는 사람들은 대체로 사회적 실천에 무관심하다. 이 둘이 만날 때 참된 변화가 일어나리라 본다.

천도와 모심의 영성

동학은 무너져 가는 나라를 바로세우고 신음하는 백성들을 편안하게 한다는 보국안민(輔國安民)의 정신으로 창도된 학문이자 종교이다. 그렇기에 동학은 애초부터 사회운동적 성격을 다분히 지닌 종교사상이었다고 할 수 있다. 동학을 창도한 수운 선생은 고대 동아시아 성인들이 깨달아 펼쳤지만 그 후로 오랫동안 잊혀져 왔던 천도(天道)를 다시 깨달아 이 땅에서 회복하고자 하였다. 천도는 말 그대로 하늘의 길, 즉 우주의 운행 원리이자 만물화생의 원리, 생명순환의 원리를 말한다. 옛 성인들은 그 길을 깨달아 사람이 걸어가야 할 길로 삼았다. 하지만 어느 순간 그 길은 잊혀지고 사람들은 더 이상 그 길로 갈 수 없었다. 그러자 세상은 혼탁해지고 싸움과 다툼이 지배하는 세상이 되었다.

수운은 그 길을 다시 발견했고, 그것을 이 땅의 우리 백성들을 위해 '동학'이란 이름으로 내놓았다. 수운은 천도의 핵심적 원리를 '시천주(侍天主)' 세 글자로 압축하고 그로써 인간의 길을 제시하려고 하였다. '모심'이란 모든 사람 안에 하늘이 모셔져 있다는 자각이다. 자기 안에 거룩한 하늘이 있음을 발견함과 동시에 모든 존재가 신성한 하늘의 기운으로 연결되어 있음을 체득하여 모든 생명을 공경하는 것이 모심이다. 이것이 동학의 영성이라고 할 수 있다.

'모심'의 영성은, 생활 속에서는 '사인여천(事人如天)'과 '경물(敬物)'이라는 살림의 실천으로, 그리고 사회적으로는 병든 사회를 근본적으로 치유하고 살려 내는 살림운동으로 드러났다. 동학의 영성은 애초부터 개인적 영성에 그친 것이 아니라 '사회적 영성'을 지향하고 있었다. 그렇기 때문에 동학도들은 때론 차별과 폭정에 항거하여 혁명도 일으켰으며, 식민 지배의 굴종에 저항하여 비폭력 평화혁명을 일으키기도 하였다. 1920년대는 문화운동을 통한 의식혁명과 영적코뮤니즘을 추구하기도 하였다. 또한 해방 공간에서는 좌우의 이념을 넘어서 인내천(人乃天)의 진리에 입각한 새로운 나라를 건설하기 위한 통일운동에 매진하기도 하였다.

하지만 분단 이후 이북 지역에 절대적으로 숫자가 많았던 남쪽 천도교는 대다수의 교인들을 잃어버린 데다가 이승만 정권의 탄압을 받으면서 급격히 위축되었다. 급기야 한국전쟁 이후 이북에서 월남한 천도교인들의 영향력이 커지면서 천도교는 본래의 사회운동적 성격을 잃고 반공이라는 정서에 기초한 정치적 보수화의 길로 가게 되면서 대사회적 목소리를 잃어버리고 말았다.

세 가지 살림운동

2010년에 '천도교 한울연대'라는 단체가 모심의 영성에 기초한 근본적인 생명살림운동, 나아가 오늘날의 사회경제체제와 문화와 생활양식을 생명의 질서대로 전환시키는 개벽운동을 전개하고자 설립되었다.

한울연대는 해월의 삼경(三敬)을 현대적으로 재해석하여 생명살림을 '땅살림 · 몸살림 · 아이살림'의 세 분야로 나누어 실천하고 있다. 땅을 비롯한 자연 생태계를 살리는 땅살림, 몸과 마음을 이분법적으로 보지 않고 몸 · 마음 · 영혼(성품)의 '통전적 몸'으로 보는 몸살림, 그리고 어린이를 부족한 존재로 보지 않고 이미 가지고 있는 저마다의 씨앗이 잘 싹틀 수 있도록 일깨우고 존중하는 아이살림, 이 세 영역에서 천도의 실천을 하고자 한 것이다.

땅살림은 단순히 농사에서 농약이나 제초제를 뿌리지 않는 유기농이나 자연농에 한정하지 않고 천지를 부모님처럼 섬기고, 물건조차도 공경하라고 했던 경물(敬物)사상을 좀 더 구체적으로 오늘날에 맞게 적용해 보자는 것이다. 이는 자연 산천을 지키는 운동은 물론 농촌을 살리고 농업을 살릴 수 있는 근본적인 대책을 강구하여 자연농법을 보급하고, 자연농에 기초한 자급자족적 삶과 그런 공동체를 만드는 고민도 함께하고 있다.

몸살림은 단순히 몸만 건강하게 하는 것이 아니라 심신이 연결되어 있는 것이기 때문에 몸과 마음 · 영혼을 건강하고 조화롭게 만드는 수련법을 만들어서 대중화하자는 것이다.

아이살림은 "어린이도 한울님이다."라는 모토로 재작년 8월 경주에서 '방정환한울어린이집'을 개원하면서 실천에 옮겨지고 있다. '방정환한울어린이집'은 '방정환한울학교'라는 새로운 교육사업의 첫 사업으로 추진되었다. 이는 동학의 정신과 방정환의 교육사상을 계승하여 보다 근본적인 생명교육을 전개하고자 한 것이다. 어릴 때부터 생명을 모시고 살리는 삶의 기술을 체득한 아이들이 만드는 나라를 꿈꾸고 있다.

전환이 희망이다

인간은 말할 것도 없고, 세계와 자연도 단지 물리적 입자들로만 구성된 것이 아니다. 물질과 생명, 그리고 정신은 나누어질 수 없는 하나의 실재이며, 모든 만물은 살아 있을 뿐 아니라 그 안에 신성한 우주적 생명을 품고 있다. 최근에는 과학계에서도 우주 공간이 텅 비어 있는 것이 아니라 신성한 에너지와 정보로 가득 차 있으며 그러므로 우주 만물은 보이지 않지만 하나의 우주적 에너지로 깊이 연결되어 있다고 한다.(Gregg Braden, 『The Divine Matrix』, HayHouse, 2006.)

동학의 해월 선생도 고기가 물속에서 살 듯 우리는 신성한 생명의 에너지로 충만한 우주적 음수(陰水) 속에서 살고 있다고 하였다. 이제 이런 자각에 기초해서 우주와 인간을 새롭게 바라보아야 한다. 그에 따라 학문도 달라져야 한다. 정치와 경제·교육과 보육·노동과 복지도 생명의 전일적 관점에서 바라보는 근본적인 접근이 필요한 시점이다.

전면적 전환이 필요하다. 새로운 문명에의 희망과 비전을 가지고 그것에 대한 구체적인 설계도를 만들어야 한다. 사람이 먼저 존중받고 모든 생명들이 존중받는 품격 있고 존엄한 사회를 위한 새로운 방향을 설정하고 구체적인 로드맵을 마련해야 한다. 이 과정에서 통일이 매우 중요하다고 본다. 지금의 통일 논의는 대부분 정치적인 통합의 문제와 경제협력을 통한 성장과 개발의 관점에서만 바라보고 있다. 하지만 그런 경제성장의 패러다임으로는 새로운 나라를 만들 수 없다. 통일한국의 첫 단추에서부터 새로운 철학을 가지고 누구나 기본적인 생존권을 보장받을 수 있는 새로운 경제시스템을 어떻게 만들 것인지 먼저 고민해야 한다. 그리고 경제를 중심으로 새로운 정치체제, 노동과 복지 문제, 생태와 여성, 산업 문제, 특히 농촌을 어떻게 생태적이고 민주적인 지역공동체로 만들 것인지, 에너지와 먹거리 문제는 어떻게 할 것인지 등 모든 분야에서 새로운 문명적 비전과 철학을 가지고 큰 그림을 그려야 한다.

다행히 좋은 소식도 있다. 지금, 애벌레로 태어났던 우리 인간이 바야흐로 나비, 곧 신인류로 변신하기 위해 어두운 고치 속에서 호된 통과의례를 치르고 있다는 것이 최근의 신생물학이 전하는 희망의 메시지다.(브루스 립튼, 스티브 베어맨 지음, 이균형 옮김, 『자발적 진화』, 정신세계사)

　조화로운 몸과 마음, 의식의 진화와 영적 성장을 게을리하지 않으면서도, 삶의 총체적 전복의 혁명을 꿈꾸며, 생명의 순환 원리에 따라 오늘의 정치경제·사회구조·문화와 생활양식을 근본적으로 전환시키는 노력이 지속된다면 언젠가 임계점에서 양자적 도약이 일어나 문명적 전환이 현실화될 것이라고 전망한다. 이 꿈에 함께하는 '성충세포'들이 많아지기를 바랄 뿐이다.

주민운동과 영성

김준한_ 가톨릭 신부

사로잡힌 현실

이 시대에 괴물이 되지 않기는 쉽지 않다. 현장에서 물리적인 충돌을 포함한 심리적인 압박에 상시로 노출되고 보면 너덜너덜해진 몸과 마음은 마지막 남은 악으로 버티고 있을 때도 없지 않다. 곧 뒤도 돌아보지 않고 시퍼런 양날의 칼이 되어 상대를 베어 버리려 덤벼들지만, 그 속도와 강도만큼 자신을 파고드는 자해의 상처를 뒤늦게 발견하게 된다. 이쯤 되면 싸움의 승리가 아니라 온전한 존재로 생을 이어 갈 평온함을 회복하는 것이 더 중요해 보인다. 하루하루 전쟁 같은 나날을 겪은 이에게는 아무 일도 없는 일상의 와중에서도 그 삶의 가장자리에 배치된 별 의미 없는 흔적이 자신에게 위해를 가하는 공권력의 징조로 비쳐, 적 없는 혼자만의 싸움을 반복하기도 한다. 그리고 그 싸움의 와중에 누군가는 결국 자신의 목숨을 바쳐 그 부당함을 드러내고 싶은 열망에 사로잡혀 모두를 위한 희생을 감행하기도 하였다. 그렇게 두 분 어르신을 보내 드린 밀양은 아직도 10년을 넘어 11년째 싸움을 이어 가고 있다.

물론 대단히 부정적인 모습으로 묘사한 밀양 송전탑 운동의 한 단면이다. 한국전력(이하 한전) 직원이나 경찰이라는 말만 들어도 이를 갈고, 어디 멀리 여행을 가다 송전탑을 보기만 해도 온 정신을 거기에 집중하여 두리번거리는 모습이 일반적이지는 않다. 오랜 시간 우울증과 외상후스트레스장애로 정신의학적 도움을 받았던 어르신들의 모습은 때론 퇴락하여 방치된 어느 시골집의 모습을 떠올리게도 한다.

삼위일체의 체험

하지만 밀양의 송전탑 싸움이 자기 삶의 터전을 지켜 내는 것에 그치지 않고 마침내 미래 세대의 인간다운 생활을 위한 싸움으로까지 확대되면서 보여준 양상은 대단히 놀라웠다. 그전까지 우리나라에선 언론에 알려지지 않았을 뿐 여러 지역에서 송전탑과 관련한 싸움이 있었다. 결국은 한전의 폭력적인 공사로 수많은 주민은 다치고 감옥에 갇히기까지 했다. 그리고 공사가 완료되고 떠나 버린 그곳에 남겨진 주민들은 마치 폐허 속의 퇴락한 풍경처럼 차츰 잊혀졌다. 정부의 불의한 개발독재에 감히 항거한 대가를 톡톡히 치르며 쓰디쓴 일상을 견디어 내고 있다. 그런데 한전으로서는 언제나 싸움에서 백전백승을 이어 가던 외중에 밀양이라는 복병을 만나, 다시는 과거로 되돌릴 수 없는 에너지 정의와 관련한 새로운 국면을 맞이하게 되었다.

이전과는 판이하지만, 향후 모든 유사한 운동의 모델이 될 밀양 싸움에는 특별한 점이 있다고 생각한다. 그것은 '땅에 기반을 둔 연대의 확장을 지향하는 새로운 공동체의 계속된 건설'이라고 생각한다. 솔직히 이런 낯선 표현 자체가 어울리지는 않지만 억지로 그리 표현해 본다. 분명 밀양은 여느 도시와 크게 다르지 않다. 여러 세대를 거쳐 그 땅에 뿌리를 내리고, 있는 그대로의 모습으로 농사를 지어 온 적당히 보수적인 동네이다. 새로운 무언가를 시도하여 굳이 오랜 시간 잘 지켜 온 삶에 변화를 주기를 원하지 않는 평범한 소도시이다. 하지만 동해안에 세워지는 신고리 핵발전소의 전기를 종국에는 대도시로 운반하기 위해 굳이 우회하여 밀양을 거쳐 가는 노선을 택한 북경남송전선로사업은 이 모든 것을 결딴내고 말았다.

특히 가공할 폭력의 체험은 일상의 리듬을 파괴하였다. 한평생 땅을 파먹고 살아오며 조상의 전통을 숭상하던 어르신들이 막돼먹은 젊은이의 무례한 행위로 내동댕이쳐질 때, 그 대접받지 못한 몸뚱어리에 각인된 고통은 자신을 비루한 존재로 규정하고 말았다. 지금껏 누렸고 보호받아 왔다고 믿었던 사회적인 안전망이 거짓이었다는 것을 날것 그대로 체험한 것이다. 발가벗겨져 한순간의 망설임도 없이 내버려지는 자기 존재의 비참한 실존은 자존감에 큰 상처를 입혔다. 하지만 어르신들은 바로 그렇게 비루하게 버려진 그곳에서 솥을 걸었다. 국을 끓여 밥을 말아 먹었다. 둥그렇게 둘러앉아 고개를 모으고 밥을 먹다가 경찰 군홧발에 상이 엎어져도 끄떡하지 않았다. 농성장 한 귀퉁이 삽질 한 번에 난도질당할 그 땅에 호박이며 가지며 상추를 심었다.

언제나 가난하게 살아왔기에 거지 취급을 받으며 비참한 지경에 떨어져도 삶의 희망을 놓지 않았다. 더더구나 이 꼴 저 꼴 안 보고 그냥 떠나 버리려 해도 그들은 이미 땅에 꽁꽁 묶인 존재였다. 그 땅을 떠나서는 조상의 은덕도 못 받거니와 평생 땅을 일구어 온 삶의 지혜 외의 다른 것으로는 살아갈 도리가 없었던 것이다.

그렇게 땅에 깊이 뿌리 내린 가난한 어르신들의 삶에 대한 강한 애착은 종교적인 것이었다. 끝내 북경남송전선로사업이 부산시·울산시·양산시를 가볍게 관통하고도 이 조그만 소도시 농부의 밭뙈기 앞에서 마지막까지 사활을 건 싸움을 하게 된 것도 이 땅과 이 가난에 대한 종교적인 신념 때문이었다. 말끝마다 '하늘과 땅', '조상', '땅의 기운', '천지신명' 등을 거명하는 이들에게 부동산처럼 이리저리 돈 몇 푼에 소유주가 변동되는 거래는 낯선 것이었다.

하지만 이 땅에 뿌리 내린 원주민만으로는 이 싸움을 다 설명할 수 없다. 이런저런 원주민의 삶과 그 터전의 가치에 공명한 이주민이 없었던들 싸움은 그리 길게 이어지지 못했을 것이다. 이 원주민과 이주민이 적절히 섞여 밀양 어르신들이 싸움에 나서게 되었다. 그리고 이 어르신들의 싸움에 감동한 연대자가 제3의 주체로 결합하게 된다. 이러한 삼위일체로 이전과는 비교할 수 없이 확장된 공동체는 어떤 제약도 없이 계속해서 수평으로 뻗어 나가기 시작했다. 특별히 원주민과 이주민은 연대자를 통하여 자신 말고도 고통받는 다른 사람이 있다는 것을 확인하고서는 이 사회가 근본적인 치유에 이르지 않으면 자신의 고통 해결이 요원하다는 사실을 조금씩 깨달아 가기 시작했다. 환경·노동·장애인·복지·농민 등 각자의 삶에서 쫓겨나 주체가 아닌 객체로 전락한 사람들과의 만남은 오히려 큰 희망과 연대의 가능성을 확인하는 계기가 되었다.

그러면서 밀양 송전탑 싸움은 '영구 혁명'이 되었다. 말 그대로 이미 폭력적인 방식일지언정 완료된 북경남송전선로사업에도 불구하고 끝나지 않은 저항을 마지막 순간까지 계속 이어 가리라는 집단적 결단이 식지 않았다. 송전탑을 '뽑을 때까지' 계속될 싸움은 지금껏 알게 된 모든 연대 단위의 문제까지도 아우르는 무한대로 확대된 공동체 속에서 이루어질 것이다.

새로운 치유

그래서 처음 '악으로 깡으로' 버티며 폭력에 맞서 더 교활한 폭력을 동원하고자 열망하던 괴물의 삶은 치유되었다. 오직 자신의 문제에만 파묻혀 다른 이의 고통에 무관심하던 우물 안 개구리 시절은 아주 초창기에 간단히 지나갔다. 똑똑한 전문가나 대단한 지도자의 영도력에 기대어 이리저리 휘둘리던 체험도 땅에 의지하여 농사짓던 삶이 이 싸움에 녹아들면서 극복되었다. 한 동네가 아니라 수십 개의 동네에서 너무도 다른 주체가 서로의 이야기에 귀를 기울이면서 수많은 사연을 내면화시키며 일치하는 체험이 쌓여 가고 있다. 회의 때가 되면 세상의 대의제 민주주의에 만족하지 않고, 원하는 모든 이는 언제든 직접적인 의사 표명을 하기 위해 참석할 수 있는 기회가 있었으며, 단 한 번도 지도 그룹에 문제의 결정을 함부로 맡기지 않아 왔다.

밀양 어르신들과의 체험이 제 삶을 완전히 뒤흔들어 새로운 길을 가도록 이끈 가장 큰 힘은 바로 이 땅과 공동체 그리고 지속 가능성이다. 결국 처음에 연대자로 밀양에 발을 들였다가 한때 활동가로 함께하다 이제 밀양에 뿌리를 내린 이주민으로 살아가는 이들이 생겨나고 있다. 특정한 경험이 자신의 틀에 매몰되지 않고 밖으로 샘솟는 물길을 이루어 다른 흐름과 손을 맞잡아 바다에 이르기까지 끊이지 않고 흐르리라는 희망은 참 아름답다.

삶의 진리라는 것이 이 땅과 뗄 수 없는 감수성을 품은 가난한 사람들과의 친교에서부터 비롯된다는 것은 변함없는 사실이라 생각한다. 고공에 오른 노동자들조차 결국 땅에 발을 딛고 한 사람으로서의 정당한 존중을 받고자 하는 열망을 품고 있을 것이다. 그리고 누구도 가리지 않고 받아들여 커 가는 공동체는 절대 멈추지 않는 속도로 앞으로 나아갈 것이다. 바로 이런 조건은 어떤 현실적인 판단에도 무너지지 않는 한 주체가 되어 서로를 의지하며 새로운 세상을 위한 변혁의 삶을 끝까지 이어 가게 될 것이다.

생명평화운동이
꽃피워야 할 영성

도법스님_ 조계종 화쟁위원회

용서와 참회는 연기적 존재

조계종단 이야기를 좀 해야겠다. 1994년 종단 개혁 때 멸빈당한 일곱 명의 스님들이 있다. 멸빈은 불교공동체 밖으로 내침을 당하는, 세속으로 치면 극형에 비할 만한 무거운 징계다. 현 조계종 종헌에는 다른 징계와 달리 멸빈된 이들에게는 복권 자체가 금지되어 있다. 지난해는 이분들 가운데 대표 격이라 할 수 있는 서의현 전 총무원장의 사면 복권 움직임이 있었다. 종단적으로 한바탕 큰 소동을 겪으며 잘못된 움직임에 제동이 걸렸고, 지금은 대중공사(大衆公事)를 통해 만들어진 '종단 화합과 개혁을 위한 사부대중위원회'에서 이 문제를 어떻게 처리할 것인지 지혜를 모아 가고 있다.

지난 3월에는 1994년 멸빈 당사자들과 개혁 대중들이 한자리에 모여 서로의 이야기를 듣는 '경청의 장'을 열었다. 20여 년 만에 처음으로 당사자들이 만나는 역사적인 자리였다. 멸빈 후 그분들이 겪었던 고통과 삶의 소회 앞에서 대부분의 사람들은 그들이 받았던 상처와 회한에 공감했다. 그러나 어떤 이들은 "그는 아직 진심으로 반성하지 않았고, 여전히 노회한 정치력으로 우리를 기만하려 하고 있다. 그러므로 우리는 그를 용서해서는 안 된다."고 하였다.

흔히 참회가 용서의 선행조건이라고 말한다. 스스로 반성하고 참회해야 용서할 수 있지, 참회하지 않는 이들을 용서해서는 안 되며, 그러한 용서는 비겁한 굴종이라고 말하기도 한다. 일리가 있는 말이다. 그런데 현실은 반대인 경우가 많다. 자식을 죽인 살인자를 용서함으로써 진정한 참회를 이끌어 낸 어떤 부모의 경우처럼 누군가의 용서가 참회를 이끌어 내기도 한다.

부모 자식 관계 역시 그러하다. 세상의 부모들 대개는 자식의 어떤 허물이든 용서할 태세가 되어 있다. 자식은 부모의 태도 저변에 깔린 포용성을 알기에 큰 허물일망정 부모에게 용서를 구한다. 이러한 태도가 서로 간의 존중과 사랑을 심화시킨다. 그러나 아무리 부모 자식 사이라도 상대가 용서할 의사가 전혀 없다고 판단될 때는 다르다. 작은 잘못도 인정하지 않고 맞서려 하기 쉽다. 타인과의 관계는 훨씬 더하다고 보아야 한다.

참회는 용서의 전제 조건이 아니다. 붓다가 설한 연기법의 표현대로 "이것(참회)이 있으므로 저것(용서)이 있다. 저것(용서·관용)이 사라지면 이것(참회)도 사라진다."고 보는 것이 훨씬 실상에 부합한다. 둘은 철저히 연기적으로 존재한다.

이렇게 연기적으로 보게 되면 1994년 개혁을 이끌었던 내가 용서할 주체이고, 그 과정에서 징계당했던 그들이 용서할 대상이라는 식의 이분법적 인식에서 벗어날 수 있게 된다. 또한 그들의 잘못에 대한 용서가 단순히 과거의 죄에 대한 사면이 아니라, 지금 여기 우리 자신, 나아가 우리가 몸담고 있는 공동체의 현실에 대한 성찰이기도 함을 알 수 있다. 우리는 과오를 범한 그들과 어떤 형태로든 분리될 수 없고, 또한 우리가 용서해야 할 죄는 오늘 우리 공동체가 안고 있는 문제와 분리될 수 없다.

이 문제를 다루는 위원회의 명칭이 '종단 화합과 개혁을 위한 사부대중위원회'인데, 여기서도 우리는 개혁과 화합이라는 병립하기 어려워 보이는 두 가치의 동행을 꿈꾸고 있다. 진실을 잘 드러내어 화합하는 것이야말로 어쩌면 이 시대의 가장 중요한 개혁일 수 있겠고, 반대로 개혁의 정신을 잘 지켜내되, 그것이 편가름과 다툼이 아니라 공동체 구성원들의 공감과 성찰을 모아 내는 과정이 된다면, 개혁과 화합이라는 두 마리 토끼도 잡을 수 있으리라 생각한다.

정의와 화해, 혹은 정의와 평화의 관계 또한 마찬가지다. 사람들은 화해나 평화가 '불의'를 외면하지 않을까 우려한다. 갈등의 현장에서 대화와 타협을 주장하는 것은 상대의 불의를 묵인하는 기회주의적 태도로 취급받기도 한다. 오늘날 대부분의 사람들은 정의가 평화에 선행되어야 한다는 신념을 갖고 있는 듯하다.

관계성의 종착지는 더불어 사는 것

그러나 정말로 현실이 그러할까? 정의와 화해, 정의와 평화의 관계 또한 볏단이 서로를 의지해 서 있는 것처럼 철저히 상호의존적 관계로만 유지된다. 정의 없는 평화는 또 다른 갈등을 낳고, 평화 없는 정의는 금세 무너지고 만다. 자유와 평등·이익과 나눔·개인과 공동체와 같이 대립되어 보이는 가치들 또한 마찬가지이다. 이 중에 어느 하나만 남는 세상, 예컨대 평화가 배제된 정의·용서가 없는 참회·평등이 없는 자유·공동체가 사라진 개인처럼 한 가지만 남는다면 그건 아마 살기 힘든 끔찍한 세상일 것이다.

획일화되지 않고 다양성이 존중되어야 생태계가 유지되듯이 인간 사회에서도 대립되어 보이는 존재들이 상호 의존하면서 때로 갈등하고 때로 화해하는 공존의 바탕 위에서 세상은 유지되고 앞으로 나아간다.

관계성에 대한 이러한 성찰이 가리키는 종착지는 두말할 나위 없이 "우리가 더불어 살게 되어 있다."는 진실이다. 아무리 악행을 일삼는 악한 상대라 해도 우리는 그조차 나와 더불어 함께 살아야 할 동반자임을 잊어서는 안 된다. 이러한 통찰 없이 활동을 하게 되면 결국에는 자기도 소진되고, 남도 해치게 된다. 모든 활동은 더불어 살게 되어 있다는 진실의 토대 위에서만 비로소 온전히 꽃필 수 있음을 성찰하는 것, 바로 이 점이 활동가들이 지녀야 할 영성의 첫 번째 덕목이라고 굳게 믿는다.

두 번째 덕목은 '자기완성'에 대한 확신이다. 생명평화운동가들은 세상의 평화를 위해 내가 먼저 평화가 되자고 결심한 사람들이다. 자기 성찰과 세상의 변화를 둘로 보지 않는 데서 생명평화운동은 시작되고 마무리된다. 그런데 똑같이 생명을 말하고 평화를 말하는데, 어떤 이들의 삶에서는 생명평화의 향기가 뿜어져 나오고, 어떤 이들은 말뿐이라면, 이 둘의 차이는 어디에서 비롯되는 것일까? 나는 그것이 근본적으로 자기완성에 대한 확신의 차이에서 비롯된다고 생각한다.

잠시 붓다에게 눈을 돌려 보자. 제자들은 붓다를 떠나보내고, 그의 삶과 가르침을 어떻게 정리할 것인가 고민했다. 진지하고 열띤 토론 끝에 '천상천하 유아독존 삼계개고 아당안지(天上天下 唯我獨尊 三界皆苦 我當安之)'라는, 붓다의 삶과 사상을 압축한 표현이 탄생하였다. 세상의 그 무엇보다도 각자의 삶이 존귀하며, 우리 각자는 이미 그 자체로 완성된 존재이기에 언제 어디서 어떤 환경에서도 제 삶의 주인으로 당당하게 살아가야 한다는 인간 해방의 선언인 붓다의 삶과 가르침이야말로 인류에게 던지는 메시지의 정수로 채택되었다.

붓다 이전에 인간에 대한 이해는 무력하고 불안한 타율적 존재라는 인식이 지배적이었다. 붓다는 기성의 인간 이해를 통렬하게 비판하면서 우리는 가장 고귀한 존재이기에 운명대로 살아야 하는 존재가 아니라, 오히려 인간이란 행위하는 대로 이루어지는 존재, 즉 지금 여기에서 자기 삶을 창조하는 매우 주체적인 존재라고 하였다. 빈부귀천 남녀노소를 막론하고 붓다행을 하면 붓다가 되고 예수행을 하면 예수가 된다. 똑같은 모양을 하고, 똑같은 행위를 하는데 어떤 경우에는 중생의 것이 되고, 어떤 경우는 붓다의 것이 되는 차이는 이와 같이 우리 스스로를 제약하고 옭아매는 꿈에서 깨어나 스스로 완성된 고귀한 존재라는 자각하에서 삶을 살아 내는가 아닌가의 차이에 달려 있다.

이와 같이 자기완성에 대한 확신이 바탕이 될 때 우리가 행하는 사랑과 자비의 실천은 비로소 온전해진다. 간디가 진정으로 진리를 얻은 사람이 한 사람이라도 존재한다면, 그는 태양처럼 빛날 것이고, 온 우주가 그의 삶에 화답할 것이라고 하였던 것도 같은 맥락이다. 우리는 우리가 생각하는 이상으로 깊이, 그리고 넓게 연결되어 있다.

"우리는 더불어 살도록 되어 있다."

"우리는 이미 완성된 존재이다. 그러므로 붓다로, 예수로 지금 여기에서 살면 된다."

존재와 세상에 대한 연기적 성찰을 바탕으로 자기완성을 향하여 주체적이고 당당하게 살아가는 것, 이것이 바로 오늘 한국의 사회운동가들이, 그중에서도 생명평화운동가들이 꽃피우고 나누어야 할 영성이 아닐까 생각한다.

정치현안운동과 영성

조헌정_ 목사

영성(靈性, spirituality)은 다양한 뜻을 지닌 종교적 용어이다. 문자의 뜻은 '거룩한 품성'이 되겠지만, 보다 깊게 정의하면 초월적 존재와의 합일(合一) 또는 만남을 통해 형성되는 인간의 내면적인 자기 통찰력을 뜻한다. 반면 정치(政治)란 국가권력의 행사를 의미하는 용어로 인간 사회의 외적 조건을 다스린다. 간단히 말해 종교는 하늘의 영역을, 정치는 땅의 영역을 담당한다고 말할 수 있다. 그런 의미에서 근대국가 이래 제정분리(祭政分離)의 원칙이 서 있고, 대한민국헌법 제20조에서는 정치와 종교의 분리를 선언하고 있다.

대체로 정치라고 하면 정당(政黨) 활동 혹은 국가권력기관의 활동으로 이해한다. 그러나 종교인의 입장에서는 정치를 나라의 근간을 이루는 백성들의 삶을 증진시키기 위한 모든 활동으로 이해한다. 대한민국헌법 제10조는 "모든 국민은 인간으로서의 존엄과 가치를 가지며, 행복을 추구할 권리를 가진다. 국가는 개인이 가지는 불가침의 기본적 인권을 확인하고 이를 보장할 의무를 진다."라고 국가의 정치 행위의 근본 목적이 어디에 있는지를 명확하게 밝히고 있다. 종교는 이 진술을 넘어 영원 혹은 초월이라고 하는 영역을 다루고, 개인의 행복과 가치는 정치가 규정하는 빈부(貧富)의 경제 수치로 결정되지 않고 개인의 내면적 신념 혹은 신앙으로 이를 얻을 수 있다고 가르치지만, 그러나 여전히 육(肉)이 없는 영(靈)이 없듯이 헌법 제10조가 말하는 부분을 건너뛰고 갈 수는 없다. 만약 그렇게 한다면 그 종교는 현실도피의 종교가 될 것이고, 이러한 종교는 필연적으로 신도를 미혹하는 사악한 종교로 전락할 수밖에 없다는 것이 종교사가 가르쳐 주는 사실이다.

평화롭고 정의로운 세상 향한 기도

곧 종교와 정치는 그 접근하는 방식은 다를지라도 그 대상은 같은 사람이고, 개개인의 존엄과 인권을 보장하고 행복한 삶을 누리도록 하는 공동의 목표를 갖고 있다. 정치인들은 있지도 않은 강에 다리를 놓아 주겠다는 허황된 약속을 남발하는 사람들로 인식되어 있다. 그러나 그건 정치인들의 책임이 아니라 종교인들이 제정분리를 잘못 이해하여 정치를 제멋대로 흘러가도록 방관하였기 때문이다. 정치를 외면함으로 말미암아 돈을 최상의 가치로 여기는 무식한 사람들의 지배를 받게 된 것이다. 종교 지도자들의 기본적인 사명은 신도들로 하여금 경전을 암송하거나 혹은 종교 외형을 크게 만들도록 하는 것이 아니라, 신도들의 내면을 깨워 하늘의 부름을 깨닫게 함으로써 자신이 몸담고 있는 세상을 보다 평화롭고 정의로운 세상으로 만들어 가는 데 있음을 인식해야 한다.

현대사회에 이르러 종교와 정치의 구분이 점점 모호해지고 있다. 종교의 이름을 가진 정당을 만들어 정치에 직접 참여하여 자신들의 종교적 가치를 실현시키기도 하지만, 역으로 정치가 종교의 역할을 담당하기도 한다. 최근 중동의 아랍에미리트는 정부 행정부서에 '행복부(Ministry of Happiness)'를 신설하고 장관을 임명했다. 이는 행복이란 정신 영역이 더 이상 종교만의 고유 영역이 아님을 말하는 것이다.

이렇듯 종교와 정치가 톱니바퀴처럼 서로 맞물려 가는 현대사회에서 종교인들이 정치사회현안운동에 목소리를 내는 일은 매우 중요하다. 필자는 목사로서 개신교에 한정하여 말할 수밖에 없음을 유감으로 생각하면서, 예를 들면 예수가 제자들에게 가르쳐 준 짧은 기도문(주기도문)에서 "(하나님의) 나라가 (이 땅에) 임하옵시며, (하나님의) 뜻이 하늘에서 이룬 것 같이 땅에서도 이루어지게 하옵소서."라고 기도하라고 말씀하셨다. 결국 하나님의 초월적인 뜻이 정치라는 현실 안에서 이루어지도록 하는 것이 참종교인의 책무임을 말씀하셨다. 그리고 이어지는 기도문에서 '일용할 양식을 주옵시고'라고 기도하라고 하셨는데, 이는 하루의 양식에 감사하라는 말도 되지만, 하루치의 양식을 갖지 못한 형제들을 기억하고 나누라는 말씀이기도 하다. 광야 생활 속에서 하늘에서 공짜로 떨어졌다는 음식 '만나'는 히브리말로 '이것이 무엇인가?'라는 뜻이다. 6일째 되는 날에는 7일째의 휴식을 위해 이틀치 양식을 거둘 수가 있었는데, 이 또한 쉼을 보장받지 못했던 노예들에 대한 인권 보장을 의미한다. 성서의 법은 단지 안식일만 선포한 것이 아니라, 7년마다 한 해를 안식년으로 선포하여 땅의 휴식을 명령했고, 50년째에는 희년이라 하여 모든 빚을 탕감하고 노예에게는 자유를 주도록 했다.

이야기의 초점은 많이 거둔 자나 적게 거둔 자나 집에 와서 보니 다 똑같아졌다는 것이고 다음 날 아침이면 모두 썩어 먹지 못하게 되었다는 것이다. 이는 결국 나눔을 통한 평등(平等)을 주장하고 부의 축적(蓄積)을 부정하는 이야기이다. 예수가 베푼 5천 명 광야 급식 기적 이야기도 이 광야 만나 이야기의 재해석이다.

기독교 성서는 역사적으로 말하자면 애굽 제국에서 노예로 살아가던 한 무리들(유랑하는 천민 계층을 뜻하는 '히브리')을 해방시키는 역사로부터 시작한다. 성서의 하나님은 약자들이 고통당하는 신음 소리에 마음 아파하시는 분이심을 선언한다. 곧 정치적 압제로부터 해방과 자유를 쟁취하는 것이 기독교의 뿌리이다. 성서의 첫 장에서는 모든 인간이 신의 형상을 띠고 태어났음을 선언한다. 이는 고대 시대의 최고 통치자인 왕만이 신의 형상을 띠고 태어났다는 전제군주 선언에 대한 거부 선언이자 정치권력에 대한 저항의 선언이다. 정치는 자유경쟁이라며 금수저와 은수저, 흙수저라는 출신을 구분

한다. 종교는 이의 불합리성을 지적하며 모두가 행복할 권리를 보장해 주기 위해 흙수저 출신에게 기회의 우선권을 줄 것을 요구한다. 종교는 헌법이 보장하는 바 모두가 행복할 권리를 보장해 주기 위해 정치가 넘어서지 못하는 부분을 넘어 활동한다. 이것이 바로 영성이다.

종교의 영성은 정치활동의 목적지 제시

종교의 영성은 정치의 근본을 되새기고 정치 활동이 어디로 향해야 하는지 그 목적지를 지시해 준다. 또한 약자들의 인권을 위해 일하는 것이 단순히 약자들의 삶을 돕는다는 차원을 넘어 그들을 돕는 일이 곧 하나님의 일을 하는 것임을 자각한다. 성서에는 예언자들의 이야기가 가장 많은 부분을 차지한다. 예언자들이 주로 하는 일은 부패한 정치권력과 부자들의 욕심 그리고 거기에 빌붙어 살려고 하는 종교 권력을 비판하는 것이다. 가난한 민중들의 편에 서서 저들이 회개할 것을 촉구한다.

예수는 세례 요한이라는 예언자가 당시 정치권력자인 헤롯 왕의 비행을 공개적으로 비난하여 옥에 갇히자 세상에 오셔서 하나님 나라의 복음을 전하셨는데, 그 핵심은 복지 실현(가난한 자에게 기쁜 소식을…)과 인권 옹호(갇힌 자들에게 자유를…)와 자유 언론(눈먼 자에게 보게 함을…)이었다. 그러고는 당시 경제적으로 가난하고 사회적으로 차별받는 갈릴리 사람들과 함께 살아가면서 새롭게 다가오는 하나님 나라의 주역이 저들임을 일깨워 주셨다. 결국 예수는 국가권력 계층과 끊임없이 부딪치다가 로마제국이 자신들의 통치를 거부하는 정치 게릴라들에게만 시행하던 십자가형으로 처형당하고 만다. 성서는 이에 대해 다양한 해석을 하고 있지만, 역사적으로 말해 예수는 정치범으로 처형당한 것이다.

이것이 오늘의 정치현안운동에 대한 (기독교의) 영성이다. 곧 민(民)이 주인이 되는 민주주의(民主主義) 나라를 바로 세우는 일, 유전무죄 무전유죄의 부패를 몰아내고 빈익빈 부익부의 잘못된 경제구조를 바로 세우는 일, 테러방지법이라는 이름하에 언론의 자유와 양심의 자유를 짓밟지 못하도록 하는 일, 한미일 군사협정 체결을 위해 한일 간의 역사 청산을 억지로 밀어붙여 일본군 성노예 위안부 문제를 무성의하게 해결하려 하는 일과, 65년이 넘도록 평화협정 체결 없이 준전시 상태에서 남과 북의 백성들이 죽음의 공포와 미움 속에 살아가야 하는 분단 체제를 극복하는 일은 생명보존을 그 무엇보다도 소중히 여기는 종교인에게 해도 되고 하지 않아도 되는 선택 과제가 아니라 당연한 책무인 것이다.

이러한 신앙고백 위에서 2008년 '전국예수살기'가 태동을 했고, 2009년 '용산 참사'를 시작으로 아픔의 현장을 찾아나서는 '목요촛불거리기도회'가 시작되었다. 필자는 매주 목요일 저녁 이 땅의 고통당하는 사람들(해고 노동자들과 세월호 유가족들과 철거민들)이 농성하는 현장을 찾아가 저들의 아픔의 소리를 들으며 함께 예배드릴 때에 하늘의 메시지를 더욱 분명하게 깨닫게 된다. 저들 또한 종교인들이 함께할 때, 더 큰 위로와 힘을 얻게 되는 것을 깨닫는다. 정치현안운동의 참여와 영성훈련은 동전의 앞뒷면과 같은 것이다.

환경운동과 영성

박그림_ 녹색연합

설악산 어머니와 산양 형제, 그리고 나. 삶을 결정하는 자연 속에서 나와의 관계를 들여다본다. 아름다운 관계는 무엇으로 이어져 있으며 무엇 때문에 끊기는 것인지를 묻는다. 어둠의 시대에도 자연은 빛을 잃지 않고 도도한 흐름을 이어 가고 있으며 우리는 다만 흐름에 몸과 마음을 얹어 나아가며 빛의 자녀로 거듭날 때 자연 속에서 아름다운 삶을 살 수 있으리라. 거스를 수 없는 신의 영역에서조차 자본의 폭력은 멈추지 않고, 우리들의 탐욕은 자연에 대해 예의와 염치를 저버린 지 오래다. 내 마음을 다독여 주는 존재를 그리워만 할 뿐 찾아 나서지 않는 까닭은 무엇인가? 그리움조차 사라진 것은 아닐까?

설악산 어머니

설악산 어머니는 어떤 존재인가? 설악산을 우리들은 어떤 모습으로 오르내리고 있을까? 안전을 담보로 한 인공 시설물로 덮여 가는 산길에서 자연의 경이로움을 느낄 수 있을까? 수많은 등산객들 틈에 끼어 쫓기듯이 산을 넘어가면서 자연과 마음을 나눌 수 있을까? 어렵사리 만나는 짐승들의 흔적에서조차도 아무런 느낌을 받을 수 없다면 그런 산행을 통해서 얻으려는 것은 무엇일까? 산길은 오직 정상으로 이어질 뿐이라는 생각은 얼마나 많은 것을 잃어버리게 만드는가. 때마다 피어나는 산풀꽃의 향기와 골짜기를 가득 메우

는 물소리, 산정에 올라 바라보는 꿈틀거리며 일어서는 산줄기의 용트림과
홀로 우뚝 선 소나무의 외롭지만 든든한 모습, 짐승들이 쉬었다간 바위 밑의
자국과 한줌의 똥, 먹이를 찾아 파헤친 땅속에서 드러나는 삶의 고단함, 나
무 사이로 길게 이어지는 발자국과 울음소리, 바람결에 섞여 코끝에 와 닿는
숲의 냄새, 어둠 속에서 소리 없이 다가서는 생명의 움직임… 이렇게 때마다
다른 모습으로 다가서는 설악산과 그 속에서 살아가는 생명으로부터 와 닿
는 감동은 가슴 깊이 새겨져 오래도록 잊히지 않는다. 산길을 오르면서 스치
는 모든 것들이 내 삶 속으로 파고드는 걸 느낄 때 산속 작은 생명들과 더불
어 숨쉬고 있음을 알게 된다. 산에 들 때마다 나 자신에게 묻곤 한다. 설악산
은 내게 어떤 존재인가? 어느 날의 기억을 떠올린다.

해는 서쪽 산줄기를 넘어가고 땅거미가 지면서 바람이 인다. 붉은 노을은
애써 어둠을 밀어내려 하지 않고 자연의 흐름에 모든 것을 맡기고 어둠 속에
묻힌다. 나이 많은 소나무 밑에 자리를 펴고 눕는다. 숲 속에 가득했던 새들
의 노랫소리는 잦아들고 어둠 속에서 움직이는 짐승들의 소리가 숲 속을 채
운다. 낙엽을 밟고 지나가는 발자국 소리가 길게 이어지고 밤의 깊이를 더하
는 낮고 부드러운 부엉이 울음소리가 어둠 속에 퍼진다. 생명의 소리, 나와
더불어 살아가는 것들의 소리, 이 소리들이 있어 우리의 삶이 이어지는 것을
우리는 너무나 쉽게 잊고 있는 것은 아닐까? 숲을 바라볼 때마다 어둠은 더
욱 짙어지고 생명의 소리로 온몸이 젖어든다. 침낭 속에 누워 얼굴만 빼꼼히
내밀어 밤하늘을 올려다본다. 짙은 어둠 속에 커다란 나무들이 기둥처럼 섰
고 부챗살처럼 펼쳐진 가지마다 반짝이는 별들이 매달렸다. 밤바람이 일어
침낭 속으로 파고들면 몸이 공처럼 말리고, 부스럭거리는 소리에 귀 기울여
짐승들의 삶을 쫓다보면 나도 모르게 한 마리 산양이 되어 온 산을 누비다
잠이 든다. 이렇게 산에서 짐승처럼 자는 날이면 싸하게 느껴지는 밤공기와
자연의 소리에 묻혀 가슴속에 들었던 것들을 털어 내고 산의 정기로 가득 채

운다. 밤은 내 삶의 반을 차지하는 또 다른 세상으로 나를 이끌고 어둠 속에서만 보고 느낄 수 있는 것들을 사랑하게 만든다. 어둠이 채 가시지 않은 이른 새벽, 자리를 털고 일어나 오랜 세월 자리를 지켜 온 소나무의 붉은 몸을 끌어안는다. 거친 껍질 속에서 뿜어 나오는 따뜻하고 부드러운 기운이 내 몸에 와 닿는다. 굵은 소나무는 말없이 나를 내려다보고 고개 숙여 절을 하고 자리를 떠난다. 산을 오르내리는 일은 어머니의 몸과 내 몸이 하나가 되는 거룩한 일이다. 내가 잡고 오르는 바위는 어머니의 뼈고, 내가 딛고 오르는 땅은 어머니의 살이다. 그 속에 깃들어 있는 어머니의 수많은 분신들을 보았고 나도 그 가운데 하나일 뿐이다.

산양 형제

산양을 찾아 거친 바위를 잡고 산줄기를 따라 오른다. 눈앞에 그려지는 당당한 야생의 산양은 언제나 나를 이끌어 산에서 지내게 만든다. 어둠 속에서 들리는 산양의 울음소리는 가슴을 파고들어 잠들지 못하게 한다. 무슨 말을 했는지 나는 왜 알아듣지 못하는 것인가? 잿빛 털과 작지만 우뚝한 뿔, 야생의 당당한 아름다움으로 다가선 산양. 설악산에서조차 마음 놓고 살 수 없는 산양의 삶을 생각할 때마다 자연의 흐름 속에서 우리들은 과연 어떤 존재인지 묻게 된다. 모든 생명은 존재 가치를 가지고 살아갈 권리가 있음에도 우리들의 오만은 다른 생명을 배려하지 않는다. 자연에 대한 예의와 염치도 지키지 않는 자연에 대한 폭력은 어디까지 치달을 것인지 걱정스럽다. 모두의 공멸을 재촉하는 모습을 보기 때문이며 우리들만의 공멸이 아니라 모든 생명을 멸종의 길로 이끌고 있는 지금의 우리들이 무섭다. 산양을 만났던 날의 기억은 오래도록 잊히지 않을 것이다.

숲이 날아갈 듯 봄바람이 거칠게 불어 댄다. 깊이 쌓인 눈은 하루가 다르게 녹아내려 골짜기에 물이 넘친다. 겨우내 깊은 눈으로 걱정스러웠던 산양을 찾아 하루 종일 산을 누빈다. 해는 기울고 갈 길은 먼데 가파른 비탈은 끝없이 이어진다. 이내가 엷게 긴 산은 가까운 듯 멀어 마음은 바쁘고 발걸음은 무겁다. 양지쪽 눈은 녹았지만 속은 아직도 얼어 있어서 자칫 미끄럼틀이 될 것 같은 비탈길을 더듬어 오른다. 깊이 들여다보이는 숲 속에서 움직이는 것들을 찾아보지만 바람에 흔들리는 나무들의 출렁거림만 있을 뿐 아무것도 보이지 않는다. 골짜기를 지나 응달로 들어서자 가파른 비탈을 가로질러 눈 위에 산양 발자국이 길게 이어진다. 산양들이 겨우내 다닌 길인 듯 눈이 다져졌고 눈 오는 날 쉬기에 딱 좋았을 커다란 젓나무 밑에서 한두 마리가 머물다 간 듯했다. 얼어붙은 바닥에는 서성거린 발자국이 어지럽게 찍혀 있고, 겨울철 마른 먹이를 먹고 싼 갈색 똥 한 무더기가 단단하게 얼어붙어 있다. 똥을 들여다보며 이 자리에서 쉬었을 잿빛 산양을 떠올린다. 많은 눈이 내린 올겨울 산양들의 삶은 몹시 힘들고 어려웠을 것이다. 먹이를 찾기에 눈은 너무 깊었고 깊은 눈은 멀리 옮겨 다니는 것조차 힘들게 했을 것이다. 산양 발자국은 산줄기 너머로 이어지고 비탈을 겨우 올라서는 순간 양지쪽에서 쉬고 있던 한 무리의 산양들이 뛴다. 흰 꼬리를 휘날리며 내달리는 어미와 어린 산양 세 마리를 쫓아 눈길은 빨려들고 몸은 그 자리에 얼어붙었다. 뛰는 산양을 따라 숲은 생명의 기운이 넘실거리고 나무들은 춤추는 듯했다. 골짜기를 가로질러 눈 덮인 비탈을 빠르게 타고 오른 산양이 우뚝 서서 보라는 듯 나를 쳐다본다.

깊은 눈 속에서 살아남은 대견함과 고마움, 쉬고 있었을 산양에 대한 미안함이 뒤엉키며 한 걸음만 움직여도 달아나 버릴 것 같은 안타까운 마음에 꼼짝 못하고 산양을 바라본다. 갑자기 획 돌아선 산양은 산줄기 너머로 바람처럼 사라졌고 눈에 어른거리는 모습만 아쉬움 속에 남았다. 이렇게 산양을 만나는 날이면 하루 종일 마음은 설렘으로 가득하고 몸은 가벼웠지만 짧은 만

남은 그리움만 더해 산양을 찾아 산을 헤매게 만들었다. 한낮의 따사로운 햇볕을 쪼이며 쉬었을 어미와 새끼 산양들을 떠올리며 그들이 언제쯤 설악산에서 마음 놓고 살 수 있을지 가늠해 본다. 수많은 사람들의 발길에 몸을 숨기며 살아야 하는 산양, 바람 소리에도 귀를 쫑긋 세우고 불안한 눈빛으로 두리번거렸을 산양, 이런 날들 속에서 산양은 사라져 갔고 이제 산양을 찾아 산속을 헤매고 다녀도 어쩌다 마주칠 뿐이다. 쫓기는 삶을 살아가는 산양들에게 우리가 해 줄 수 있는 것은 아무것도 없다.

산양을 우리가 어떻게 보호할 수 있다는 말인가. 오직 하나 우리가 할 수 있는 것은 산양이 사는 곳에 가지 않음으로써 산양의 삶에 간섭하지 않는 것뿐이다. 산양이 마음 놓고 살 수 있도록 해 주는 것이다. 어느 날엔가 산양이 우리 곁으로 다가와 야생의 당당한 아름다움을 보여줄 때까지 자연에 대한 예의와 염치를 갖추고 생명에 대한 존엄을 지켜 가야 한다. 모든 생명이 자연 속에서 더불어 살아야만 하는 까닭은 생명의 어울림 속에서 서로의 삶이 온전해지기 때문이다.

그리고 나

국립공원조차 돈벌이의 대상으로 바라보고 산양들의 삶터에 케이블카를 설치한다. 생명이 사라진 설악산이 국립공원으로서의 가치가 있는 것일까? 죽음의 산에서 지친 영혼이 위로를 받을 수 있을까? 돈이 행복을 가져다줄까? 아름다움이 지켜지고 산양이 지천으로 뛰어노는 설악산은 꿈일 뿐인가? 설악산에 들어 자연의 경이로움에 빠져 본 사람이라면 무엇으로 설악산이 아름다운지를 안다. 무엇이 내 삶을 이끌어 가고 있는지를 깨닫고 그런 날들 속에서 나는 설악산과 하나가 되려 애쓰며 산다. 내게 설악산은 어머니요, 산양은 형제다. 어머니로 하여 생명의 경이로움을 알았고 형제가 있어 더불어 사는 삶을 깨달았다. 설악산에 들 때마다, 나를 감싸는 자연의 흐름에 몸과 마음을 얹어 나아갈 때마다 다짐한다.

바람 부는 날이면 가슴 깊이 파고드는 산의 울음소리가 나를 흔들어 대는 까닭을 안다. 설악산 어머니의 상처는 늘어나고 아픔은 커지고 있는데 우리들의 탐욕과 무관심은 설악산을 죽음의 산으로 바꾸고 있기 때문이다. 그러므로 나는 온몸으로 저항한다. 비록 작은 힘이지만 간절함으로 내 몸을 던져 저항한다. 대청봉에 깊이 패인 상처가 아물고 푸른 나무들이 가득할 때까지 나는 저항한다. 설악산에 깃들어 사는 생명들이 마음 놓고 살아갈 수 있을 때까지 나는 저항한다. 짐승들의 울음소리를 들을 수 없는 침묵의 숲이 되지 않도록 나는 저항한다. 한겨울 눈 위에 짐승들의 발자국이 없는 황량하고 쓸쓸함을 견딜 수 없기에 나는 저항한다. 어두운 밤 산길을 갈 때 소리 없이 다가와 부드럽게 나를 스치는 생명의 감촉을 잊을 수 없기에 나는 저항한다. 어둠 속에서 어린 짐승의 투정 소리를 들을 수 없는 침묵의 때를 맞이할 수 없기에 나는 저항한다. 바위 밑에 앉아 흩날리는 눈발을 바라보며 내 곁에 산양이 뛰어들기를 꿈꾸며 나는 저항한다. 깊은 눈을 헤치고 지나간 멧돼지의 훅훅 거리는 숨소리가 멈추지 않기를 바라며 나는 저항한다. 숲 속에 들어 나무통을 두드리는 딱따구리의 두드림 소리가 그치지 않기를 바라기에 나는 저항한다. 거친 비바람이 몰아쳐도 꼿꼿하게 서서 견디는 나무들이 사라지지 않기를 바라며 나는 저항한다. 거센 바람 속에서도 누웠다 다시 일어서는 산풀꽃을 보고 싶기에 나는 저항한다. 무리 지어 피어나 하늘 꽃밭을 이루는 꽃들의 아름다움을 잃고 싶지 않기에 나는 저항한다.

우리들이 누리고 있는 아름다움조차도 누릴 수 없는 세상에서 아이들이 살아가기를 바라지 않기에 나는 저항한다. 아이들에게 어떤 세상을 되돌려 주어야 하는지를 알기에 나는 저항한다. 아이들이 어른 되어 대청봉에 올라 정상의 존엄성과 외경심에 빠질 수 있기를 바라며 나는 저항한다. 설악산이 아름다움을 잃지 않고 우리들의 삶을 이끌어 주기를 바라며 나는 저항한다. 신이 바라본 설악산의 아름다운 풍경을 잃고 싶지 않기에 나는 저항한다. 잘 못된 것을 보고 잘못되었다고 말하지 않는 세상에서는 어떤 희망도 가질 수 없기에 나는 저항한다. 나의 힘은 작고 보잘것없지만 간절함은 하늘에 닿고 사무치는 마음은 꽃을 피울 것임을 알기에 나는 저항한다. 무엇이 옳고 그른 지를 알고 삶에서 무엇이 가장 큰 가치를 지녀야 하는지 알기에 나는 저항한다.

대청봉에 서서 초록 치마를 바람에 휘날리며 둥근 판을 든다. 초록 치마는 나의 갑옷이며 둥근 판은 방패다. 나를 감싸고 나아가는 보호막이며 저항의 상징이다. 그 자리에서 나는 생각한다. 모든 생명이 제자리에서 삶을 이어 간다는 것은 너무도 자연스러운 일이 아닌가!

시로 읽는 사회적 영성

송경동_ 시인

나는 내 것이 아니다 // 오늘은 평택 쌀과 서산 육쪽마늘과 / 영동 포도와 중
국산 두부와 / 칠레산 고등어를 먹었다 // 내 뼈와 살과 피와 내장과 / 상념도
실상 모두 이렇게 / 태어난 실뿌리가 다르다 // 그런 내가 한 가지 생각에만
집착한다는 것은 / 도의에 맞지 않은 일이다. 이렇게만 / 바뀌어야 한다고 고
집하는 것도 / 순리에 어긋나는 일이다 // (……) // 나만이 무엇이 되어야겠다
고 생각하는 것은 / 의아한 일이다 이것은 내 것이라고 움켜쥐는 일도 / 갸우
뚱한 일이다 내 조국만이 잘되어야 한다는 일도 / 치사한 일이다 양파도 알고
/ 대파도 알고 쪽파도 아는 일이다
- 졸시 〈경계를 넘어〉 중에서

나는 '영성'이라는 것이 무엇인지 잘 모른다. 평소에, 아니 사는 동안 내내
써 보지 않은 말이며 글이다. 믿는 종교가 없어서인지도 모른다. 특히나 청
년기를 보내며 유심론이 아닌 유물론을 중심으로 세계를 이해하고 해석하면
서는 더더욱 종교적 어휘는 내게서 멀어졌다. 때론 "종교는 노동자 민중에게
아편이다."라는 말을 교조적으로 믿기도 했다. 한 친구는 자신의 자취방을
찾아와 전도를 하려는 이에게 나는 '전태일교' 신자여서 당신의 종교를 받아
들일 수 없다고 말했다 했다. 아, 그러고 보면 나 역시 '전태일교' 신자이거나,
'마르크스레닌교' 신자이거나, '민족해방투쟁교'의 신자이겠구나 했다. 실제
로 어떤 종교적 언술이나 교리보다 그런 사회운동의 교리를 신념처럼 믿고

살아왔고, 현재도 그렇기도 하다.

물론 지금은 종교를 그렇게 경직되게 바라보지 않는다. 인류가 모색해 온 삶과 역사, 자연에 대한 질문과 해석들, 그리고 그에 따른 수행의 여러 형식들이 하나의 종교적 형식들로 모아져 왔다고 생각한다. 말하자면 인류의 역사서이자 윤리서이며 문화가 집약된 내용으로 종교를 바라보게 된다. 여러 종교에서 말하는 '영성'이라는 것이 내가 평소에 생각해 왔던 '사회적 생명', '역사적 생명' '공동체적 생명' '정치적 생명' 등의 것과 연결되는 것일 거라 나름으로 해석해 본다. 하여 중요한 것은 어떤 종교의 교리를 믿느냐의 문제가 아니라 어떻게 세계와 인간을 해석하고 어떤 삶을 살려고 하느냐의 문제라는 생각도 해 본다.

그렇다면 우리에게는 어떤 '사회적 영성', '사회정치적 생명'이 필요한 것일까? '서산 육쪽마늘'도 '영동 포도'도 '중국산 두부'도 '칠레산 고등어'도 저 무수한 '대파'도 '쪽파'도 이해할 수 있고 동참할 수 있는 어떤 사회적 인식이 필요한 것일까? 저 강정 구럼비 바위도 밀양에서 송전탑 건설로 잘려 나가는 나무들도 녹조로 썩어 가는 저 4대강도 "옳거니!" 하며 동의해 줄 수 있는 어떤 사회적 실천들이 필요한 것일까?

오도된 영성에 저항하지 않고 사회적 영성이 가능할까?

무엇보다 난 현대의 모든 사회적 영성들이 이 모든 생명평화의 길을 가로막고, 가치를 훼손시키며, 파편화시키고 나아가 파괴하고 있는 자본주의 문명에 대하여 분명한 반대와 저항하지 않고 극복에 나서는 게 필요하다고 생각한다. 도대체 이윤을 위해서라면 어떤 생명·자연·문화든지 막론하고 눈먼 살상에 나서는 이 '오도된 영성'에 대하여 저항하지 않고 '사회적 영성'이라는 것이 가능할까? 본질적인 구조에 천착하지 않고 어떻게 가장 깊은 가치와 의미이며, 더 커다란 실재인 '사회적 영성'에 합일되는 경험을 가져 볼 수 있을까? 세계의 실상조차도 제대로 알지 못하면서 어떻게 우주적 영성에 도달할 수 있을까? '사회적 영성'이란 것이 천상의 신들의 이해와 요구를 위한 것이 아니라 이 지상에서 모든 생명 있는 것들이 갖는 사회적 희망과 요구의 총합에 다름 아니라면, 그 희망과 요구들이 어떻게 소수의 특권층들에게 독점되고 사유화되는지에 대하여 구체적으로 살펴볼 필요가 있지 않을까?

세계 자본가 225명의 총자산이 / 전 세계 가난한 자들 25억 명 연간 수입보다 많아졌다는데 / 세계 100대 재벌 각각 매출이 / 가난한 나라 120개국 수출 총액보다 많아졌다는데 / 한 해에 오가는 투기금융자본 양이 / 전 세계에서 생산되는 재화와 서비스 가치보다 63배나 많아졌다는데 / 굳이 채집에 나서지 않아도, 전 세계민이 / 먹고 남을 양의 곡식들이 생산된다는데 // 나는 역사의 어디쯤에서 길을 잃고 / 산 계곡이나 혼자 헤매나 / 서산에 해는 져 가는데 / 주인 없이 떨어진 산밤을 줍는다 / 어딘가에 흘려 버리고 왔던 나를 줍는다 / 다시 나를 수구린다
- 졸시 〈스모키 마운틴〉 중에서

이 시를 쓸 때 자료로 삼았던 것은 장 지글러(Jean Ziegler)가 2000년에 썼던 『왜 세계의 절반은 굶주리는가』였다. 그렇다면 16년이 흐른 2016년의 현실은 어떠할까? 조금이라도 불평등이 완화되었을까? 아래 보고 내용처럼 전혀 그렇지 않다. 독점과 사유화는 기하급수적으로 가속화되고 있다.

다보스 2016 회의 개막 전날 빈곤퇴치 자선운동 단체인 옥스팜이 세계의 최고 부자와 빈곤층 간의 격차에 관한 보고서를 발표했다. 보고서에 따르면 지난해 전 세계 하류층 절반(35억 명)의 총재산과 같은 규모의 부를 소유한 최

고 부자 수는 62명에 불과했다. 지난 5년 사이 억만장자 62명의 재산은 44% 증가하고 하류층의 재산은 41% 감소했다. 2010년 이후 이들 62명의 재산은 44% 불어났다. 5,000억 달러 이상 증가해 2015년 1조 7,600억 달러에 달했다. 세계 인구 중 하류층 절반의 재산은 같은 기간 1조 달러 남짓 줄어 41%의 감소를 기록했다.

\- 온라인 중앙일보, 〈부자 62명=하류층 35억 명〉 중에서. 2016. 2. 8.

73억 8천만 명의 전 인류가 충분히 먹고도 남을 정도로 매년 22억 톤에서 25억 톤에 이르는 곡물이 생산되지만, 메이저 곡물회사들이 바다에 버리면서까지 곡물가를 조작하는 바람에 10억 명 이상이 굶주리고 있기도 하다.

그렇다면 한국사회는 어떤가. 2015년 기준 한국 서민들의 가계부채는 1,089조 원을 넘어섰다. 2008년엔 724조 원이었다. 전체 한국민들은 5년여를 죽어라고 일해서 빚만 360조 원 가량 더 졌다. 이 기간 동안 기업들의 사내유보금은 꾸준히 늘어 10대 재벌 기준으로만 515조 원에 달했다. 5년 전인 2009년의 271조 원에 비해 90.3%나 급증한 것이다. 100대 재벌로 넓히면 800조 원대에 이른다. 15대 재벌 3, 4세의 재산만 19조 원이 증가했다는 보도도 있었다. 그럼에도 30대 재벌 신규 채용 증가는 작년 기준 1.3%에 불과했다. 500조 원의 2.5%인 12조 5천억 원만 사회에 재투자해도 통계청 기준 청년실업자 47만 명 전원을 연봉 2,500만 원짜리 정규직으로 고용할 수 있다. 10%인 50조 원만 투자하면 연봉 2,500만 원짜리 200만 개의 국민 일자리를 만들 수 있다. 모두가 함께 생산한 사회적 부는 부의 창출에 함께했던 사회 구성원들에게 공평하게 나뉘어져야 한다. 그러나 현실은 그렇지 못하다. 서민들이 진 빚은 고스란히 소수 재벌 집단의 엄청난 부로 이전·축적되어 갔다. 일을 할수록 도리어 빈곤해져 가는 것이 한국사회의 핵심 모순이다. 그런 천문학적인 '사회적 영성'의 독점 사유화를 위해 수백만 명이 정리해고 당하고, 1,000만 명의 이웃들이 비정규직이라는 예전에는 존재하지 않았던 '사회적 영성'으로 내몰렸다. 달리 말한다면 그간 한국사회 전체가 세월호에 다름 아니었다. 이런 세월호에서 살 수 없는 수많은 민중들이 살기 위해 계속해서 고공으로 오르고, 더 이상 버티지 못하는 사람들이 자살이라는 암흑 속으로 자신을 내던지고 있다. 이런 구조화된 불의에 저항하지 않고, 어떤 천국을, 무릉도원을 얻을 수 있을까!

사회적 영성의 꿈

더 큰 문제는 실상이 이러한데도 언제부터인가 한국 사회운동의 요구와 실천이 더 이상 근본적이지도 투철하지도 못하다는 데 있다. 언제부터인가 사회적 역사적 패배감에 일정 정도 경도되어 모든 요구와 실천이 현실추수적이다. 사회의 바닥으로부터 치솟아 오르는 대중들의 즉자적인 분노와 요구조차 담아낼 수 없을 정도로 그릇이 작다. 더 큰 연대와 더 거대한 사회적 상상력으로 나아가지도 못한다. 사회적 불의는 더 거대해지고 잔인해지고 세계화하는데 우리의 연대와 실천은 자기 부문을 넘지 못하고, 자기 지역을 넘지 못하고, 자기 국경을 넘지 못한다. 무엇보다 이런 꿈의 크기를 키워야 하지 않을까? 모든 '사회적 생명들과 그들이 갖는 영성'들이 요구하는 시대적 요구가 무엇인지를, 무엇이어야 하는지를 한국 사회운동이 긴급히 얘기해 나가야 하지 않을까? 졸시 〈나의 모든 시는 산재시다〉의 일부를 옮겨 본다.

내 아내에게는 내 아이에게는 산재가 없을까 / 사랑하는 사이에는 산재가 없을까 / 신체가 늘어지거나 부러지거나 잘리는 것만이 산재일까 / 비정규직으로 내몰리고 실업으로 쫓겨나는 것은 산재 아닐까 / 쪼들리는 삶으로부터 오는 모든 정신의 훼손과 관계의 파탄은 산재가 아닐까 // (……) //보라, 저 거리에 나온 모든 상품들도 / 불구의 몸으로 산재를 앓고 있다 / 보라, 저 거리에 선 모든 나무들도 / 팔다리 잘리며 산재를 앓고 있다 / 보라, 저 들녘 강물의 모든 실핏줄들도 / 검은 가래에 막혀 산재를 앓고 있다 / (……) / 보라, 저 하늘의 오존층도 우리의 폐처럼 / 숭숭 구멍 뚫리고 있다 // 이 모든 산재를 보상하라고 / 우리는 말해야 한다 / 이 모든 산재를 지속 가능한 상태로 되돌리라고 / 우리는 요구해야 한다 누구에게? 저 자본에게 / 우리의 잘린 손가락과 발가락을 모아 / 닳아진 무릎뼈와 폐혈관과 혼미해진 정신을 모아 / 배부른 저 자본에게 우리는 요구해야 한다 / 이윤이 중심이 아니라 / 건강과 안전과 평화와 연대가 중심이 되어야 한다고 / 가장 악독한 산재, 이 눈먼 자본주의를 추방해야 한다고 / 모든 스트레스의 근원인 착취와 소외의 세계화를 막아야 한다고 / 모든 사랑스런 관계들을 파탄으로 내모는 / 이 불안정한 세계를 근절해야 한다고 // 산재추방의 날에 읽을 시 한 편 써 달라는 얘길 듣고 / 멍하니 모니터만 바라보고 있다 / 자본주의를 추방하지 않고 / 산업재해 없는 세상이 올 수 있을까 / 생각하면 이렇게 간단한데 그것이 왜 이다지도 어려울까 / 나와 우리가 진정으로 겪고 있는 / 가장 엄중한 산재는 이것이 아닐까
- 졸시 〈나의 모든 시는 산재시다〉 중에서

4장

밥과 삶, 그리고 영성

밥과 삶, 그리고 영성

정규호_ 모심과살림연구소

밥의 위기, 삶의 위기

밥은 생존의 필수 요소인 동시에 오래전부터 신과 소통하고 이웃과 나눔을 실천하는 매개였다. 그런데 오늘날 밥을 생산하여 요리하고 소비하는 방식이 변화하고 밥이 '사고파는' 상품이 되면서, 밥상의 모습과 밥에 대한 태도와 생각 또한 달라지고 있다.

'저녁이 있는 삶'이 '로망'이 되어 버린 시대의 바쁜 생활 속에 밥 먹는 데 쏟는 시간은 점점 줄어 간다. 브라운관 속에서는 '집밥'의 향수를 자극하고 '요리' 생활을 부추기지만 혼자 그저 한 끼를 '때우는' 모습도 어색하지 않다. 편의점 도시락과 인스턴트 식품으로 대표되는 간편 음식들은 날개 돋친 듯 팔려 나간다.

GMO와 각종 첨가물에 노출된 밥상은 어제오늘 일이 아니지만, 얼굴 없는 먹거리와 거대 식품기업의 확장 속에 그 위협은 날로 커져 가고 있다. 최근에는 방사능 오염에 대한 걱정까지 더해졌다. 한쪽에서는 많은 생명들이 여전히 기아에 시달리는가 하면 반대편에서는 남아도는 음식과 농산물이 '쓰레기'가 되어 버려지는데, 그 양이 자그마치 연간 13억 톤에 달한다고 한다. 또한 육류 소비를 위해 공장에서 대량 생산되는 공산품처럼 사육되는 동물들도 있다. 인류와 진화의 동반자인 동물들이 질병 예방을 명분으로 대량 살처분되는 모습은 먹거리가 상품화된 극단의 모습이라 할 것이다.

삶의 전환을 위한 밥

생명이 깃든 건강한 밥 한 끼 차려서 먹기도 어려운 시절이지만 그러한 먹을거리를 생산하는 일 또한 갈수록 어려워진다. 만물의 협동과 농부의 정성이 깃든 결실로서의 '농사'가 앞으로는 공장 안에서 사람의 노동 없이도 가능해지리라는 예측까지 나온다.

그렇기에 여전히 생명의 먹을거리를 길러 내는 자부심으로 땅 위에서 묵묵히 생명농업을 실천하는 농부들의 존재에 더없이 감사하게 된다. 음식을 그저 '소비'하기보다 기꺼이 밥상의 주인이 되고 내가 마주한 음식의 '이야기'에 관심을 기울이는 음식시민들이 더 많아지길 바란다. 얼굴을 마주하고 대화할 수 있는 시장과 이웃끼리 밥과 삶을 나누는 소소한 공간들이 반갑다.

어떤 청년들은 동네에서 함께 모여 밥을 짓고 그 밥상 앞에서 '잘 먹고 잘 사는' 일에 대해 성찰한다. 공동체의 기본도 함께 밥을 먹는 데 있다. 그래서 '밥상공동체'이다. 생산자와 소비자가 함께하는 '밥모심'에는 밥 한 그릇에 담긴 생명의 존귀함이 고스란히 담겨 있다. 영성적 삶의 실천이 '밥 한 그릇'으로부터 시작할 수 있음을 '빈그릇운동'과 '생명밥상운동'의 경험으로부터 확인한다. '깨어 있는 삶'을 살고자 하는 일상의 행위들과 그런 마음으로 밥상을 대하는 일은 '밥이 되는 삶'을 살고자 하는 다짐이기도 할 것이다.

우리 밥상은 안녕한지를 묻는 일은 우리의 삶과 이웃들의 안녕을 묻는 일이기도 하다. 우리는 모두 이 사회 속에서 함께 먹고 함께 살아가야 하는 존재들이기 때문이다. '밥을 같이 먹는다는 건 함께 사는 일일 것'이라며, 2년여 전 세월호 참사 이후 진상 규명을 요구하는 단식에 동참한 한 여고생의 말이 기억에 남는다. 그 소녀에게 단식이라는 것은 '누군가가 죽을 수밖에 없는 사회에서 살지 않겠다는 양심 고백'이자 '같이 먹고 함께 살자는 공존의 외침'이었다.

그래서 새삼스레 함께 밥 먹고 살아가는 일의 의미를 이야기해 보려 한다. 전환의 시대에 '삶의 전환을 위한 밥'이다. 매일 먹는 밥을 어떤 마음으로 어떻게 모시고 있는지, 우리가 나누고 싶은 밥상은 어떤 모습인지, 서로의 지혜와 경험을 고백하는 이야기들로 가득 채워지길 기대한다.

세상에 남기는 음식 자국을 줄일 수만 있다면

—버리기엔 너무 괜찮아!
함께 나누는 독일 푸드셰어링, 공정나눔냉장고

김미수_ 에코 저널리스트

내가 먹는 음식이 바로 나 자신이요, 먹지 않고 버리는 음식이 내가 세상에 남기는 '음식 자국(foodprint)'이다. 하루 세 끼를 먹고 살면 적어도 하루에 세 번은 선택하게 된다. 다큐멘터리 영화 〈나머지 없이 행복하게―음식구조원 (Restlos Glücklich―die Lebensmittelretter)〉에서 부퍼탈 푸드셰어링의 다니엘라 씨가 한 말처럼 "과연 내가 이제는 지속 가능한 소비와 식사를 하고 싶은지, 아니면 지금처럼 넘치는 사회를 인정하고 받아들여 계속 이대로 소비하고 먹을 것인지"를.

먹는 데 아무 문제없는 식료품을
쉽게 버리는 사람 vs. 싸게 사 먹는 사람

2015년 발표된 세계자연보호기금(WWF) 연구 논문에 따르면 해마다 세계에서 연간 13억 톤, 유럽에서 1억 톤, 독일에서 1천 850만 톤의 음식물(독일 국민 연간 총식품소비량 중 1/3)이 버려지고 있다. 이 중 42%는 생산에서 유통까지의 과정에서, 나머지 58%는 소비 과정에서(일반 가정과 대형 소비단체--요식업체 · 숙박업 · 단체 급식 등을 모두 포함) 버려진다. 소비 과정에서 버려지는 양 중 39%에 이르는 723만 톤이 일반 가정에서 나오는데, 이를 환산하면 독일인 한 명당 해마다 87.7kg의 음식물을 버리는 것과 같다(2012년). 2012년 슈투트가르트 대학 연구 논문에서 제시한 네덜란드 73kg(2010년), 영국 71kg(2009년)

과 비교해 봐도 많은 양이다.

아마도 서유럽 국가 중 독일의 식료품 가격이 비교적 저렴한 축에 속한 탓일까? 확실히 독일에서 멀쩡한 음식물을 버리는 경우를 심심치 않게 볼 수 있다. 특히 그동안 쓰레기 수거통을 이웃과 함께 쓰는 경우가 많았던 탓에, 이웃이 먹을 만한 식료품을 쉽게 버리는 모습을 여러 번 보게 되었다.

이용할 수 있는 식품이 버려지는 곳은 비단 일반 가정뿐만이 아니다. 유통업체의 기준에 맞지 않는 농작물은 아예 수확하지 않고 밭에 그냥 버리고, 수확 후에도 크기나 모양이 규격 외인 작물은 상품성이 떨어진다고 또 버린다. 일부 식료품은 유통과 판매 과정에서 변질되거나 유통기한에 걸려 버려진다.

그런데 WWF 논문의 생산에서 소비까지 아우르는 '유럽연합 국가별 인구당 총식품의 부패와 낭비량'을 보면 네델란드(1위)나 영국(6위)과 달리 독일은 오히려 EU 평균 이하로, 앞서 언급한 인구당 일반 가정의 음식물 쓰레기 양'

작년 가을 이웃집에서 멀쩡해 보이는 감자를 봉지째 버린 것을 따로 챙겨 뒀다가 올봄 우리 집 텃밭에 씨감자로 썼다.

과는 사뭇 다른 양상을 보인다. 이는 그나마 독일이 식품 생산에서 판매까지의 과정에서는 낭비를 줄이고자 노력하고 있다는 반증일까? 어쨌든 내 경험에 의하면 많은 농가나 상점에서는 작년 가을 이웃집에서 멀쩡해 보이는 감자를 봉지째 버린 것을 따로 챙겨 뒀다가 봄에 자기 집 텃밭에 씨감자로 썼다.

여러 이유로 식품을 폐기 처분하지만 그래도 몇몇은 다른 방식으로 판로를 개척하기도 한다.

남편이 대학을 다녔던 작은 도시 에베르스발데에는 독일 전역에서 세 손가락 안에 들 정도로 규모가 큰 유기농공동체가 있었다. 이곳에서는 알이 작은 감자나 부러진 당근 등 일반적인 경로로 판매가 불가능한 채소들을 수확철에 잠깐씩 싼 가격에 '가축사료용'으로 판매했다. 우리 부부는 크기와 모양만 좀 다르지 먹는 데는 아무 문제가 없을 뿐만 아니라 유기농으로 생산된 이 채소들을 사다가 우리 스스로를 먹여 키웠다.

또 딸기처럼 물러지기 쉬운 과일을 생산하거나 농작물 크기가 아주 들쑥날쑥해 수확해 봤자 별 벌이가 없겠다 싶은 농장 중에는 소비자가 직접 방문해서 수확해 가는 이벤트성 특별 판매를 하는 곳도 있다.

지난해 시댁 어른들이 이런 감자 농장을 발견해 20kg 자루당 단돈 5유로(약 6,580원)만 주고 감자를 직접 캐 사왔다. 그 양이 집집마다 겨우내 먹고도 남을 정도여서 몇 자루는 우리 집에도 나눠 줬다.

유통기한이 임박했거나 신선도가 떨어진 식료품을 정기적으로 반값에 떨이로 판매하거나 아예 공짜로 주는 경우도 있다. 내가 단골로 가는 유기농 가게와 마트 한 곳에서 이런 정책을 펴는데, 며칠 지난 빵이나 과일·채소, 때로는 유통기한이 짧게 남은 가공식품까지 폐기하는 대신 싸게 팔아 소비자들을 사로잡기도 한다. 에베르스발데에 살던 지인 중 하나는 지역 시장이 열리는 날이면 폐장 시간에 맞춰 매대를 돌며 팔고 남았거나 판매 중 손상을 입은 채소 등을 공짜로 얻어 와 부엌살림에 보태곤 했는데, 양이 많을 때는 내게 나눠 주기도 했다.

2020년까지 음식물 낭비를 절반으로 줄이는 게 목표

프랑스에서는 지난해 대형 슈퍼마켓에서 팔다가 남은 재고 식품을 폐기하는 대신 자선단체에 기부하거나, 섭취 불가능한 상태의 것은 동물 먹이 또는 퇴비로 사용하도록 하는 '대형 마트 재고 식품 폐기 금지법'이 통과되었다.

독일에는 아직 이와 같은 법적 제재 조치는 없지만, '2020년까지 음식물 낭비를 절반으로 줄이는 것을 목표'로 나름의 다양한 노력을 기울이고 있다. 특히 독일 식량농업부는 2012년부터 '추 구트 퓌르 디 톤네(쓰레기통에 넣기에는 너무 괜찮은)'라는 사업을 시작해, 여러 시민단체들과 협력하여 음식물 폐기와 낭비를 줄이기 위하여 다양한 교육 및 프로젝트를 시행하고 있다. 이러한 정부 차원의 노력 외에도 독일을 중심으로 유럽에서는 음식물 낭비를 줄이는 사회적이고 조직적인 움직임들이 있다.

기부받은 식품을 저소득층에게 무상으로 나눠 주는 타펠

올해로 창립 20년이 되는 시민단체 '타펠(밥상)'은 마트와 식품업체 등에서 식료품을 기부받아 저소득층에게 무상으로 나눠 준다. 기부받는 식품들은 유통기한이 얼마 남지 않았거나 살짝 지난 가공식품, 신선도가 떨어진 빵·채소·과일, 표준 유통 규격에 맞지 않는 농산품 등으로 사람이 먹는 데에는 아무 문제가 없는 것들이다.

독일 전역에 900개 이상의 지부와 3천 개 이상의 나눔센터가 있고, 6만 명 가량의 자원활동가가 일하고 있다. 이를 통해 타펠은 150만 명의 가난한 이

타펠의 자원활동가가 기증받은 음식을 차에 싣고 있다. 저소득층은 무상으로 음식을 받을 수 있다.
[사진 출처: 다그마르 슈벨레(Dagmar Schwelle), 독일 타펠(Bundesverband Deutsche Tafel e.V.)]

들을 정기적으로 지원하고 있는데, 나눔센터에서 식품을 직접 나눠 주거나 식재료로 식사를 만들어 제공하는 등 지원 형태는 각 지부의 역량에 맡긴다.

기본적으로 타펠은 자신의 소득 상태를 문서로 증명 가능한(예를 들어 실업급여나 정부지원금을 받는) 사람들을 지원하는 것을 원칙으로 한다. 그렇지만 부모의 지원도, 학자금 대출도 받지 못하는 일부 대학생이나 갑자기 생겨난 난민들처럼 문서 증명은 불가능하지만 실질적으로는 빈곤의 사각지대에 놓인 이들에게도 나눔은 열려 있다.

누구든지 함께할 수 있는 푸드셰어링과 공정나눔냉장고

세계적으로 주목을 받으며 독일에서 인근 국가로 퍼져 나가고 있는 '푸드셰어링(음식나눔)'은 독일 내에서만 현재까지 3,868톤에 이르는 버려질 뻔한 음식물을 구해 냈다. 푸드셰어링은 타펠과 달리 수혜 계층에 제한을 두지 않

푸드셰어링 할레에서 운영하는 공정나눔냉장고 중 하나. 누구나 원하는 음식을 원하는 만큼 가져가거나 넣어둘 수 있다.

고, 단지 남은 식품을 누구라도 필요한 모든 이들과 함께 나누는 것에 중점을 둔다.

개인이나 가정은 잔치하고 남았거나 휴가를 떠나느라 집에 남겨질 여분의 음식을 푸드셰어링 홈페이지에 등록해 인근의 필요한 사람들과 나눌 수 있다. 또 활동가들이 협력단체나 요식업체 등에서 대량의 식품을 기증받아 필요한 시민들에게 나눠 주기도 한다. 일례로 내가 사는 지역에서 활동하는 '푸드셰어링 할레'는 지역 농부에게 상추 수백 통을 기증받아 시내 중심가에서 무상 배포하는 이벤트를 벌인 적이 있다. 그런데 당시는 지역에서 활동을 시작한 초창기라 운동의 의미를 이해하지 못했던지, 상추를 받아가면서도 공짜라는 말을 믿지 못하고 계속 가격을 묻는 시민들이 꽤 많았다고 한다.

이 외에도 '공정나눔냉장고'가 있다. 보통 24시간 접근이 가능한 곳에 위치한 이 냉장고는 시민들이나 활동가들이 남은 음식을 넣어 두고 필요한 이라면 누구나 와서 원하는 음식을 원하는 만큼 가져갈 수 있는 구조이다. 베를

린(17곳)이나 함부르크(11곳)에 비할 바는 못 되지만, 알고 보니 내가 사는 지역에도 벌써 세 곳에서 공정나눔냉장고가 돌아가고 있었다. 이 중 두 곳은 주변의 제약으로 냉장은 하지 않고 선반처럼 이용하고 있었지만, 내가 생각했던 것보다 이용하는 사람이 많아 보였다. 사실 생태적인 부엌살림을 위해 우리 집에서는 2005년부터 냉장고 사용을 멈췄는데, 음식 낭비를 막기 위해 독일 곳곳에서는 냉장고가 돌아가고 있다니 어쩐지 아이러니하면서도 재미있는 상황이란 생각이 든다.

먹을 것이 넘쳐 나는 시대, 가난한 이도 부유한 이도 음식물 버리는 것에 주저함이 없는 이 세상에서 우리가 남기는 음식 자국은 단순히 쓰레기를 버린 것 이상의 의미를 지닌다. 음식물 쓰레기 속에는 공들여 키워 낸 농부의 땀과 마음이, 밥상에 오르기까지 쓰인 다양한 에너지 자원과 이로 인해 생겨난 여러 환경 자국들이, 내 가족을 위한 식량 생산을 포기하고 수출용 사료 생산으로 전환해야 했던 제3세계 생산자의 눈물이 들어 있는지도 모른다. 하루 세 번 어떤 선택을 할지, 살면서 얼마 만큼의 음식 자국을 남길지, 그래서 우리가 살아가고 후세에 남겨 줄 세상이 어떤 모습일지는 온전히 우리 스스로의 손에 달려 있다.

■독일과 유럽의 음식물 쓰레기

Steffen Noleppa et al. (2015) "WWF studie : DAS GROSSE WEGSCHMEISSEN -V erluste und Verschwendung von Nahrungsmittel"

Martin Kranert et al. (2012) "Ermittlung der weggeworfenen Lebensmittelmengen und Vorschläge zur Verminderung der Wegwerfrate

bei Lebensmitteln in Deutschland(Kurzfassung)", Institut für Siedlungswasserbau, Wassergüteund Abfallwirtschaft(iswa)

"Neues Gesetz in Frankreich - Supermärkte spenden künftig nichtverkaufte Lebensmittel", Stern, 2016년 2월 6일, www.stern.de

■추 구트 퓌르 디 톤네(Zu gut für die Tonne), www.zugutfuerdietonne.de(검색일 2016.4.7)

■푸드셰어링과 타펠

Daniela & Jonathan (2014) "Restlos Glücklich - die Lebensmittelretter", Foodsharing Wuppertal,

"Food Sharing gegen Lebensmittelverschwendung", ARD Morgenmagazin, moma-Reporter, 2015년 6월 18일

www.daserste.de/Foodsharing e.V., foodsharing.de(검색일 2016.4.7)

Bundesverband Deutsche Tafel e.V., www.tafel.de(검색일 2016.4.7)

"Deutschlandkarte Fair-Teiler", ZEITmagazin Nr. 26/2015, 2015년 7월 15일, www.zeit.de

■독일과 유럽의 음식물 쓰레기

Steffen Noleppa et al. (2015) "WWF studie : DAS GROSSE WEGSCHMEISSEN -Verluste und Verschwendung von Nahrungsmittel"

Martin Kranert et al. (2012) "Ermittlung der weggeworfenen Lebensmittelmengen und Vorschläge zur Verminderung der Wegwerfrate

bei Lebensmitteln in Deutschland(Kurzfassung)", Institut für Siedlungswasserbau, Wassergüte und Abfallwirtschaft(iswa)

"Neues Gesetz in Frankreich - Supermärkte spenden künftig nichtverkaufte Lebensmittel", Stern, 2016년 2월 6일, www.stern.de

■추 구트 퓌르 디 톤네(Zu gut für die Tonne), www.zugutfuerdietonne.de(검색일 2016.4.7)

■푸드셰어링과 타펠

Daniela & Jonathan (2014) "Restlos Glücklich - die Lebensmittelretter", Foodsharing Wuppertal, "Food Sharing gegen Lebensmittelverschwendung", ARD Morgenmagazin, moma-Reporter, 2015년 6월 18일

www.daserste.de/Foodsharing e.V., foodsharing.de(검색일 2016.4.7)

Bundesverband Deutsche Tafel e.V., www.tafel.de(검색일 2016.4.7)

-"Deutschlandkarte Fair-Teiler", ZEITmagazin Nr. 26/2015, 2015년 7월 15일, www.zeit.de

사랑어린배움터의 밥모심 영성

김상숙_ '밥살림모임' 꼭두쇠

삶의 뿌리, 영성

사랑어린배움터는 '영성'을 모든 존재의 바탕이자 뿌리로 본다. 사랑어린배움터의 100대 기도문 중 "나는 어쩌다가 영을 경험하게 된 사람이 아니라, 어쩌다가 사람을 경험하게 된 영임을 깨우칩니다."라는 구절이 있다. 우리의 깊고 깊은 중심은 눈으로 보는 물질이나 형태를 초월하여 세상만물의 한 뿌리인 영이다.

현대자본주의 시대에 '영성'이라는 말조차 낯설어하고 뚱딴지같은 소리라고 치부하는 것이 대세이기는 하나, 그렇다고 존재의 진실이 없어질 수는 없다.

'영성'을 무시하고 잊어버린 결과는 참혹하다. 현대자본주의 사회에서 물질과 돈에 눈이 어두워 어머니 자연의 소중함을 모르고 밀어붙이기만 한 인류에 의해 어머니 자연은 당연히 고통받고 있다. 사람 또한 자연이기에 스스로 초래한 자연과의 소외, 같은 인간끼리의 소외와 분리 의식으로 가장 고통스러워하고 있다. 그러나 대부분의 사람들이 이유를 모른 채 그렇게 고통스러워하며 살고 있다.

사랑어린배움터는 그렇게 배제하고 망각하고 결국 잃어버린 우리의 본질·뿌리·영성을 삶과 배움의 곳곳에서 되찾아 가며 진실로 기쁘고 건강하고 행복한 삶을 모색하고 있다.

'밥모심'과 영성

우리는 걷고, 기도하고, 사랑합니다. / 우리는 하루 세 번 마음을 모읍니다.
우리는 밥을 모십니다.

사랑어린배움터의 구체적 일상에서 이야기하는 것들입니다. 모두 '영성'에
바탕에 둔 몸짓들이다. '영성'은 깨어 있을 때에만 드러나 보이는 것이기에,
'깨어 있는 삶'을 살고자 하는 몸짓이기도 하다. 그중 '밥모심'을 중심으로 이
야기해 보겠다.

한 제자가 스승에게 묻는다.
"스승님께서는 어떻게 깨달음을 행동으로 나타내시는지요? 일상생활 속에서
어떻게 깨달음을 실천하십니까?"
스승이 제자에게 대답한다.
"밥 먹고 잠자는 것으로 그렇게 한다."
"하지만 스승님, 밥은 누구나 먹고 잠도 누구나 자지 않습니까?"
"그러나 잠잘 때 잠자고 밥 먹을 때 밥 먹는 건 누구나 하는 일이 아니지."

여기서 "먹을 때 먹고, 잘 때 잔다"는 유명한 말이 있게 된 것이다.
먹을 때 먹고 잘 때 잔다는 말은, 지금 여기서 자기가 하고 있는 행위에, 그것
을 훼방하는 에고의 장난에 휘둘리지 않고, 온전히 깨어 있음을 뜻한다. 이것
이 깨달음의 완성이다.
─소걀 린포체『매일 묵상』중에서

에고의 장난─나에 대한 애착─에 지배되어 이루어지는 것은 깨어 있는

삶이 아니라는 것이다. 사실 우리의 일상을 보면, 대부분 나에 대한 애착이나 욕구에 의해 하루하루를 살고 있다. 그중에서도 '밥을 먹는 행위'가 특히 그렇다. 먹지 않고서야 살 수 없으니 본능과 관계된 부분이기는 하나, 똑같이 배를 채우기 위해 먹는 행위이지만 어떻게 먹느냐에 따라 그 순간이 깨달음의 시간이 될지, 본능에 지배되어 버리는 허망한 시간이 될지가 결정된다.

'먹는다'는 것은 매우 중요하다. 생존에 관계되어 있기도 하거니와 평생 죽을 때까지 하는 행위이니까. 그렇게 중요한 '먹는 행위'를 하는 시공간이 깨달음의 장이 된다면, 영적인 삶의 바탕 하나가 이루어지는 것이겠지. 그러한 중요성을 인식한 한원식 선생님은 '밥모심'이라고 표현하셨고, 우리 사랑어린배움터도 그 영향을 받아 '밥모심'이라는 말을 쓰고 있다.

'밥모심'은 어떻게?

1. 농사

무위당 장일순 선생님의 '나락 한 알 속의 우주'라는 말씀처럼, 우리가 먹는 모든 것에 우주의 원리가 담겨 있다. 오로지 수익을 위해서만 만들어진 먹거리는 그 정신이 그 속에 배어 있다. 바쁜 현대인들의 삶에서 준비하고 먹는 시간을 줄이기 위해 만들어진 패스트푸드에는 오로지 빠른 게 좋다는 의식이 들어 있다. 반대로 수익 창출이 목적이 아닌 자연에 순응한 먹거리에는 자연의 생명력이 그대로 담겨 있다. 머위나물·달래·냉이·쑥 같은 야생 봄나물을 먹으면 기운이 나고 춘곤증을 이길 수 있는 것은 그 안에 자연의 생명력이 그대로 담겨 있기 때문이다. 그 정신을 본받아, 우리가 할 수 있는 만큼 자연친화적인 농사를 지어 그 수확물로 밥상을 이루려 한다. 우리의 힘으로 다할 수 없는 것은 되도록 생태농사를 하려는 주변 지역의 소농들과 관계를 맺으며 먹거리를 받고 있다. 사실 그것으로 다 이루어지지는 못해서 불가피하게 다른 먹거리도 이용합니다만 될 수 있는 한 자제한다.

2. 밥모심 준비

학교(사랑어린배움터)가 2003년에 개교하고 2010년 1학기까지 7년 반 동안 학교 내 식당을 이용했다. 식당에는 주방을 맡은 직원분들이 계셔서 점심을 준비했었구. 먹거리의 재료는 아이쿱생협을 이용했다. 안전한 먹거리에 대한 믿음으로 부모들은 별 걱정 없이 지냈다.

그러다가 2010년 2학기부터 식당 독립을 선언하고, 어머니들이 반찬을 준비하였다. 아이들이 돌아가며 집에서 함께 먹을 반찬을 가지고 오고 밥은 교실에서 지어 먹었다. 그렇게 된 이유는 대규모의 공장식 조리 시스템 속에서 영성과 정성이 사라진 밥을 아이들에게 계속 먹여서는 안 된다는 문제의식 때문이었다. 그 과정에서 약간의 반발도 있었다. 그러나 아이들에게 정성 어린, 사랑 어린 준비 과정이 배어 있는 밥을 먹이는 것이 어떤 교육이나 수업보다 중요하다는 공감대가 이루어지고 지금까지 이 흐름으로 살아오고 있다.

2012년 순천 상사에서 해룡으로 이사 오면서, 급식 시설이 생겼다. 처음에는 이름을 공양간이라 하였는데, 2015년부터는 '말씀과 밥의 집'이라는 새 이름으로 부르고 있다. 7학년부터 기숙 생활을 하게 됨에 따라 하루 세 끼를 학교에서 모시게 되었다.

2013년부터 한 사람이 하든 여러 사람이 하든 공양주가 중심을 갖고 밥모심 준비를 한다. 보통 점심 한 끼를 공양주가 직접 준비하고, 아침과 저녁은 준비된 재료로 학생들이 준비를 한다. 되도록 제철에 나오는 먹거리와 1식 3찬, 현미잡곡밥의 소박하고도 온전한 밥상을 차린다. 온전함의 의미는 먹을 수 있는 것은 버리지 않고 우리 몸에 모시는 것이다. 대표적으로 현미밥과 과일이나 야채를 껍질째로 먹어 보는 것이다.

사랑어린배움터에서는 공양주가 사랑어린배움터의 교육철학에 공감하고 끊임없이 배움을 가져 나가야 한다. '감사하는 삶' '단순 소박한 삶(가난한 삶)' '할 수 있는 만큼 자립하는 삶' '누구나 함께 어울리는 삶'이 배어 있는 밥상을 준비하고자 하는 마음으로 매일 공부하고 수련한다. 그러기 위하여 사랑어린배움터에서 이루어지는 여러 배움의 장에 주인된 자세로 참여한다.

3. '밥모심'

밥은 자기 그릇에 먹을 만큼 담는다. 반찬을 앞사람이 너무 많이 담아서 뒷사람이 담을 게 부족하다면 십시일반을 한다.

모두 자리에 정좌하면 밥모심 자리를 주재하는 사람이 밥모심 이야기를 한다. 그날 밥상과 관련된 이야기이다. 아직은 누가 어떤 것을 준비했다 정도의 이야기인데, 앞으로는 그 이야기의 내용을 더 풍성하게 하여 그 자리를 감사와 기쁨의 자리가 되도록 하면 좋겠다고 생각하고 있다. 그리고 밥모심 기도를 한다. 요즘은 관옥 이현주 선생님이 선물로 주신 밥모심 기도를 한다.

> 오늘도 / 하늘과 땅과 / 착한 사람들을 시켜서 / 우리를 먹여 주시니 고맙습니다.
> 우리도 이 밥 먹고 / 하늘처럼 / 땅처럼 / 착한 사람들처럼
> 심부름 잘하며 살게 해 주십시오.
> 넘치지도 않게 / 모자라지도 않게 … / 고맙습니다 / 잘 먹겠습니다.

한 술에 백 번 씹기가 기본이다. 현미잡곡밥을 먹으므로 꼭꼭 음미해 가며 씹어 먹는다. 꼭꼭 씹어 먹으면 밥 자체의 단맛을 느낄 수 있다. 어른들도 아이들도 백 번 씹는 것을 아직 많이 힘들어 한다. 그래서 첫 세 술은 백 번씩

씹는 의식을 하고, 그 뒤에는 자율로 조용히 먹는다. 음식 찌꺼기가 없도록 남기지 않고 깨끗이 먹는다.

밥모심 후에는 미리 준비된 더운 물을 자신이 먹은 그릇에 담아 헹궈서 직접 먹는 발우공양을 권장하고 있다. 집에서 안 해 본 학생들은 힘들어 하기도 한다. 그리고 미리 받아 놓은 설거지 물에 그릇을 씻는다. 이때에도 최대한 조용하고 얌전하게 씻어 본다.

'말씀과 밥의 집'

2015년부터 사랑어린배움터의 밥모심 공간을 '말씀과 밥의 집'이라 이름 지어 부르고 있다. 그전에 불렀던 '공양간'의 의미를 넘어 '말씀과 밥의 집'이라 부르는 데는 진리의 말씀을 잘 듣고 따라 살아가며 정신을 성숙시켜 나가고 밥모심을 잘하여 몸을 성장시켜 나가는 균형 잡힌 건강한 삶을 지향한다는 염원을 담고 있다.

> 진리가 네 안에 거하면, 너는 참으로 나의 제자이다. 그러면 너는 진리를 알게 될 것이며, 진리가 너를 자유롭게 할 것이다. (「요한복음」 8장 31, 32절)

진리의 말씀을 마음에 새기고 살며, 진리의 다른 모습인 밥을 몸에 잘 모시는 연습을 통해서 온전한 삶을 살아가도록 돕고자 하는 공간이 '말씀과 밥의 집'이다.

밥상 너머의 풍경

김수향_ 카페 수카라

밥상 너머의 풍경

2010년도에 북해도를 중심으로 삶을 이어 온 선주민 '아이누 민족'의 다큐멘터리 작업을 한 적이 있다. 아이누란 아이누어로 '인간'이라는 뜻인데, 아이누는 그들의 삶에 필요한 모든 자연과 생명을 '신=카무이'로 생각하고 경외하며 살아왔다. 천상에 사는 카무이는 때론 연어·사슴·곰의 옷을 입어 좋은 아이누의 먹이가 되기 위해 지상으로 내려오는데, 곰의 옷을 입은 신이라니! 상상만 해도 미소가 절로 나오는 예쁜 풍경이 아닌가. 모습은 곰이지만 상대는 신이기에 곰을 잡으면 선물을 잔뜩 준비해 성대한 기도의 의식을 올렸다. 천상에 선물을 들고 간 카무이가 소문을 내어 다시 좋은 아이누 앞에 나타나 준다고 믿어 왔기 때문이다. 집과 불의 카무이에게 올리는 기도로 하루를 시작하고 산에서 수렵이나 채취를 할 때는 산의 카무이·나무의 카무이·풀의 카무이에게 선물을 드려 감사를 전하고 필요한 만큼만 얻어 남김없이 먹었다.

아이누의 시선으로 보면 밥상에 올라가는 모든 음식은 자연이자 생명을 갖는 카무이이며 사람은 카무이를 먹고 삶을 이어 가는 존재이다. 이런 아이누 민족의 정신은 자연에서 생활의 모든 것을 얻어 살아온 세상의 모든 선주민족의 세계관과 일치하며, 오래전 동아시아의 우리 선조들이 자연과 생명을 대하는 태도 또한 아이누의 그것과 아주 닮아 있었다.

도시민의 삶을 들여다보다

지금 우리는 어떨까? 나는 도쿄에서 태어나 거품경제 시대에 오사카와 요코하마에서 자란 후 20년 가까이 서울에 거주하는, 세계 최고의 풍요의 시대를 누리고 세계 유수의 대도시에서만 살아온 도시의 인간이다. 태어났을 때부터 시장이나 슈퍼에는 상품으로서의 먹거리와 생활용품이 넘쳐 났고, 내 삶에 필요한 모든 것을 돈으로 사는 환경에 의문을 가진 적이 없었다. 식품의 안전성이 문제로 대두되고 나서는 소비의 방향이 주로 생협으로 바뀌었을 뿐, 모든 것을 돈과 바꾸어 사는 삶은 그대로 이어졌다. 나는 그렇게 사는 방법밖에 몰랐다.

나의 삶이 크게 바뀐 건 2011년 3월 11일 가족이 사는 요코하마에서 지진을 경험한 며칠 뒤, 250킬로미터 떨어진 후쿠시마 원전의 수소 폭발로 순식간에 공기·물·흙을 잃고 나서이다. 돈으로 살 수 없는 자연의 소중함을 알았을 때, 나는 그제야 인간이 공기·물·흙 없이 살 수 없다는 것을 지식이 아닌 본능으로 알았다. 왜 이런 일이 일어났을까, 무엇이 원인일까…? 수 없는 질문 끝에 나온 답은 '나'였다. 후쿠시마 원전에서 만들어진 전기로 살아온 사실을 몰랐던 나, 산지를 꼼꼼히 확인하고 먹어야 할 상황이 될 때까지 내가 먹는 음식들이 어디서 어떻게 오는지 알지 못했던 나. 전기도 음식도 그 생산 과정이 안 보이는 또는 안 보이도록 숨겨져 있는 시스템에 익숙한 나머지 아무 의문 없이 소비에 안주해서 살아온 나. 모든 것이 자연에서 주어졌다는 상상력을 잃고 살았던 나. 이런 나와 같은 사람들이 원전 사고를 만든 당사자였다. 당연하다 여기며 살아온 세상이 갑자기 색을 잃어 보이기 시작했고 절망에 가까운 감정이 밀려왔다. 절망에서 벗어나려고 몸부림칠 때 멕시코 시골에서 만난 선주 민족들의 장터, 유럽이나 동남아에서 만난 생산자와 소비자가 직접 모여 물건을 사고파는 교환의 원점으로서의 '파머

스마켓(농부시장)'들이 내 머리에 떠올랐다. 막연하게 주어지는 대로 소비하는 것이 아니라 생산자에게 생산 과정을 물어보고 확인할 수 있는 그런 장보기, 그런 삶이 살고 싶어졌다. 그렇게 마음 맞는 사람들과 함께 농부시장 마르쉐@를 만들어 갔다.

도시와 자연을 연결하는 농부시장

'생산자와 소비자가 서로 만나고 이야기하는 농부시장' 마르쉐@는 4년째를 맞았고, 지금도 매번 장이 열릴 때마다 나에게 배움과 생각의 변화를 가져다주고 있다. 자연과 생명이 살아 숨 쉬는 현장에서 그들과 호흡해 사는 농부를 꾸준히 만난다는 건, 도시 사람들에게 자연과 생명을 간접적으로라도 경험하는 흔치 않은 기회이다. 지금 이 시대에 농부를 직접 만나는 농부시장은 자연에서 멀어진 도시와 자연을 다시 한 번 연결하는 통로의 역할을 하고 있다. 농부들이 들고 나오는 자연과 생명은 또 얼마나 다양한지! 우리는 마르쉐@에 모이는 무농약·유기농·자연농과 같은 다양한 농법으로 키운 작물들에서 흙과 미생물·곤충·풀이라는 생명에 대해 배우고 단일 품종·다품종 소량생산·노지·하우스 등 재배의 다양성에서 제철과 자연의 순리를 배우고, F1(잡종 1세대) 품종·이어 가는 씨앗·토종 등에서 씨앗이라는 생명의 근원을 배우고, 유정란·방사 달걀·배합사료 먹인 달걀·100% 자가사료로 자란 달걀 등의 다양성에서 동물의 생명을 배운다. 지금 마르쉐@의 다양성이 만들어 내는 차이들은 우리에게 생명에 대한 질문을 계속 던져 주고 있다.

요리사가 농부의 채소로 만들어 내는 먹거리 또한 많은 것을 가르쳐 주는데, 먹거리의 맛은 물론 그 생명이 내 몸에서 피가 되고 세포가 되는 경험은 "인간은 자연과 생명을 먹고 생명을 유지하고 있다."는 너무나 당연한 진리를 머리가 아닌 몸과 마음으로 느끼게 해 주기 때문이다. 자연과 생명에 대한 배움과 경험의 축적은, 요리사나 손님을 자연 속으로 이끌어 농부를 찾아가거나 농의 길로 나가는 계기가 되기도 하고, 농부에게는 요리사의 손을 통해 자신의 작물이 맛으로 전달되는 과정을 함께 경험하고 작물의 새로운 가능성을 발견하는 기회를 주기도 한다. 매달 만나는 농부와 농부·요리사와 요리사·손님과 손님 사이에는 지혜의 나눔과 유대가 일어나고 나의 길을 가는 용기를 주는 든든한 동지애가 생긴다.

요즈음 나의 장보기는 무엇을 먹을지, 무엇을 살지가 아니라 어떤 생명을 먹을지, 어떤 자연을 선택할지로 서서히 기준이 변해 가고 있다. 이제 우리 집 밥상 너머에는 농부가 있고 땅이 있고 자연이 있고 생명이 있으며 감사할 대상이 가득하다. 밥상에서 카무이를 보는 아이누의 차원은 아직 멀었지만 원래 인간이 갖고 있었던 생명·자연과의 관계를 조금씩 되찾아 가면서 나는 희망의 씨앗을 느끼기 시작했다.

밥 한 그릇에 너와 나,
온 생명에 대한 감사를 담아

김지현_ 부산한살림

매년 11월 농번기가 지나가고 한 해 농사가 마무리될 즈음이 되면, 부산한 살림은 큰 잔치를 연다. 도시 소비자의 몸을 살리는 먹을거리를 상품이 아닌 생명으로 길러 준 생산자에게 감사의 마음을 담아 따뜻한 밥 한 끼 지어 모시는 날, 함께 밥을 나누어 먹는 날, '생산자 소비자 만남의 날'이다.

행사 준비

1월 1일이 다가오면 조합원들은 분주해진다. 거주 지역을 기반으로 삶을 나누는 마을 모임, 같은 요구를 가진 사람들이 모여 동아리 형식으로 꾸려가는 소모임, 이사회의 위임을 받아 특정 임무를 수행하는 위원회 등 각 분야의 조합원 모임 구성원들이 모여 행사 준비를 의논한다. 행사에 대한 전체적인 틀을 잡고 나면 각 모임에서 역할을 나누어 맡아 준비를 진행한다. 행사 기획·공연 준비·생산자께 드릴 선물 만들기·음식 준비 등 행사의 시작부터 마지막까지 모든 것을 조합원의 손으로 한다. 전문가의 손을 빌리면 훨씬 쉽고 보기에도 그럴싸할지 모르지만 그것이 정성을 대신할 수는 없을 것이라는 믿음으로 회의하고 노래하고 춤추고 오리고 붙이고 바느질하고 끓이고 볶는다. 그 과정도 즐거운 놀이이고 잔치이다.

여는 마당—대동 놀이

'생산자 소비자 만남의 날'이 열리는 부산한살림 두구동 물류센터 마당에서 제일 먼저 사람들을 반겨 주는 것은 조합원 차모임 '시명회'이다. 따뜻한 차와 정갈한 떡을 준비하여 정성스럽게 맞이한다.

먼저 온 사람들은 차를 마시며 하나둘 사람들이 모이기를 기다린다. 행사가 시작되기 30분쯤 전 한판 놀이가 벌어질 것이기 때문이다. 놀이는 조합원 소모임 '놀이연구회'가 진행하는데, 몇 해에 걸쳐 학교 CA활동 강의도 하고 유치원 교사들 연수 프로그램을 진행한 노하우를 한껏 발휘한다. 어른, 아이 구분 없이 함께 어울리는 놀이는 줄다리기·단체줄넘기·제기차기·오징어달구지 등 매해 다르지만 즐거움은 한결같다. 그동안 한쪽에서는 행사장이 꾸려지고 무대가 준비된다.

첫째 마당—합수식·합곡식

행사 준비가 마무리되면 이날의 사회자를 맡은 조합원이 행사의 시작을 알린다. 곧이어 조합원 풍물 소모임 '한소리'의 길놀이로 시선을 모으고 마음을 모아 본격적으로 생산자를 모시는 잔치를 시작한다.

생산자를 모시는 날이라고 해서 생산자가 그저 받기만 하지는 않는다. 생산자는 각 지역에서 자기가 기른 잡곡과 자기가 먹는 물 한 병을 가져온다. 이날의 밥은 조합원이 준비한 쌀에 이 잡곡을 섞어 이 물로 짓는다. 밥을 짓기 전에 물과 곡식을 한데 모으는 합수식·합곡식을 하는데, 주인공은 생산자이다. 어디서 온 무슨 생산자 누구누구인데 이 곡식은 이렇게 길렀고 이 물은 이러한 물인데 오늘 함께 나누어 먹으려고 가지고 왔다고 실컷 자랑을 한다. 산삼 썩은 물이 섞여 흐른다는 산골 약수, 차를 우려먹으면 차 맛이 살아난다는 맑은 물, 새벽에 산에 올라가 떠서 정기를 머금었다는 정안수, 국가가 인증하는 수돗물 등 온갖 물과 온갖 곡식으로 큰 가마솥에 밥을 안친다.

둘째 마당—공연

밥이 구수하게 익는 동안 마당에서 소박한 공연이 펼쳐진다. 생산자 · 조합원 · 조합원의 자녀 등 재주꾼들의 춤 · 노래 · 연주도 있고, 어설픈 조합원 모임의 공연도 있다. 박장대소 분장쇼, 배꼽 빠지는 촌극, 눈물을 쏙 빼 놓는 차력 쇼 등 여러 조합원 모임에서 준비한 공연이 줄지어 무대에 오른다. 무대에 오른 한 사람 한 사람이 모두 제 빛으로 반짝인다. 멋지게 마무리한 공연도 실수연발 엉망진창 공연도 모두 즐거운 추억이 된다.

셋째 마당—밥모심 의식

웃고 즐기다 보니 어느 순간부터 가마솥 밥 냄새가 침샘을 자극한다. 뱃속이 밥을 달라 아우성이다. 밥을 내 몸 안에 모실 시간이다. 가마솥 뚜껑을 열어 잘 지어진 밥을 푸고 조합원들이 미리 준비해 온 반찬을 소복이 담아 가운데에 진상한다. 따뜻한 밥 한 끼를 나누어 먹자고 모였으니, 이 밥이 어떻게 왔으며 함께 먹는다는 것은 어떤 의미인지 밥 모심문을 낭독하며 되새긴다. 그리고 3배를 하며 이 밥이 있게 한 모든 것에 감사의 인사를 전한다. 내 안에 모셔진 생명을 향해, 함께하는 당신을 향해, 우리 모두를 둘러싸고 있는 온 세상을 향해 절한다. 그렇게 모두의 감사와 축복을 밥상에 담는다.

밥 먹을 준비가 끝났다. 이제 각자 그릇에 먹을 만큼의 밥 · 국 · 반찬을 담아 삼삼오오 모여 앉는다. 오늘의 일을 곱씹으며 이야기꽃을 피운다. 종일

웃을 일이 많았으니 밥 먹는 시간도 웃음이 가득하다.

넷째 마당―선물 전달과 윤회 악수

생산자를 모시고 따뜻한 밥을 대접했다. 어설프지만 재롱도 부렸다. 하지만 뭔가 좀 모자란다. 귀한 분들 모셨으니 뭐 하나라도 더 드리고 싶다. 그래서 수십 일 전부터 조합원들이 모여 선물을 만들었다. 손바느질 소품이나 천연 염색 물품에 편지를 더해서 선물을 마련했다. 그 선물을 드리기 위해 다시 함께 모인다. 둥근 원을 만들어 생산자와 조합원이 마주하고 선물을 전달한다. 그리고 그 원이 뱅글뱅글 돌며 서로 악수한다. 조합원은 생산자에게, 생산자는 조합원에게 서로 감사의 마음을 전하기에 바쁘다. 감사의 마음은 돌고 돌아 서로의 마음속에 가득 찬다. 애틋한 마음은 악수를 포옹으로 바꾸어 어느새 윤회 포옹이 된다.

뒤풀이

우리 문화는 무슨 모임이건 모임이 끝나고 바로 헤어지는 일이 없다. 어찌 보면 행사가 끝나고 비로소 이날의 하이라이트가 진행된다고도 할 수 있다. 가무를 즐기는 우리의 오랜 풍습대로 노래자랑이 벌어진다. 부르고 싶은 사람 아무나 순서도 없이 자유롭게 노래하고 춤춘다. 한솥밥 먹은 가족이기에 자기를 있는 그대로 다 드러내 놓아도 부끄럽지 않다. 이 노래자랑에서 이날의 스타가 탄생한다. 스타는 때로 조합원이 되기도 하고 생산자가 되기도 하고 실무자가 되기도 하다. 그리고 그 뒤풀이의 또 뒤풀이가 열린다. 생산자와 조합원이 삼삼오오 모여 앉아 사는 이야기를 나눈다. 시간이 여의치 않아 먼저 간 사람들은 오래도록 먼저 간 것을 아쉬워한다.

온 생명을 모시는 잔치

행사장 빌리고 출장 부폐 부르고 전문 사회자 섭외하고 공연 팀 불러서 진행하는 보통의 행사에 익숙한 사람들은 뭐 저리 허접한 행사가 있나 싶을지 모르겠다. 몸에 좋은 것 찾아 유난 떠는 사람들이 모였으니 행사도 저리 유난인가 생각하는 사람들도 있을지 모르겠다. 쉽게 쉽게 할 일을 사서 고생한다거나 찌질하게 선물을 만들어 한다고 말이다.

우리 밥상에 오르는 먹을거리가 어떻게 우리 밥상에 오르게 되었는지 그 과정을 알지 못했다면, 그래서 그냥 몸에 좋은 것 사 먹고 기분 좋은 데서 그치는 소비자였다면 돈 모아 행사를 치르는 것이 더 자연스러웠을지 모른다. 그러나 부산한살림 조합원들은 생산지를 방문하여, 생산자를 만나고 그 삶을 보면서, 생산지의 농작물들이 자라나는 과정을 보면서 먹을거리가 시장에서 주고받는 돈의 가치를 넘어서는 귀한 생명임을 알게 되었다. 그 생명이 밥상에 오기 위해서는 해와 비와 흙과 바람이 함께 힘을 모으고 농부의 손길이 보태어져야 된다는 것을 알게 되었다. 하늘과 땅의 기운을 머금어 맺은 생명이 자신의 삶을 우리에게 나누어 주기에 우리의 생명이 유지되는 것임을 알게 되었다.

먹을 것이 넘쳐 나지만 대부분 생명으로 길러지기보다 눈에 보기 좋은 상품으로 만들어진다. 자연과 동업하면서 소비자들이 좋아하는 크기·색깔·모양을 언제나 유지한다는 것은 불가능한 일이기에 자연을 거스르는 농사를 짓는다. 햇볕과 바람을 거스르기 위해 비닐하우스에 보일러로 가온하고, 땅심을 거스르기 위해 합성 비료를 뿌리고, 씨앗이 지닌 생명마저도 거스르기 위해 유전자를 조작한다. 상품을 만들겠다는 사람의 의지와 노력으로만 만들어진 먹을거리에 무슨 생명이 있을지, 그것이 우리의 생명을 온전하게 할 수 있는 것인지 모르겠다.

비교적 쉬운 농사를 뒤로하고, 생명을 생명으로 기르기 위해 자연과 동업하는 어려운 농사를 선택해 준 생산자는 그래서 부산한살림 조합원에게 귀한 사람들이다. 귀한 사람들을 그들에게서 배운 방식대로, 생명이 생명을 대하는 방식대로 맞이하는 것이 '생산자 소비자 만남의 날'의 가장 큰 목표이다. 생명이 다른 생명을 자신의 몸으로 모심으로써 생명을 유지하고 또 자신의 생명을 내어줌으로써 다른 생명을 기르듯이 생산자에게서 받은 고마움을 내 온 정성으로 모시기 위해 무엇이든 우리 손으로 한다.

그리고 모심의 중심에 밥을 놓는다. 온 우주의 기운으로 맺은 생명을 생산자와 소비자가 함께 손길 보태어 지은 밥이다. 자연과 사람·사람과 사람의 관계를 고스란히 담은 밥이다. 세상 모든 생명이 관계함으로써 존재함을 밥 한 그릇이 말해 준다. 그런 밥에 축복을 담아 귀하게 모심으로써 온 생명을 모신다.

잔치가 끝나고

한바탕 잔치가 끝나고 나면 모두 다시 일상으로 돌아간다. 그날 하루 잘 모셔진 밥상을 함께 나누었다고 세상이 크게 달라지지 않을지도 모른다. 우리가 사는 일상의 바탕이 너무나 먼 거리에 떨어져 있으니 일상 속에서는 먹을거리가 욕구 충족의 수단이 되고 관계는 분절되어 옆집과도 오가지 않는 삶을 산다. 그러나 서로의 존재에 대한 감사의 마음으로 가득 찼던 그날의 기억은 부산한살림의 DNA가 되어 자신의 생활을 바꾸는 조합원들의 작은 실천들을 낳고 또 낳는 것이 아닐까 싶다.

밥모심

하늘의 기운과 땅의 기운이 모여 뭇 생명을 내었습니다.

이렇게 볍씨가 싹을 틔웁니다.

나락 한 알이 맺히기 위해서는

해님도 있어야 하고 달님도 별님도 있어야 합니다.

비와 구름, 바람도 있어야 합니다.

길가의 풀 한 포기 땅속의 미생물들도 도와야 합니다.

거기에 농부님과 수많은 사람들의 수고로움이 더해졌습니다.

온 우주 생명의 협동과 희생을 통해 나락 한 알을 내었습니다.

이렇게 이 음식들이 우리에게 왔습니다.

땅과 물, 공기와 불이 합쳐져

이 음식을 만들었습니다.

우리가 그것을 먹을 수 있도록

수없이 많은 존재들이 수고를 하고 생명을 바쳤습니다.

여기 이 음식으로 우리가 살아가듯이

우리도 역시 큰 생명에 보탬이 되어야 합니다.

이 고맙고 고마운 일을 되갚아야 합니다.

한울이 한울을 먹습니다.

한울은 한울을 먹음으로써 한울로 살아갑니다.

한울이 다른 한울을 먹는

밥을 모시는 일은 다른 한울과 더불어 살아가는 일입니다.

그래서 밥을 모시는 일은 다른 한울과 더불어 서로 살리고 서로 사는 일입니다.

밥을 모시는 일은 그래서 뭇 생명을 살리는 축제입니다.

밥모심이 곧 축제입니다.

내 안에 모든 것이 있습니다.

전 인류의 진화와 경험이 내 안에 있습니다.

우리 조상의 혈통과 기가 내 안에 있습니다.

나를 모시는 것이 우리 부모 조상을 모시는 일입니다.

전 인류를 모시는 일입니다.

나를 모시는 일이 부모 조상을, 전 인류 우주 생명을 모시는 제사입니다.

밥모심이 곧 제사입니다.

매일매일의 밥모심이 제사이고

매일매일의 밥모심이 축제입니다.

밥 한 그릇의 영성을 살리는 생명밥상운동*

유미호_ 한국교회환경연구소

* 『농촌과 목회』(제50호, 2011년)에 기고했던 것을 토대로 재작성된 것입니다.

생명의 기본, 밥에 대한 성찰 시작

기독교환경운동이 20년의 역사를 맞던 2002년, 생명밥상운동이 시작되었다. 한 단체가 성년의 나이가 되어 생명의 먹을거리에 대해 고민을 시작한 것은 다소 늦은 감이 없지 않다. 하지만 그 일은 성년이 되어 철들지 않으면 할 수 없는 일이었다. 밥이 우리의 몸 상태뿐 아니라 정신과 신앙의 양태를 결정짓는다는 것을 깨달아야 할 수 있는 일인 것이다.

밥 한 그릇의 의미를 아는 자는 하나님을 안다 / 밥 한 그릇을 아무 깊은 뜻 없이 먹는 자는 / 하나님도 그렇게 아무 뜻 없이 게걸스럽게 먹게 되어 / 하나님의 거룩을 범하고 자기 생명을 상하게 한다 / 밥 한 그릇 앞에서 감사할 줄 모르고 옷깃을 여밀 줄 모르면 / 지존자 하나님 앞에서도 / 감사할 줄 모르고 경외하는 마음을 익히지 못한다.

먹음직도 하고 보암직한, 죽임의 밥상

당시 그리스도인과 교회의 밥상은 생명을 위한 기본을 운동으로 펼쳐야 할 만큼 생명을 살리는 '생명의 밥상'이 아닌 생명을 해하는 '죽임의 밥상'이었다. 오염된 먹을거리가 올려지고 폭식하거나 남겨 버림으로 몸을 더럽히고 자연과 이웃이 굶주리고 신음하게 하였다. 태어나서 처음 먹는 엄마 젖부터 노년의 식사에 이르기까지 풍성하게 허락된 것이었음에도 불구하고 참 먹을거리를 찾기가 힘든 상황이었다. 때론 찾지도 않은 채 에덴동산에서 저질렀던 죄를 반복하곤 하였다. '먹음직도 하고 보암직한' 것만 고르기도 하였다. 주신 그대로의 자연이 아닌 한 번 이상 가공된 것을 선택하는 데 익숙하였다. 게다가 밥상 위에 올라가는 음식만이 아니라 먹는 이의 마음과 영혼도 깊이 병들었다.

자신이 먹는 음식이 언제 어디서 난 것인지 모르는 이들이 다수였다. 육식을 즐겨 다소 폭력적이 되었고, 인스턴트식품과 패스트푸드에 길들여지면서 평정심을 잃고 정신분열증을 앓는 이도 늘었다. 잘못된 음식이 몸은 물론 마음의 병을 일으켰고, 또 밥을 가벼이 여기게 해서 남겨 버리는 음식도 늘어나게 했다. 죽임의 밥상의 결과에 대한 두려움을 모른 채 거침이 없었다. 그래서 시작된 운동이 생명밥상운동이다.

나도 살고 너도 살고 우주를 살리는 밥상

처음엔 음식물 쓰레기 직매립 금지에 따라 그 배출량을 줄이려는 의도가 컸다. 그러다 오염되지 않은 국내산 유기농 식품을 필요만큼 먹는 것, 지구를 살리고 영성을 회복하는 것으로 발전하였다. 하루 세 끼 식사만 잘해도 나도 살고 너도 살고, 우주가 되살아날 수 있다는 걸 보았기 때문이다. 그 내용은 '밥 먹는 자식에게'란 노래로 풀어 놓았는데, 다음과 같다.

천천히 씹어서 공손히 삼켜라 봄부터 여름 지나 가을까지 그 여러 날들을 비바람 땡볕 속에 익어 온 쌀인데 그렇게 허겁지겁 먹어서야 어느 틈에 고마운 마음이 들겠느냐 사람이 고마운 줄을 모르면 그게 사람이 아닌 거여 / 주님을 모시듯 밥을 먹어라 햇빛과 물과 바람 농부까지 그 많은 생명 신령하게 깃들어 있는 밥인데 그렇게 남기고 버려 버리면 생명이신 주님을 버리는 것이니라 사람이 소중히 밥을 대하면 그게 예수 잘 믿는 거여 / 밥 되신 예수처럼 밥 되어 살거라 쌀 보리 밀 옥수수 물고기에 온 만물들은 자신을 제단 위에 밥으로 드리는데 그렇게 사람들만 밥 되지 않으면 어느 누가 생명세상을 열겠느냐 사람이 생명의 밥을 먹고 밥이 되어 사는 거여.

생명을 위한 밥상차림의 힘, 다섯가지

여기에는 신앙 · 건강 · 살림 · 경제 · 나눔을 주제로 한 다섯 가지 고백이 담겨 있다. 첫째는 생명의 양식인 주님을 섬기는 '신앙'에 대한 고백이다. 한 톨의 낟알에도 햇빛과 바람 · 비와 흙 · 농부의 땀과 수고가 들어 있고 하나님의 은총이 담겨 있다는 고백이다. 감사와 기쁨의 마음으로 밥을 먹음으로써 생명에 대한 경외를 표하게 하는 고백이다. 둘째는 안전한 먹을거리로 몸과 마음을 지키고 돌보게 하는 '건강'에 대한 고백이다. 화학비료와 농약, 유전자조작 식품과 인스턴트식품으로부터 병든 몸과 마음을 지킬 뿐 아니라 적당량을 만들어 먹어 비만 등 생활습관병을 예방하고 마음에 평안도 깃들게 하는 고백이다. 셋째는 창조세계를 살리는 '살림'에 대한 고백이다. 남은 음식물은 음식물의 특성상 수질과 토양의 오염을 유발하며, 소각할 경우 불완전연소로 유해 물질을 다량 발생시킨다. 생명밥상을 차리는 것은 오염으로 인해 고통받는 많은 생명들의 고통을 덜어줄 뿐 아니라 화학비료와 농약으로부터 땅을 지켜 창조세계를 회복하게 한다. 넷째는 '일용할 양식을 구하라' 하신 주님의 말씀에 따라 청빈을 실천하는 '경제'에 대한 고백이다. 다섯째는 굶주림에 고통받는 이들과 사랑을 나누는 '나눔' 실천이다. 자신이 누리는 풍요가 다른 이들의 생명을 빼앗는 폭력일 수 있음을 고백하고, 단순 소박한 밥상을 차려 남김없이 먹는다. 이는 '네 이웃을 네 몸과 같이 사랑하라' 신 주님의 말씀을 따르는 기본 실천들로 생명밥상운동을 어떠한 유혹에도 휘둘리지 않고 지속적으로 실천하게 해 준 힘이기도 하다.

함께했던 실천 사항들은 생명밥상·빈 그릇 서약 실천, 도시 농촌 교회 간 생명의 쌀 나눔, 지구를 위한 식사(고기 없는 주일, 가까운 먹을거리), 주말농장 및 상자텃밭을 이용한 도시농업, 생명의 간식 먹기, 생명밥상 교육 교재 발간 및 교육 등이다. 이 일들의 기초가 되었던 건 1998년부터 시작된 녹색교회운동과 생태적 삶을 추구하는 영성교육이었다. 특히 2000년 개신교 여성 수도공동체인 동광원 땅에서 주말농장을 운영했던 것은 잃어버렸던 흙에 대한 소중함을 일깨워 몸과 마음이 생태적 삶을 향하게 해 주기에 충분했다.

밥상살림으로 생명살림, 농업살림을

그러나 안타깝게도 여전히 밥상은 죽음의 밥상입니다. 아니 생명밥상운동이 시작될 때보다 더 심각해졌다. 수입 농산물과 유전자조작 식품(GMO), 그리고 방사성물질이 밥상을 오염시키고 있는 것을 생각하면 두려움은 더 커진다. 밥이 곧 '생명'일진대 전통 유대교처럼 무엇을 먹고 무엇을 먹지 않아야 할 것인지 더욱 더 성찰해야 할 듯하다. 기후 붕괴는 물론 종의 멸종까지 염려하게 된 이 시대, 밥상의 변화를 통해 생태적으로 전환시켜 낼 책임이 우리에게 있기 때문이다.

생명밥상운동을 하면서, 아쉬움이 남는 일이 있다. 생명살림을 농업살림으로 직접적으로 연결하지 못한 점이다. 수십 년 이상 올곧게 농사를 지어 온 기독인 농부의 마음이 담긴 쌀을 도시 생활자들에게 전하는 '생명의 쌀 나눔'운동을 전개했었지만 도시 교회의 벽이 높음을 절감한 바 있다. 가격과 신뢰의 벽은 도시 교회 성도들이 건강한 삶을 위해 뜻 깊은 나눔을 할 수 없게 하였다. 바라건대 그간의 생명밥상운동이 밑거름이 되어 도시 교회가 앞장 서는 밥상살림이 확산되어 생명살림은 물론 농업살림으로 이어지길 소망한다. 도시 교회가 앞장서 생명농업을 짓고 있는 농촌 교회와 자매결연을 맺어 직접 교류한다면 믿음 안에서 서로의 생활과 생명을 책임져 주는 건강한 공동체가 이 땅에 뿌리내릴 것이다.

흙을 기억하며 모두를 위한 밥상을

그리고 특별히 관심을 둘 것은 값싼 패스트푸드나 편의점의 가공식품으로 한 끼를 때울 수밖에 없는 이들이다. 교회가 주변을 둘러보아 그런 사람들이 없는지 살피고 돌봐야 하지 않을까 싶다. 미국의 한 마을의 예는 우리에게 좋은 길을 가르쳐 주고 있다. 흑인과 빈민층이 많이 모여 사는 곳에서 행하고 있는 일인데, 옥상이나 유휴지를 활용해 농산물을 생산하고 거기서 생산된 신선한 채소를 가난한 이들에게 나눠 주는, 도시농사에 열심이라고 한다. 우리도 주변을 살펴 생명의 밥을 나누는 일을 하되, 특히 도시농사에서 나눔을 통한 희망을 찾아갈 수 있기를 바란다. 우선은 교회 안에 '도시농사위원회'를 두고 잃어버린 창조 때의 '흙'에 대한 기억을 되살려 건강한 삶을 살아 내는 것도 좋을 것이다. 혹 공간이 없고 마땅히 흙을 구하기 힘들다면 상자텃밭으로라도 출발할 일이다. 작은 상자 안에도 생명의 비밀이 있고 그것을 살리는 가운데 삶의 기쁨도 가득해질 테니까 말이다.

벼랑 끝에 선 지구에 희망을 주는 밥상을

벼랑 끝에 선 지구에 희망을 주는 생명밥상 차림에도 열심을 내야 할 듯하다. 채식이 갖는 의미가 큰데, 단순히 먹는 문제만이 아니라 우리 몸과 지구 그리고 삶 전체를 깊이 들여다보게 해 주기 때문이다. 자본주의 문명이 극단적으로 발산하는 방향으로 치달아 와 지금의 기후 붕괴가 초래되었다고 볼 때, 채식은 덜 먹고 덜 소유하고 덜 집착함으로 근본 가치를 지향하는 영성 운동을 도울 것이다. 교회가 '고기 없는 주일' 등의 채식 캠페인으로, 교회 밥상은 물론 교우 가정의 밥상에 채식의 비율을 높여 가는 일을 계속하기를 희망한다. 날마다 흙에서 난 것, 특별히 건강한 흙에서 난 것을 먹는다면, 사는 동안 생명 됨을 다하고 평화의 씨앗이 되어 하늘의 열매를 맺고 행복하게 다시 흙으로 돌아갈 수 있을 것이다.

밥을 통한 생활영성수련과 생명살림을

끝으로, 식생활 교육 훈련이 직접적으로 실시되기를 희망한다. 교육은 생명밥상에 걸맞은 계절별 요리를 기본으로 하되, 식품첨가물, 환경호르몬, GMO 식품 등 전통적인 식품 안전에 대한 것에서부터 설탕과 소금의 섭취, 육식 문화의 문제, 그리고 미각 교육은 물론 농(農)의 가치와 생태적 삶, 생명 농업과 그 일을 이루어 가는 농촌에 대한 관심과 교류까지 담아 내었으면 한다. 텃밭 가꾸기와 함께 빠뜨려서는 안 될 것은 '밥을 통한 생활영성수련'이다. 이는 일상에서의 생명에 대한 성찰은 물론 밥·물·공기를 제공해 주는 지구에 대해 깊이 명상할 수 있게 해 줄 것이다.

생명밥상! 누구든 일상 속에서 반드시 차리고 나눠야 할 밥상이다. '거룩한 성전'인 자신은 물론 자연과 이웃의 몸과 마음, 영혼을 위해서 말이다. 아이들이 살아갈 지구의 미래가 부디 악화일로에서 벗어나 풍성해지는 길로 들어설 수 있도록 우리 모두가 지속적으로 관심을 갖고 실천한다면, 우리의 밥상이 살아나고, 생명의 농업이 살아나고, 지구 생명도 반드시 되살아나게 되리라 믿는다.

밥글웃

조영주_사쁘나

극장에 간다고 나선 길이었다. 백화점 8층에 위치한 극장으로 가는 길은 수많은 식료품점과 의류상점을 하나도 빠짐없이 지나쳐야 하는 것을 의미했다. 음식과 옷은 쌓여 있었고, 사람들은 쉴 새 없이 먹고 쉴 새 없이 입었다. 걸려 있는 옷들이 그렇듯 어쩐지 음식 또한 줄어들지 않았다. 만드는 족족 먹어 치웠지만, 먹어 치우는 족족 만들기도 했던 것이다. "맛있는 것을 먹고 싶다!" '맛'을 고르는 소리, 씹고 삼키는 소리가 마구 뒤엉켰다. 소란 속에서도 맛은 강렬했다. 식사 준비하는 직원들의 일사불란한 동작과 마찬가지로 밥을 먹는 데도 매뉴얼이 있다고 여겨질 만큼 먹는 것도 일사불란하다. 입안에 있던 것들을 모두 삼키자 자리에서 일어난다. 아직 입안의 것을 우물거리며 자리를 뜨는 이도 있다. 누가 밥을 빨리 먹는 것인가 경주하듯 식사 시간은 끝난다. 백화점 8층에 위치한 극장으로 가는 길에서 본 풍경이었다. 수많은 음식들은 레일 위 초밥처럼 잠시도 쉬지 않고 빙글빙글 돌아가고 있었다.

질문은 그다음이었다. 애써 시간을 내어 그 풍경을 곱씹었다. 밥을 먹는 동안에는 미처 생각하지 못했던 것들. '필요' 이상의 음식이 만들어지고 있는 것은 아닐까? 판매하기 위한 음식들은 판매되지 않으면 모두 쓰레기가 되었다. 그 쓰레기들은 어떻게 처리될까? 언제부터인가 '밥'은 '맛'에 대한 질문 그 이후가 사라졌다.

'맛있냐?, 맛없냐? 그 이후 여러 가지 질문이 따르는 게 당연하다. 맛있는 음식은 어떤 음식인가? 맛있는 음식은 모두 몸에 나쁜 걸까? 몸에 나쁜 음식은 구체적으로 몸에 어떤 영향을 미치는 걸까? 건강한 음식은 어떤 음식인가? 건강한 음식은 모두 맛없는 걸까? 내가 소비한 음식의 값은 누구에게 돌아가는 걸까? 음식을 만든 사람? 음식의 재료를 생산한 사람? 내가 먹는 농산물은 어떻게 재배되는가? 어떤 땅에서 자라는가? 유기 농산물인가? 농약을 치지 않고는 농사를 지을 수 없을까? 필요 이상의 농산물을 재배하느라 땅의 힘을 과도하게 이용하고 있는 것은 아닐까? 적절한 양의 농사를 지으면 땅의 힘이 회복되어 자연의 힘으로 농사를 지을 수 있지 않을까? 제기한 의문들은 바쁨 속에서 스스로 사라지기도 하고, 마음속에서 조금 더 몸집을 키워 답을 찾는 다양한 행동에 이르기도 하였다. 그러던 중 비슷한 생각을 가진 친구들을 만날 수 있었다. 그렇게 중랑구 지역 청년들이 모여 '밥글웃'이라는 모임을 결성하게 되었다. "'밥' 먹고, '글' 쓰고, '웃'차차, 힘내자!"라는 뜻의 밥글웃은 중랑구의 지역 청년들이 모여 만든 생태문화밥상이다. 함께 밥을 지어 먹으며 밥글웃에 담긴 세상을 읽는다. 밥글웃 가득 밥과 글을 담는 모임이다.

밥 먹는 시간의 재구성

밥 먹는 시간을 재구성해 보자. 차려진 밥상 위에서 숟가락을 드는 것이 시작이 아니다. 같이 장부터 보러 간다. 몹시 당연한 과정이지만, 어쩐지 사라져 버린 순간을 복원하는 느낌이다. 봄에 난 냉이 · 달래를 보며 봄이 봄 그대로 왔다는 사실에 안도한다. 몇 명이 먹을 음식일지 생각하고, 그 양에 맞추어 재료를 구매한다. 한 명이 먹을 양 · 두 명이 먹을 양 · 세 명이 먹을 양… 이렇게 양을 가늠하는 연습을 한다. 재료 하나하나 원산지를 확인한다. 재료가 담긴 장바구니를 든다. 나를 살찌우는 것들의 무게를 느껴 본다. 재료를 손질한다. 가지에 매달렸던 것인지, 땅에서 바로 자라난 것인지 흙을 털어 내며 그것들의 뿌리를 생각한다. 쌀을 씻고 안치다 보면 알게 된다. 비와 바람과 햇볕이 알알이 박혀 있다는 것을, 누군가의 허리가 수만 번 굽혀 졌다는 것을. 음식에 직접 간을 하며 맛을 본다. 단맛, 짠맛, 매운맛이 좋아하는 '맛'이 되어 버린 세상에 또 다른 맛을 조금씩 만들어 본다. 조금 덜 맵게, 조금 덜 짜게, 조금 덜 달게. 그것도 하나의 '맛'이라는 사실을 새삼스럽게 느껴 본다. 함께 밥을 먹는다. "맛이 있니?" 하고 묻는다. 있다, 없다가 아닌 자신이 느낀 맛의 표현은 다양해진다. 맛은 봄이기도, 여름이기도, 가을이기도, 겨울이기도 하다. 사랑하는 이에게 전하고 싶은 맛이기도 하다. 아픈 몸이 낫는 맛이기도 하다. 레일 위 초밥처럼 분주하지 않은 맛이기도 하다. 밥글웃이 비워지면 그 안에는 다시 글이 소복해진다.

밥 먹는 시간은 재구성되었다. 이 시간은 곧 글이 된다. 밥을 짓고 먹는 동안 들었던 생각을 종이 위에 옮긴다. 종이 위 이야기는 제한되어 있지는 않지만 언제나 나를 배불리 채운 것들에 대한 이야기부터 시작된다. 밥글웃의 온기부터 숟가락 사이 눈빛, 밥벌이의 고단함을 진 어깨, 배불리 먹고 해야 할 일들에 대한 생각 등이다. 분주하게 사각거리는 연필 소리가 멈출 때쯤 밥도 반드시 먹어야 하지만, 밥 먹는 시간 또한 반드시 가져야 한다는 것을 눈치채게 된다. 밥 먹는 시간의 회복이 나의 회복임을 알아채게 된다. 밥 먹을 시간도 없어서, 길을 가며 밥을 먹는 세상에서 모임 '밥글웃' 이야기가 어떤 의미일지 생각한다. 다만, 밥 먹을 시간도 없다면 우리는 무엇으로 시간을 보내고 있는지 필히 고민해 봐야 한다. 무엇을 위해 살고 있는가?

밥에 대한 질문들의 답은 하나가 아니다. 정답이 있는 것이 아니다. 밥글웃의 청년들은 수많은 질문들을 의견으로 정리하고 이를 공유한다. 밥에 대한 질문은 실은 세상에 대한 질문이기도 하다. 나는 세상에 살고 있기에, '세상'을 외면할 수는 없다. 공중에 떠 있을 수 없다. 어딘가는 딛고 살아갈 수밖에 없기 때문이다. 나를 채우는 '밥'이 만들어지고 있는 세상을 함께 살펴보는 시간이 모임 '밥글웃'의 시간이다.

부끄럽지 않은 밥상

최성현_ 농부

부끄럽지 않은 밥상

밥상에서 길을 묻다

중국이 약진하고 있다고 한다. 벌써 일본을 앞질렀다고 한다. 곧 미국을 넘어설 것이라고도 한다. 그에 비례하여 황사와 미세 먼지의 양과 발생 빈도도 늘어나고 있다.

중국의 약진은 눈으로 볼 수 없기 때문에 실감하기 어렵다. 하지만 황사나 미세 먼지는 직접 볼 수 있을 뿐만 아니라 너무 자주 나타나 두려울 정도다. 농도가 높은 날에는 맑은 날인데도 구름이 낀 것처럼 하늘이 어둡다. 불그스름한 빛깔의 하늘! 꼭 지옥 속에 든 것 같다. 서울 얘기가 아니다. 강원도 산골인데도 그렇다. 중국의 수도 베이징에서는 마주 선 연인의 얼굴이 안 보이는 날이 있다고 한다. 자동차는 낮에도 헤드라이트를 켜고 다녀야 한다. 평일인데도 학교와 공공 기관의 문을 닫고 있다고 한다.

이 사람 저 책을 통해 나는 그것이 중국인이 요리를 하는 과정에서, 밥상을 차리는 과정에서 생기는 현상인 걸 알게 됐다. 중국인들은 먼지를 일으키며 밥상을 차린다. 하늘을 더럽히며 요리를 한다. 큰 나라답다. 그 양이 엄청나다. 밥 냄새가 이웃집까지 가는 것처럼, 중국인이 요리를 하며 만든 먼지가 우리나라와 일본, 어떤 날에는 미국까지 간다 한다.

밥상을 차리려면 쌀과 채소가 있어야 한다. 그 둘은 논과 밭에서 온다. 밥상은 논밭이 있어야 차릴 수 있다. 미세 먼지와 황사는 도시의 공장, 자동차

배기가스 등이 주요 원인이지만 논과 밭도 크게 한몫을 한다. 과도한 목축과 재배가 불러온 사막이 문제인 것은 많은 사람이 안다. 하지만 사막만이 아니다. 농경지도 문제다.

농경지에서도 많은 양의 흙먼지가 바람을 따라 하늘로 올라간다. 겨울과 이른 봄의 농경지는 사막에 가깝다. 풀 한 포기가 없다. 황사가 겨울철과 이른 봄에 많은 이유도 여기에 있다.

국제연합의 조사에 따르면 전 지구에서 해마다 1천 만 헥타르의 표토가 바람과 빗물에 의해 경작지에서 사라지고 있다고 한다. 중국만의 문제가 아닌 것이다. 전 세계가 같다. 모든 나라가 중국과 다르지 않은 방식으로 밥상을 차리고 있기 때문이다. 모두 하늘과 땅을 더럽히는 방식으로 밥상을 차리고 있기 때문이다.

봄이 되면 농부들은 논과 밭과 과수원에 퇴비와 화학비료를 뿌린다. 바람과 물은 그것을 가져간다. 1년 내내 가져간다. 다음 해 봄이 되면 농부는 다시 퇴비와 화학비료를 뿌린다. 빚을 내어 사다가 뿌린다. 물과 바람은 다시 가져간다. 그 반복이다. 이것이 현대 농업의 민얼굴이다.

물을 따라간 농경지의 겉흙이 강을 더럽힌다. 그 속에는 화학비료·농약·퇴비가 섞여 있다. 바람을 따라 하늘로 올라간 흙먼지 또한 같다. 어느 한 나라의 얘기가 아니다. 온 세계가 같다. 모두가 자연환경의 파괴 위에서 세 끼를 먹고 있다. 미래가 없는 길을 걷고 있다.

유기농이 있지 않느냐고?

아니다. 무식한 탓인지는 몰라도, 나는 아닌 것 같다. 유기농 또한 같은 방식으로 밥상을 차리기 때문이다. 무엇이 같은가? 땅을 간다는 게 같다. 거기에 덧붙여, 내가 아는 한 유기농에서는 여러 종류의 친환경 농약과 유박(깻묵)을 논밭에 넣는다.

부끄럽지 않은 밥상.

지구 위 어디에도 없다. 안 좋은 밥상만 있다. 인간만을 위한 밥상이 있을 뿐이다. 벌레와 풀의 죽음과 고통 위에 차려지는 밥상이 있을 뿐이다. 지구를 파괴하는 밥상이 있을 뿐이다. 좋은, 부끄럽지 않은, 미래가 있는, 평화로운 밥상은 지구 어디에도 없다. 인류는 그런 밥상을 아직 아무도 차리지 못하고 있다.

길은 없을까?

있다. 땅을 갈지 않는 게 길이다.

땅을 갈지 않는 농사

어떻게 땅을 갈지 않고 농사를 지을 수 있느냐고? 그런 길이 있다. 후쿠오카 마사노부가 그 길을 열었다. 그 뒤를 여러 사람이 따르고 있다. 나도 그중 한 사람이다.

나는 논 450평에 밭 350평, 숲밭 150평의 농사를 짓고 있다. 합쳐 1천 평이다. 모두 갈지 않는다. 비는 우리 논이라고 비켜 가지 않는다. 바람은 우리 밭이라고 돌아가지 않는다. 여러 종류의 비와 바람이 온다. 폭풍우까지 온다. 오지만 그들은 우리 논과 밭에서 뭐 하나 가져가기가 어렵다. 폭풍이 사나흘을 흔들어 보지만, 혹은 대엿새 차고 때려 보지만 우리 논밭은 흙을 잃지 않는다. 해마다 빼먹지 않고 오지만 어느 태풍도, 어느 홍수도 아직 성공하지 못했다.

그 이유는 무엇인가? 두 가지다. 첫째는 갈지 않는 것이고, 둘째는 논에서 난 것은 모두 논에, 밭에서 난 것은 모두 밭에 돌려주기 때문이다. 우리 논밭에 벌거숭이 땅이 없는 것은 그때문이다. 우리 논밭은 1년 내내 작물과 풀의 잔사로 덮여 있다. 그것들이 폭풍우와 비바람으로부터 논밭을 지켜 주고 있다.

갈지 않으면, 그리고 그 위에 거기서 난 것이 덮여 있으면 그것을 밥으로 벌레와 미생물과 작은 동물이 산다. 모두 즐겁게 산다. 웃음소리가 그치지 않는다. 노래를 부르고 춤을 추며 산다.

그들도 먹고 싼다. 재주가 좋다. 향기로운 똥을 싼다(어떻게 아느냐고? 코가 있기 때문이다. 논에 가면 논 냄새가 나고, 밭에 가면 밭 냄새가 난다.) 벼는 그 똥을 좋아한다. 배추나 고추도, 고구마나 감자도, 팥이나 수수도 그 똥을 좋아한다. 모두가 좋아한다. 그 덕분에 비료가 필요 없다. 퇴비를 만드는 고생을 안 해도 된다. 조금 작기는 해도 맛있다. 심고 거두기만 하니 고맙다.

그뿐만이 아니다. 풀이 있으면 벌레의 종류가 다양해진다. 사람처럼 벌레도 벌레마다 좋아하는 풀이 다르다. 풀의 종류가 다양하면 그만큼 벌레의 종류도 다양해지는 것은 그때문이다. 그 가운데서 먹이사슬의 층과 폭이 확장된다. 먹이사슬이 건강해지면 어느 한 벌레가 득세하기 어렵다. 병충해 피해가 사라진다는 뜻이다. 농약에서 벗어날 수 있다는 뜻이다.

책을 읽는 분이라면 이런 이야기쯤 귀에 딱지가 않게 들어 귀를 막고 싶겠지만 나도 놀랐다. 그것을 내 논과 밭에서 경험하며 나도 놀랐다. 무경운·무농약·무비료·무제초가 헛말이 아니었다.

아직은 없는 밥상을 위해

여기까지 잘난 척을 많이 했지만 나는 전업 농부가 아니다. 자급을 하고 있을 뿐이다. 우리 집 3대 다섯 식구가 먹고 남을 정도다.

하지만 내가 아는 한, 무식한 탓인지 몰라도, 현대 문명에는 미래가 안 보인다. 현대 문명 어디에서도 부끄럽지 않은 밥상을 차릴 길이 보이지 않는다.

미국의 밥상은 미국 전 대륙의 사막화 위에서 차려지고 있다. 그 뒤를 쫓고 있는 한국을 비롯한 전 세계 모든 국가가 미국과 비슷한 과정을 밟고 있다. 오십보백보다. 사막화와 환경오염을 벗어난 밥 한 끼가 지구 상에는 없다. 인류는 너나없이 모두가 하늘과 강과 땅을 더럽히며 세 끼 밥을 먹고 있다.

인류는 1만2천 년 전부터 농경을 시작했다. 더 많은 생산을 보장하는 농경을 통해 인류는 인구를 불릴 수 있었고, 마침내 인류는 지구의 지배자가 되었다. 그룹 전체를 보면 성공했지만 개개인의 삶은 나아졌다고 보기 어렵다. 좁은 곳에서 더 많은 것을 얻고자 기계와 농약과 씨름하며 한 생을 보낸다. 기아·비만·질병 등으로 고통받고 있는 인류도 많다. 감사와 기쁨은 잊어버린 지 오래다. 대형 기계의 소음이 가로막아 농부는 새소리를 듣지 못한다. 꽃이 피어도 농부의 코에 들어오는 것은 진동하는 농약 냄새뿐이다. 주요 가축인 소와 돼지와 닭에 인류가 하고 있는 짓은 하늘이 무서울 정도다. 인류는 너무 나쁜 방식으로 밥상을 차리고 있다.

농경의 핵심은 경운이다. 모든 농사는 땅을 가는 것으로부터 시작한다. 하지만 경운에는 인류의 미래도 지구의 미래도 보이지 않는다. 인류는 무경운의 새날을 열어 가야 한다. 판을 다시 짜야 한다. 인류는 '인류'를 넘어서 지구 보는 시각을 길러야 한다. 그 길밖에 없다. 나는 그렇게 보고 있다.

빈 그릇에 담긴 마음

현희련_ 에코붓다

들어가며

　전 세계적으로 보면 기아·질병·문맹의 고통에 처해 있는 사람들을 구하는 것이 큰 과제가 되고 있다. 신념에 따른 갈등·분쟁·자기만이 옳다고 생각하는 문명의 문제 또한 심각한 문제이다. 그러나 전 인류사적 관점에서 보면 오늘날 환경문제가 가장 심각하다.

　환경문제 하면 물과 공기 등 삶의 질 문제로, 예전에는 공해산업에 종사하는 노동자들만의 건강 문제였는데, 이제는 우리 모두의 건강 문제가 되었다. 그러다가 이것이 삶의 질 문제를 넘어서 생명의 문제, 기후변화로 인한 해수면 상승 등 생명의 존립 기반의 문제로 다가오고 있다. 결국 환경문제는 우리 삶의 붕괴 문제로 다가오고 있다. 자원 고갈 문제가 국제적으로 문제가 되어 자원 가격이 폭등하게 되고, 부자들만 자원을 갖게 되고, 가난한 사람들은 소비를 하지 못하는 '풍요 속의 빈곤' 문제로 빠지게 된다. 돈 있는 나라가 자원을 선점하면 군사적 충돌 가능성이 있고, 이것이 세계대전으로 확대되면 인류가 공멸할 수도 있는 시대에 우리가 살고 있다. 이제는 더 이상 대량생산·대량소비의 사회 시스템—많이 소비하는 것이 잘사는 삶, 행복한 삶이라는 의식은 지금 우리가 당면한 환경문제를 해결할 수 있는 근본적인 답이 될 수 없다. 이런 문제의식에서 출발하여 에코붓다는 80년 후반부터 의식을 먼저 깨우려고 생태학교를 운영하는 등 교육운동을 시작했고, 두 번째로

90년 후반부터는 실제 삶에서 실천으로 나타나야 하지 않나 하는 고민을 시작으로 쓰레기 제로 실천 운동으로 운동의 방향을 전환했다.

돌아보며

쓰레기 제로. 동물들도 먹고 싸는데 산에는 쓰레기가 없다. 삶이 자연을 파괴하지 않는 것이다. 소가 풀을 뜯어 먹는 것은 자연 파괴가 아니다. 300평에 소 한 마리를 방목하면 풀 먹고 똥 누고 해서 그냥 풀밭보다 토양이 비옥해진다. 이러한 삶은 자연을 파괴하는 것이 아니다. 쓰레기 제로라는 것은 무조건 쓰지 않는 게 아니라 자연이 정화하는 범위 안에서 쓰는 것이다. 시골에서 살았던 어린 시절을 떠올려 보면 밥 한 톨 함부로 버리지 않았다. 쌀뜨물을 모아서 설거지를 했고 합성세제를 사용하지 않기 때문에 그대로 소나 돼지 등 가축들에게 줄 수 있었다. 요리 과정에서 나온 음식물 쓰레기도 그대로 가축들에게 돌아갔다. 가축이 못 먹는 것은 마당 앞 퇴비장에서 두엄으로 만들어 거름으로 사용했다. 어느 것 하나 버릴 것이 없었고 쓰레기라는 말이 없었다.

내다보며

먹고살기에 급급했던 과거를 지나 이제는 삶의 질이 향상되어 음식은 이제 끼니의 문제가 아니라 즐거움과 행복의 대상이 되고 있다. 풍요와 여유를 상징하는 음식 문화는 '맛'을 찾아가는 것이 일반화되고 있다. 빈곤의 시대에서 풍요의 시대로 변화했는데, 우리의 가치관은 아직 '푸짐한 상차림'에 머물러 있다. 옛날 빈곤의 시대에는 많이 만들어 나눠 먹는 것이 미덕이었다면, 영양 과잉이 문제가 되는 풍요의 시대에는 조금 모자란 듯이 준비해서 남김 없이 먹는 것이 미덕이라는 가치관으로 전환하는 것이 지혜이다.

음식에는 인간의 정신이 깃들어 있다. 맛에 탐닉해서 마구 먹으면 내 에너지를 함부로 쓰기 쉽다. 영성이 깃든 음식을 남김없이 다 먹기 위해 약간 모자란 듯 음식을 담는다. 정갈하게 담은 음식들에 감사한 마음을 담아 기도를 올린다. 이 세상 배고픈 이들 모두 배불러지기를, 내가 이 음식을 먹고 세상에 보탬이 되는 사람이 되기를 발원하며, 즐겁고 행복한 마음으로 음식을 먹는다. 다 먹고 난 다음 뭇 생명을 생각하며 미리 국물에 헹궈 그릇 한 곳에 둔 김치 한 쪽으로 고춧가루 하나 남기지 않고 깨끗하게 닦아 먹는다. 물을 부어 숭늉 마시듯 마시고 난 그릇은 반짝반짝 깨끗하게 빛이 난다. 깨끗하게 닦여진 그릇만큼 내 마음도 상큼하고 행복하다. 밥 먹는 시간마다 내 마음, 내 욕구에 깨어 나를 살피고, 배고픈 이들이 배불러지기를 기도하고, 이 음식을 먹고 이웃과 세상을 위해 내가 잘 쓰여지기를 발원하니 내 마음이 좋고 행복해진다. 밥 한 끼로, 빈 그릇으로 이렇게 세상과 내가 하나로 연결된다. 빈그릇에 담긴 마음, 그것은 뭇생명에 대한 사랑입니다.

5장

우리들의 이야기, 생명 평화

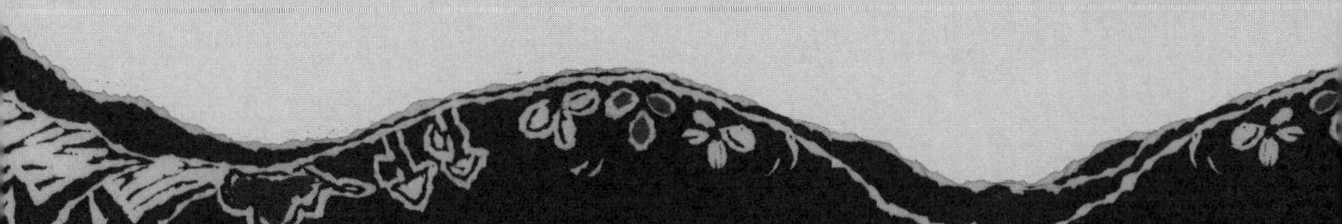

* '원불교 100주년 · 원광대학교 개교 70주년 기념 국제학술대회'에서 진행된 분임토의 녹취록입니다.

더불어 사는 삶 그 너머

김용우_ 생명평화결사

전진택　오늘 우리가 함께하고 있는 '생명평화활동가 한마당'은 전국에서 새로운 문명을 꿈꾸고, 예감하고, 앞당겨 살아 보려고 하면서 자기 자리에서 삶을 가꾸는 사람들이 모여 그 길을 모색해 보는 자리입니다. 어제 저녁 원불교 총부에서 전야제로 행복한 시간을 보냈습니다. 서클댄스를 추고 숙소에서 뒤풀이 겸 정담도 나누고, 오늘 아침 다시 모였습니다. 시작하기 전에 이가 드러나 보일 정도로 씩 웃고, 옆에 있는 분들과 인사를 나누고 시작해 보겠습니다.

　생명평화활동가들은 지난 1월 순천에 모여 2박 3일 동안 이야기를 나눴고, 이번에는 원불교에서 자리를 마련해 주었습니다. 올해 모일 때마다 작은 주제를 정리해 보자고 했고, 이번 자리는 생명평화의 영성이 어떤 것인지에 대해 지혜를 모으고, 경험을 나누기 위한 자리입니다. 우리의 대화 안에서 좋은 기운을 통해 우리에게 새로운 도전과 영감이 생기기를 바랍니다. 시작하기 전에 각자의 방식으로 마음을 모아 주면 좋겠습니다.

　9시 50분까지 이곳에서 기조 발제와 질의, 토론을 진행하게 됩니다. 10분 휴식한 뒤 네 개의 공간으로 나누어 참가자들이 서로의 경험과 생각을 나누는 시간을 10시부터 12시까지 진행합니다.

　주제에 대한 기조 강연을 듣는 시간입니다. 무위당 기획위원장이면서 생명평화결사 정책위원장인 김용우 님은 여기저기 다니면서 사람들 생각에 돌

던지듯이 화두 던지는 일을 감당하고 있습니다. 김용우 님을 모십니다.(박수)

김용우 반갑습니다. 강원도 원주에서 왔습니다. 여기 와서 2박 3일 있으면서 안도감이 들었습니다. 생명평화 박사 대회나 종교인 대회가 아니라는 게 안심이 됩니다. 이곳에 성직자와 박사가 있겠지만, 오늘 이 자리는 '생명평화 활동가들의 자리'라는 생각을 갖고 이야기를 나눴으면 좋겠습니다. 저는 젊어서 민주화운동과 사회운동을 했습니다. 1990년대 초반 사회주의가 멸망하고 스스로 삶에 대한 전면적 성찰을 하게 되었습니다. 무위당 선생을 만나면서 생각의 변화를 가졌습니다.

그 생각은 이렇습니다. 근대적 사회운동은 근대 가치를 구현하려는 운동입니다. 자유·평등·우애처럼 프랑스혁명에서 이야기했던, 근대의 시민혁명 과정에서 제기되었던 다양한 가치들이 있습니다. 근대 문명의 한쪽에서 근대 국가와 성장 경제 중심의 자본주의로 움직이려는 축이 있었다면, 사람들의 가치 체계 안에서는 자유·평등의 가치를 그 사회에서 어떻게 구현할 것인가에 대한 고민이 있어 왔습니다. 제가 보기에 그것은 동전의 앞뒷면과 같습니다. 평등을 최고의 가치로 삼고 자유·우애를 실현하고자 했던 사회주의가 1990년대에 종말을 고했습니다. 자유를 최고의 가치로 삼고 평등·우애를 실현하고자 하는 자본주의 체제는 파국을 눈앞에 두고 있는 게 아닌가 싶습니다. 근대 문명의 한계 지점, 문명의 전환점에 와 있지 않은가 하는 생각이 듭니다.

근대 문명을 넘어서는 생명평화나 시간의 장기성과 지속성에 대한 이야기일지 모르겠지만, 근대 문명을 어떻게 넘어서서 새로운 문명을 만들고, 새로운 문명에 걸맞은 가치와 사람이 되는가가 중요한 주제인 것 같습니다. 지금까지 사회운동이 근대 가치를 어떻게 구현할 것인가 하는 측면에서 이루어졌다면, 생명운동과 평화·협동·교육 운동이 지향하는 것은 근대 문명을 넘어서자는 것이라고 선생에게 들었고, 나도 그것이 맞다고 생각합니다. 철학적으로도 이원론의 철학 시대에서 일원론의 세상으로 넘어가는 것입니다. 그런 세상으로 넘어갈 때 반드시 따라오는 문제가 인간존재에 대한 성찰이라고 생각합니다.

근대에 폐기되었거나 장식으로 여겨졌던 영성(靈性)이라고 하는 문제를 탈근대 시대에 다시 생각합니다. 저는 영성 전문가도 아니고 학자도 아닙니다. 수행자 입장에서 말한다면, 어제와 그저께 섹션에 들어가 보니 학자들은 엄밀성을 추구합니다. 엄밀성의 추구는 명사형 단어를 많이 사용합니다. 명사형 단어는 말을 붙이는 순간 사물이 변합니다. 명사형 단어는 자신과 우주에 대하여 이해하는 데 한계가 있는 말이 아닌가 생각합니다. 저는 영성을 '스피리추앨러티(spirituality)'가 아니라 '스피리추얼(spiritual)'이라는 형용사로 씁니다. 서술형 언어를 써야 사물의 움직임을, 그리고 내포한 역동성 또는 우리 사회의 역동성을 표현하고 대화할 수 있다고 생각합니다.

근대사회는 자유·평등·우애를 실현시키고자 하면서 주체와 객체가 나누어집니다. 권력·자본 등에 의해 속박되어 피동적인 민초들이 자유·평등·우애의 가치를 실현시키기 위해 끝없이 투쟁하는 사회입니다. 한때 마르크스를 열렬히 좋아하여 공부도 열심히 했습니다. 마르크스는 계급투쟁의 역사를 이야기했습니다. 근대사회에서는 맞는 말입니다. 그러나 근대를 벗어나려고 하는 존재로서 문제를 제기하려면, 투쟁이 아니라 어떻게 하면 더불어 사는 존재·우주적 존재로서의 자신을 각성할 것인가의 문제를 제기해야 한다고 생각합니다.

그 문제로 넘어가는 데 우리에게 필요한 것이 두 가지 정도라고 생각합니다.

먼저, 한국사회의 근대사가 어떻게 진행되었는가에 대한 성찰이 필요합니다. 지금 사회주의는 망했는데, 한반도는 아직도 남북 분단과 민족공동체 문제가 해결되지 않은 상황입니다. 남한 내부에서도 아직 근대의 과제들이 해결되지 않았습니다. 해결되지 않은 과제와 그것을 넘어서려는 사람들 사이에 갈등이 있습니다. 발제문을 살펴보면, "너희는 왜 사회 현실에 눈을 돌리지 않는가?" 하고 묻습니다. 그것도 중요한데, 역사성 속에서 우리가 어떤 사회운동으로 나가야 할지, 사회운동을 재편해야 할지 의견이 충돌하고 있습니다.

근대 문명에 의해 굳어진 우리의 생각·행동·습관에 대한 성찰적 평가나 해결 전망이 있어야 한다고 생각합니다. 우리는 '주체적(主體的)'이라는 말을 많이 사용합니다. 여기 계신 분들 중에 태어날 때부터 '나'라는 생각을 갖고 태어난 사람이 있습니까?

주체라고 하는 '나'는 길들여지고 훈육되고 만들어집니다. 데카르트의 '생각하는 나'는 허구적 의미라고 생각합니다. 근대적 주체에 대한 새로운 사고가 필요합니다.

계속되는 갈등과 투쟁을 넘어 진화하는 존재로서 "인간이 어떻게 성숙하고, 어떻게 새로운 희망을 창출할 것인가?"의 비전에 대한 문제가 우리 앞에 있습니다. 영성 하면 종교를 떠올리게 되는데, 2005년 통계를 보니 우리 인구의 46%는 종교가 없습니다. 한국사회는 종교 과잉입니다. 하지만 종교 신뢰도 발표를 보면, 종교별로 차이가 있지만 신뢰도가 상당히 떨어집니다. 그것은 종교가 우리 사회에 도덕과 윤리의 통합적 기능을 하지 못하기 때문이라고 생각합니다.

우리나라의 근대화 과정에서 종교가 우리 사회를 통합시키고, 우리 사회가 나아가야 할 길을 보여주었는가를 성찰해 봐야 합니다. 삼국시대에 불교가 들어오고, 오랜 세월 종교가 세속화되어 왔습니다. 종교의 긍정적인 덕목과 윤리가 사회 전체에 퍼지는 것이 종교의 긍정적인 면이라고 생각합니다. 종교가 종교 안에 갇히지 않고 말입니다.

종교의 영향으로 삼국시대에는 생명존중사상이 널리 퍼졌고, 조선 시대에는 선한 사람에 대한 윤리 덕목과 자기 수양이라는 부분이 많이 퍼졌습니다. 오늘날 여러 종교들이 우리 사회에 던지는 공통 메시지가 무엇인지 고민입니다. 지금은 종교를 뛰어넘어 생명운동·영성·종교가 어떻게 사회에 긍정적 역할을 할 것인가 하는 문제를 고민해야 합니다.

동학은 하루아침에 하늘에서 떨어진 것이 아닙니다. 최치원의 난랑비(鸞朗碑) 서문(序文)에 보면, 우리나라에는 현묘지도(玄妙之道)가 있어 그것을 풍류(風流)라고 합니다. 동학은 포함삼교(包含三敎)의 도로서 한국인의 종교 심성과 영성의 기록입니다. 한국사회의 역사 속에서 한국인에게는 영적 지층이 퇴적되어 왔습니다. 그 영적 지층 위에서 특정 종교성과 영성이 사회 현실과 맞물려 등장할 때 그것을 급격하게 받아들이는 것이 한국인의 특성이라고 생각합니다.

한국인들은 외부에서 어떤 종교가 들어오든 한국인의 영성 지층 위에서 재통합하는 역할을 해냅니다. 지금 탈근대의 과제를 해결하기 위해 포함삼교적(包含三敎的) 종교의 대안 운동이 필요합니다. 종단협의회, 지역 성직자들 모임도 있습니다. 영성의 사회 통합을 위해 평신도들과 일반인들이 참여하는 종교적 대화 모임이 활성화되어야 합니다. 그리고 우리 사회의 각 종교가 가진 도덕성과 윤리의 영성을 통합하기 위해서는 그러한 모임이 지역별로 다양하게 열려야 합니다.

근대는 분별하고 쪼개는 '미분(微分)'의 사회였습니다. 탈근대 사회는 '적분(積分)'의 사회로 가야 합니다. 다 같은 하나이며 한 뿌리이면서 같은 것에 다른 언어를 사용하고 있는 것입니다. 그러므로 종교 간 대화 모임이 생명운동 현장에서 활성화되어야 합니다.

두 번째로, 근대의 문제에서 국가와 자본에 대한 문제를 이야기할 수 있습니다. 저는 근대국가가 장기적으로 해체되어야 한다고 생각합니다. 일본의 가라타니 고진은 근대국가가 해체되어 두 가지 형태로 재편될 것이라고 합니다. 하나는 다양한 공동체의 네트워크, 또 하나는 세계정부. 저는 생명운동이 해야 할 일이 전자라고 생각합니다. 진정한 공동체적 자치(自治)와 자급(自給)을 실현하는, 자급자족하는 사회로서의 지역공동체가 새로운 비전이 아닐까 합니다.

사회적으로 근대국가와 자본의 폭력에 대응해야 합니다. 그것은 적극적 혁명 의지라기보다는 저항에 가깝습니다. 1980년대에 저는 국가권력을 장악해 바꾸고 싶었습니다. 그러나 지금은 공동체적 자치와 자립에 의해 근대의 문제를 해결하는 저항의 한 형식으로 공동체 경제와 자치가 필요하다고 봅니다.

불가에서는 누구나 불성이 있다고 합니다. 그것을 번뇌 망상이 가리고 있다고 합니다. 기독교는 하나님 아버지가 자기 안에 계시다고 합니다. 그분을 만나야 한다고 합니다. 그것은 체험과 수행을 통하지 않고는 안 됩니다. 어제 종교 섹션에서 문화운동, 수도원운동을 하자는 이야기가 나왔습니다. 저는 좀 다르게 생각합니다. 우주적 존재로서 지구에 나그네처럼 왔다 가는 우리가 수행할 수 있는 운동이 무엇인지를 대중적인 입장에서 생각해 봐야 합니다. 저는 호스피스와 모나스터리를 생각해 보았습니다. 호스피스(hospice)의 본래 의미는 순례자 숙소이고, 모나스터리(monastery)는 성직자로 출가하지 않은 수사들이 수행하는 수도원입니다. 여기서 지구 순례자가 모나스터리를 만나는 '순례자 숙소'라는 사회운동이 필요하다는 생각을 하게 되었습니다. 사회문제를 해결할 방법은 '모나스터리+호스피스=모나피스'입니다. 전문적인 수행자들이 있는 그곳에서 단기간 묵으며 영적 영감을 체험할 수도 있고, 수행 프로그램에 참여할 수도 있습니다.

올해 초에 '연명치료중단법'이 통과되었습니다. 여기에는 인간이 자율적으로 죽을 수 있는가에 대한 철학적 문제가 있습니다. 자율적으로 죽는다는 것은 자율적으로 사는 것입니다. 자율성에 대해 고민을 합니다. 자율은 내재율입니다. 타율·외재율에 의해 사람이 사는 게 아니라 자율에 의해 사는 것, 그것이 영성입니다. 각성이 없는 사람은 자율적일 수 없습니다. 계(戒)를 갖고 지켜보지 않은 사람은 계를 버릴 수 없습니다.

인간이 비참하게 죽는다는 것은 어떤 것일까요? 얼마 전, 할머께서 요양병원에서 6년 동안 계시다 96세로 돌아가셨습니다. 그렇게 죽는 게 맞는 것인지 스스로 묻게 됩니다. 생명운동의 영역에서 자율적 죽음에 대하여 고민해야 합니다.

근대 주체가 개별 자아에 근거한 허구 자아에 의해 살아가는 주체라면, 탈근대의 주체는 더불어 살아가는 주인공[주인+함께 공(共)]이라는 말을 쓰고 싶습니다. 주인공은 자율성을 성숙시키면서 장기적으로 성숙하고, 영적으로 진화하는 존재가 될 것입니다.

서산대사 게송을 보니 세상은 꼭두각시놀음입니다. '환(幻)'의 세상은 부질없습니다. 세상을 부질없다고 치부하면 '출가'가 답일까요? 그러나 우주적 존재가 영적으로 성숙하고 진화하는 데 통합·집단의 영성과 집단의 지혜를 발휘하는 것은 다른 문제입니다. 산속의 도가 아니라 속가(俗家)에서 살아가는 일상의 삶이 수행이 되고 더불어 사는 삶이 되어야 합니다.

제 이야기는 여기까지입니다. 이 시간 이후 진행될 네 개의 섹션에서 각자의 종교를 넘어서 누구나 받아들일 수 있는 영성의 길이 무엇일까 이야기해 보면 좋겠습니다.

전진택 수고하셨습니다. 바로 질의응답을 하겠습니다. 질의해 주시면 질의에 대해 바로 대답할 것과 모아서 대답할 것으로 답해 주십시오. 답을 바로 낼 수 있는 주제는 아닙니다. 모색을 위해 던지는 것입니다. 다른 생각 있으면 나눠 주시기 바랍니다.

청중 1 순례자 호스피스에 대해 이야기하셨는데, 어떤 방식인지 자세히 알고 싶습니다.

김용우 일단 전제가 지구의 삶이 '우주적 나그네'라는 것입니다. 일본에는 순례자를 위한 숙소가 있습니다. 오늘날 유럽의 순례자 숙소에 가면 극진하고 평화로운 환대를 받습니다. 저렴한 비용으로 잡니다. 지향 자체는 영적 깨달음을 향한 것입니다. 그 안에서 편히 쉬면서 새로운 에너지를 충전해서 떠나는 곳이 '호스피스'라고 생각합니다. '호스피스'라는 것만으로는 현대사회의 영적인 문제를 해결할 수 없다고 봅니다. '수도(修道)'의 문제가 있는데, 대중적으로 수도를 어떻게 할 수 있을까요? 우리 삶의 가까이에 수도원과 호스피스가 결합된 공간이 만들어지면 좋겠습니다. 영혼의 순례자가 세상에 지쳐 힘들 때, 거기에 들러서 평생을 서원한 수도자들에게 에너지를 받고, 자신을 돌아보고, 사회에 나가 새롭게 활동할 수 있게 하면 좋겠다는 뜻입니다.

청중 2 말씀 잘 들었습니다. 종교를 뛰어넘는 사회를 지향한다고 했고, 마지막에 각각의 종교를 넘어 누구나 쉽게 받아들일 수 있는 영성이 무엇일까 하는 질문을 주셨는데. 선생이 가지고 있는 영성이 무엇인지 설명을 좀 해주시기 바랍니다. 종교를 뛰어넘는 사회라는 부분에 대해 저는 조금 다른 의견을 가지고 있습니다. 종교를 체험한 사람만이 뛰어넘을 수 있을 텐데, 종교를 체험하지 못한 사람이 그것을 뛰어넘을 수 있을까 하는 의문이 있습니다.

김용우 제가 종교를 뛰어넘자고 한 게 종교를 버리자고 한 것은 아닙니다. 종교에는 두 가지 기능이 있습니다. 하나는 진리를 실어 나르는 '배'의 역할입니다. 종교를 접하지 않고 진리를 접하려 하는 데는 어려운 점이 있습니다. '경'이 그 역할을 합니다. 종교는 진리를 만나는 출입문 역할을 합니다. 제가 종교를 뛰어넘자고 말씀드린 것은 '자기 종교를 넘자'로 받아들였으면 합니다.

영성이란 말도 각 종교마다 다른 언어로 표현합니다. 기독교에서는 무소

부재(無所不在)한 하나님이라고 합니다. 하나님의 존재와 섭리가 어디에나 있다는 것입니다. 불교에서는 개유불성(皆有佛性)이라고 합니다. 모든 것에 불성이 있다는 것입니다. 동학에서는 누구나 하늘을 모신다고 합니다. 언어에 집착할 필요는 없습니다. 진리의 본체는 우리의 몸과 마음 그 너머에 있습니다. 마음 하나만 제대로 잡아채도 됩니다. 그 지점은 뭐라 이야기할 수 없어서 노자는 '도가도(道可道) 비상도(非常道)'라고 했습니다. "도(진리)라고 말할 수 있는 도(진리)는 도(진리)가 아니라는 것입니다." 혹자는 그것 너머에 있는 것, 그것이 영성이라고 생각합니다. 그것을 아는 이와 모르는 이가 있을 뿐입니다.

전진택 오늘은 발제자의 이야기를 듣는 것보다 여기 함께하는 분들이 서로의 이야기를 나누는 것이 더 중요합니다. 여러분들 모두가 네 개의 섹션으로 나뉘어 각자의 관심·생각·경험에 대하여 이야기를 더 나누면 좋겠습니다. 다른 사람들의 이야기를 들으면서 자기 문제를 집단지성으로 풀어 보고자 하는 시간이 이어집니다.

우리들의 이야기 1

마을과 공동체운동의 영성

진행 : 소란_ 전환마을 은평

소란　화관을 머리에 올려 주십시오. 어제 전야제에서 요정이 되었던 것처럼. 오늘 여러분들이 다 모이면 춤을 추면서 시작해 볼까 합니다. 오늘의 화자(話者)는 제가 아닙니다. 마을과 공동체의 영성, 특히 마을공동체운동에서 영성의 역할에 대한 이야기를 나누려고 합니다. 아마도 공동체에서 살기 힘들어 이곳에 오신 게 아닐까 싶습니다. 공동체! 어렵습니다. 저도 공동체에서 살고 있습니다. 주거공동체를 비롯하여 여러 공동체에서 살고 있는데, 어렵습니다. 그 안에서 어려움과 힘이 되는 이야기를 같이 나눠 보면 좋겠습니다.

우리 안의 영성을 편안하게 끌어낼 수 있게 자리에서 일어나 주시기 바랍니다. 놀라지 말고, 춤을 한번 춰 볼 겁니다. 신성한 존재인 우리는 모두 신성하다는 노래입니다. 노래를 배우고 간단한 오프닝을 해 보겠습니다.

"야! 알라, 알라~ 니시 알라, 알라~ 니시 알라, 알라~ 마하브릴라!"

노랫말의 뜻은 우리 모두는 신성한 존재이고 당신도 신성한 존재라는 것입니다.

사회 속의 영성에 대한 이야기를 어떻게 하면 좋을까 고민하다가 섹션에 참가하는 사람들의 이야기를 하는 게 좋겠다고 생각했습니다. 실제로 마을과 공동체 안에서 영성을 체험하고 실천하는 분들의 이야기를 들어 보려고 합니다. 어떻게 오게 되었는지, 뭘 얻고 싶은지, 지금 공동체에서 살고 있는지. 한 명 이상의 사람들이 사는 것도 공동체입니다. 그 안에서 어떻게 살고 있는지 부담 없이 오른쪽으로 돌아가면서 이야기해 주십시오. 여기 있는 네 개의 전지(全紙)를 채워 보려고 합니다. 두 시간 동안 지금 가진 문제들의 해결책을 찾아보려고 합니다. 처음은 '왜'입니다. 포스트잇에 써서 붙여도 좋습니다.

산들 청년들이 모여 생태마을운동을 하는 네트워크 〈넥스트젠〉에서 친구들과 함께 일하고 있습니다. 여기 와서 기대하는 것은 마음을 나누는 것입니다. 처음 만나는 분들이 많지만 비슷한 마음의 결을 느낍니다. 품어 온 마음의 결들이 비슷하고, 나 자신을 만나는 기분·반가움·고마움이 있습니다. 목말랐고, 종교와 세대를 아울러 만날 수 있으면 좋겠습니다. 이런 삶에 대해 고민하게 된 이유는, 이전에는 영성을 내면의 깊은 갈망의 차원으로 고민했다면 지금은 일상에서 간절히 원하고 있기 때문입니다. 아침에 눈을 떠 저녁에 눈을 감기 전까지 영성이 있지 않으면 우리가 얼마나 거칠어지는지 그런 고민들을 풀어 보고 싶습니다.

보파 본명은 민지홍입니다. 충남 금산에서 청년자립 생태공동체를 실험해 보자는 생각으로 거창한 이름을 붙였다가, 개인적이고 이기적인 공동체 〈별애별꼴〉이라고 바꾸었습니다. 공동체 실험을 한 지는 5년이 되었습니다. 농사는 꿈도 꾸지 않고, 밥은 우리 손으로 얻어 보자는 생각으로 채취와 가능한 만큼만 텃밭 농사를 지었습니다.

처음에는 100% 먹을거리를 자급하겠다는 꿈을 꾸며 생태적 삶을 지향하고 도전을 시작했지만, 돌아보니 자신을 먼저 찾으려고 시작한 것 같습니다. 농사꾼과 공동체원이 삶의 목표는 아닙니다. 옷·도자기·음악을 하는 친구 등 공동체 구성원들이 다양한데, 자신의 삶에 뭔가 모자라 공동체에 모였다가 같이 살아 보니 같이 사는 것도 쉽지 않다는 것을 느낍니다. 나 자신이 우주적 존재로서 확인이 안 되고, 관계를 유연하게 풀어 갈 기술이 없습니다. 같이 사는 게 가시밭입니다. 자유롭게 나를 사랑하고 너와 소통하는 방법을 찾기 위해 수련하고 있습니다, 몇 명의 친구들은 수행·명상을 공부하는 중입니다. 이 자리에서 많은 조언을 듣고 싶습니다.

〈별애별꼴〉을 5년 하면서 목마름이 있습니다. 1년에 1,000여 명 정도 다양한 친구들이 찾아옵니다. 처음 올 때는 "공동체가 꿈이에요."라고 말하며 오는데, 막상 들어오면 "사실 농사는 아닌 것 같아요." 합니다. 다른 존재들과의 관계에 대해 고민인데, 사회적 언어로 풀면 "농사는 짓고 싶지 않고, 공동체는 하고 싶다."로 읽힙니다. 그 간극을 극복하지 못하면 다시 도시로 떠납니다.

본인에게 가능한 부분을 어느 정도 가져갈 것인지, 어떻게 교육적으로 전달할지를 고민하고 있습니다.

유해리 녹색전환연구소에서 일합니다. 고등학교 때부터 더불어 사는 삶에 대한 고민이 있었습니다. 학교 안에서 친구·선생님들과 공동체를 이루고 살았습니다. 힘들고 즐거웠던 기억이 강렬하게 남았습니다. 한 사람의 인생이 길지 않은데 뭘 하고 살면 행복할까를 생각하고 힘들지만 기쁘게 공동체를 꾸립니다. 대학에서 주거공동체를 꾸리고 있는데, 친구들이 생각으로는 살고 싶은 삶의 방향이 명확하고 목마름이 있는데, 생각만으로는 어렵습니다.

직접 부딪치면 서로 어쩔 줄 몰라 하고, 생각은 저기까지 가 있고, 그래서 더 상처를 받고, 더 해 볼 수도 있는데 잠적해서 '안 되겠다'고 생각하는 경우도 많습니다. 정말 같이 살고 싶은데 그렇게 할 수 있을까를 고민하는 것입니다. 생각을 덜 하려고 생태 농장에서 일하며 여행을 다녔습니다. 유럽의 여러 곳을 다녔는데. 거기서 가장 많이 받은 화두가 '영성'이었는데, 그전에는 잘 몰랐던 낯선 것이었습니다. 그곳은 오랜 시간 공동체 영성이 뿌리를 내리고 있었습니다. 서구 유럽의 영성과는 다른 한국 영성의 뿌리가 있을 것이라고 생각합니다. 여기서 함께할 수 있는 것을 나누고 싶어서 왔습니다.

우나나 영국의 에머슨 칼리지 공동체에서 5년, 이스라엘 공동체에서 2년을 지냈습니다. 공동체에 살면서 어떻게 개인성을 지킬 것인지 물어보고 싶어 참여했습니다. 청년들과 모임을 통해 소통하고 있는데, 남녀가 사귀다가 헤어지더라도 공동체에서 살게 되는 경우가 있습니다. 이럴 때 어떻게 하는 것이 현명한지 잘 모르겠습니다.

한국과 유럽, 동양의 것과 서양의 것은 어떻게 다른지 궁금한데, 이 모임에서는 한국적인 내용을 더 많이 듣고 싶습니다. 글로벌 시대에 지켜야 할 한국적인 것은 무엇인지, 그리고 무엇은 지키지 않는지 궁금하고, 한국사회에서 지속 가능한 경제를 위한 한 가지 주제를 꼽으라면 무엇일지 등에 대해 이야기 나누고 싶습니다.

새영 〈넥스트젠〉에서 활동 중입니다. 학교라는 공간이 싫었습니다. 일본으로 가 '평화학'을 전공하다가 명상처럼 주체적으로 혼자 잘할 수 있는 것이 요리와 밭일이라는 것을 알았습니다. 자연과 교감하면서 말이 아닌 몸으로 소통할 수 있다는 것을 알게 되었습니다. 다시 한국으로 돌아가야겠다 생각하고 돌아왔는데 그렇게 행복하지는 않습니다.

한국에 돌아와 학교에서 '평화 교육'을 진행합니다. 아이들이 직접 참여하고 아이들이 인지하지 못하는 폭력을 생각해 보게 합니다. 사랑하며 살도록 그리고 안전한 곳에서 살 수 있도록 고민하는 것입니다. 〈넥스트젠〉 친구들과 슬로푸드 활동을 하고 있습니다. 제주도 강정마을에 가면서 '마을이 뭘까?' 깊이 생각하게 되었고, '안전·기쁨·행복·평화도 있는데 왜 안전하지 않음에 초점 맞추어 힘들어할까?'에 대한 고민이 있어 참가했습니다.

민여경 전남 고흥의 〈선애빌〉 공동체에 삽니다. 12-18명이 마을에 같이 삽니다. 젊은 참여자들과 같은 고민은 하지 않았습니다. 환경운동을 하다가 마흔 살이 되면 공동체를 해야지 하고 막연하게 생각했습니다. 마흔 살 때 우연히 명상하는 데서 자의 반 타의 반으로 공동체를 만들고 6년째 생활하고 있습니다. 여기에는 〈넥스트젠〉 친구들도 보고 싶고, 여기 선배들도 보고 싶어 왔습니다. 개인적 고민은 공동체가 안정적으로 시작한 것은 아니지만, 진화·발전해야 한다는 것입니다. 지속 가능한 공동체로 성장해 나가도록 하는 게 무엇일까 고민 중입니다. 오늘 앞에 말씀한 여러분 이야기를 들으니 도움이 될 것 같습니다.

민경주 민여경과 자매입니다. 〈선애빌〉 공동체는 전국 네 개 지역에 다섯 개의 마을로 있습니다. 명상 동호회에서 만들었습니다. 200명이 동시에 전국에서 마을을 만들었습니다. 우리는 "민족의 대이동이다."라고 표현했습니다. 〈생명평화활동가 한마당〉에 참여했을 때, "내가 활동가인가?"라는 질문을 저 자신에게 던졌습니다. 학교를 졸업하고 10년 동안 회사 생활을 한 뒤 어느 순간 회사를 때려치우고, 마을을 만들기 위해 내려온 과정은 제 인생에서 큰 변혁기였습니다. 그때부터 활동가가 된 거라는 생각이 듭니다.

'실천하는 자리'라 고민이 있었습니다. 세계 생태마을 네트워크에 〈선애빌〉도 속해 있고, 한국의 대표로 활동하고 있는데, 이 자리에서는 '어떤 역할을 해야 하는가' 하는 고민을 했습니다. 마을에서 돌아가면서 대표를 맡아 하는데, 올해는 마을 대표도 맡았습니다. 대표로서의 역할에 대해서도 고민입니다. 마을 구성원들과 어떻게 소통하고, 네트워크와는 또 어떻게 관계할지 이 자리에서 여러 활동가들을 뵙고 오랫동안 나눔을 함께할 희망을 품고 왔습니다.

이동열 경남 통영 욕지도에 귀농한 지 5년째입니다. 여기 온 이유는 외로워서입니다. 섬이다 보니 사방이 바다로 둘러싸여 육지에 나오기 힘듭니다. 이곳 익산까지 오려면 배를 타야 하는데, 파도와 안개 때문에 배가 뜨지 않기도 해 육지로 나올 때 어려움이 있습니다. 5년 동안 공동체와 소통하고 있는데, 나만의 생각인지 공동의 생각인지 판단하기 어렵습니다. 내가 일방적으로 이야기를 하려고 한다는 생각이 들었습니다. 단절된 느낌이 들었습니다. 생명평화결사 등불인데, 순천 워크숍에서도 그렇고, 오늘도 그렇고 이런 이야기를 섬에서는 못 나누어 외로웠구나 싶었습니다. 여기서 받은 영성의 기운으로 나를 추슬러 다시 내려가려고 합니다. 모든 공동체가 다 옳은 것은 아닙니다. 해악일 수도 있습니다. 혹시 내가 그러고 있는 것은 아닌지 여러분에게 이야기를 듣고 싶습니다.

김경찬 부산에 살다가 합천에 들어간 지 만 21년입니다. 서른아홉에 들어가 올해 육십입니다. 참여한 계기는 2004년 순례를 하면서 영성과 평화에 대해 생각하면서부터입니다. 농민회 활동을 합니다. 백남기 선배 문제에 대해 '영성적으로 이야기하고 참아야 하는가? 국가로부터 폭력을 당한 선배를 위해 뭘 해야 할까?' 고민입니다. 정말 힘듭니다. 울고 싶습니다. 마을공동체 고민을 하는데, 정말 뜻이 같은 사람들만이 공동체를 만들어야 할까? 합천에 마흔다섯 가구가 있는데, 저는 막둥이 쪽에 속합니다. 후배가 네 명 있고, 나머지는 모두 70-80대입니다. 이후 우리 마을은 어떻게 될까? 마을에서 젊은 사람들과 부딪치며 살고 싶습니다. 마을에서는 실수할까 봐 20년 동안 술을 먹지 않았습니다. 올해 마을잔치 하면서 술을 먹기 시작했습니다. 새로운 공동체를 한다는 분들에게 부탁이 있습니다. 당신들만의 공동체가 아니라 마을 속에서 어울리며 살았으면 합니다. 자기들끼리의 공동체가 아니어야 합니다.

박현호 원불교대학원대학교 2학년입니다. 출가하면서 운명적으로 공동체 생활을 해야 합니다. 학부는 낯설기도 하고, 이해와 갈등이 있었습니다. 공동생활을 하면서 가치관 등을 놓치지 말아야 하지만 관계가 중요합니다. 5년째 학우들하고만 생활했습니다. 다른 공동체 사람들의 이야기를 듣고 통찰을 얻고 싶습니다.

정주현 옆에 있는 이의 동기입니다. 학교에서 의무 참석하라고 해서 왔습니다. (웃음) 네 개의 분과 중 하나 고르라고 했는데, 사람이 가장 많은 데를

물어 따라왔습니다. 공동체에 6년 동안 살고 있는데, 문제의식이 많지는 않습니다. 여기에 온 것이 인연 같습니다. 이야기 듣고 앞으로 더 배우고자 합니다.

박현 강원도 화천에서 12년째 농사를 짓고 삽니다. 농사를 지어 먹고살고, 귀농학교를 진행하고 있습니다. 생명평화 순례에 대해 '뭐 하자는 건가?' 하고 오기가 나고 불편했습니다. 공동체가 마치 아름다운 유토피아 같은 냄새를 피우는데, 어릴 때도 시골에 살았고 지금도 시골에 살고 있지만, 아름다운 공동체는 없습니다. 아귀다툼하고 지지고 볶고 그것이 공동체입니다. 그런데 그게 왜 아름다움으로 남았을까요? 엄마나 삼촌 등 기댈 곳이 있어서가 아닐까 생각합니다.

사계절을 열 명이 같이 먹고삽니다. 그러다 보니 한 마을에 사는 것이 전쟁터 같습니다. 제 내면의 정체성은 '굴러 들어온 돌'입니다. 하지만 이제 마음속의 사고방식은 현지 주민의 입장에 있습니다. 인위적인 공동체는 거부감이 듭니다. 10년 살다 보니 지역사회의 끈들이 고구마 줄기처럼 되었습니다. 공동체와 관계되는 생각을 할 때는 길게 바라보아야 합니다. 지역사회의 일원이 되어야 합니다.

살다 보니 지역 사람들이 저를 어떻게 볼까 하는 경계심 품은 생각이 없어지고 인간이 되어 가는 것 같습니다. 농사를 짓다 보니 고개를 숙여야 되고, 그러면서 영적으로 되어 가는가 싶었는데, 이제는 직업이 되다 보니 자연과 투쟁을 벌입니다. 자연과 싸우고 있는 저를 봅니다. 공동체와 영성이 혼란과 경계선에 있는 것 같습니다. 그래서 이 마당을 선택했습니다.

한석주 충북 제천 월악산 밑에서 농촌공동체연구소를 하고 있습니다. 귀촌은 12년째입니다. 마을을 살리자는 일과 애 기르고 놀고, 먹고, 살고 하는 것이 같이 돌아가야 합니다. 어릴 때 농촌에서 살았습니다. 땅콩 농사를 지으려니 부모님이 말립니다. 생일 아침에 눈 뜨면 정안수를 떠 놓았던 기억,

나무를 벨 때 동네 사람들이 모두 모였던 기억 등 미신이라고 생각했던 것들을 지금은 다르게 생각합니다. 서울에서 대학을 다니고, 교사로 십여 년을 살았습니다. 저 자신이 사회에 기여하는 역할을 하는지, 나빠지는 것에 기여하고 있는지 의문이 들었습니다. 순결한 영혼을 물들인다는 생각이 들었습니다. 도시에서 마을을 만들면 될까? 농촌 대안학교에 가면 아이들이 그렇게 클까? 몇 년을 해 보니 저의 꿈이 다 도시에 가 있었습니다. 우리 삶의 조건이 그렇습니다. 교육의 내용이 화려한 욕망에 기여하고 싶은 생각에 가 있는 것 같습니다. 브로콜리를 재배하는 데 열여섯 시간을 일합니다. 돈도 많이 법니다. 그런데 '저 자신의 삶이 있을까? 자식에게 이걸 권할 수 있을까?' 하는 생각이 듭니다.

연구소 식구들이 열한 명이 있습니다. 아옹다옹하면서 자본주의사회에서 자본 말고 추구할 것들을 생각합니다. 어떻게 만들까? 잘 놀고 잘 관계 맺는 것이 중요합니다. 돈만 추구하지 말고 충만하게 사는 것은 어떻게 해야 가능할 수 있을까요? 모난 돌들이 모여 깎이면서 같이 사는 힘이 어디에 있을까? 삶은 쉽지 않습니다. 어릴 때부터 어려움과 원하는 것을 극복하는 연습이 필요합니다. 386세대들이 그렇게 사는 것 같지는 않습니다. 어떻게 해야 공동체에서 그런 경험을 하게 될 지 고민입니다.

박성은 공동체를 꿈꾸고 있습니다. 6남매 대가족입니다. 제사나 명절이면 우리 집에 다 모입니다. 원불교에 출가하면 6-8년을 학교에서 공동체로 살게 됩니다. 목표와 지향이 같아 멋질 줄 알았습니다. 그런데 다르지 않습니다. 교당에서 같이 공부하고 모여 삽니다. 다를 것 같지만 똑같습니다. 얼마나 행복해지고 달라졌는지 고민입니다. 요즘 하는 강의는 '왜 공동체인가?'입니다. 여기에 영성운동가도 있고 생명운동가도 있는데, 영성을 어떻게 잡고 있는지, 공동체에 대하여 어떻게 생각하고 있는지 궁금합니다. 왜 공동체이어야 하는가? 왜 그것을 선택하고 그곳에 가려고 하는가? 물음이 꼬리를 뭅니다.

공동체여야 하는 첫 번째 이유는 '따로 또 같이'입니다. '모여 살자'가 편합니다. 뜻 맞는 사람들끼리 살겠다는 선택은 또 다른 욕심일 수 있습니다. 여기나 거기나 같습니다. 영성에 대한 감을 잡지 못하고 있습니다.

경남 교구에서 교육 훈련을 담당합니다. 30만 평의 임야가 있습니다. 2,300평의 훈련원 공간이 있는데, 무엇을 하고 싶은 사람들에게 놀이터를 만들어 주고 싶습니다. 이렇게 노니 좋다, 좋지 않다는 것을 알려 주고 싶습니다. 나와 같이 살거나 똑같이 사는 것을 요구하는 것이 아니라 삶을 배분해 주는 일을 하고 싶습니다. 이 공간에 오면 배우고 나누는 소통이 가능하다는 것을 경험할 수 있게 하고 싶습니다. 그 마을의 촌장이 되고 싶습니다. 종교를 넘어 활동해 보자는 데 공감합니다. 그러나 현재는 원불교를 넘어 활동하기 어렵습니다. 교단주의에 빠지기도 합니다. 공동체의 폭을 넓혀야 합니다. 지구, 우주 공동체로.

공동체여야 하는 두 번째 이유는 '명상운동'입니다. 종교와 상관없이 내 안의 영성을 발견하고 체험하여 그것을 나누고 공유할 수 있는 방법이 필요합니다. 경남 교구에서 프로그램을 만들어 시범 운영하고 있습니다. 호응이 좋습니다. 놀이터에서 잘 놀고 있을 테니 먹을 것을 싸서 우리 집으로 놀러 오면 좋겠습니다. 시설이 좋지 않아 비용은 받지 않을 테니 걱정 말고 오시면 됩니다.

한상렬 이 자리에 있는 이유는 청년 시절부터 원불교와 인연이 있어서입니다. 22년 전에 고인이 되신 김현 교무와 종교인협의회에서 만나면서 오래 전부터 인연을 맺어 왔습니다. 원불교 행사 때마다 오는데 100주년을 맞아 이 자리를 마련해 주셔서 감사합니다. 마을공동체에 관심이 많았는데, 공동체는 순 우리말로 '한 몸'입니다. 진정한 평화는 '한 몸'이 될 때 옵니다. 마을의 의미 또한 그렇습니다. 전주 고백교회에 몸담은 지 올해로 30년입니다.

교회공동체에서도 고민이 있습니다. 마을에 사는 분들의 고민이 소중합니다. 통일을 위해 기원하고 실천하는 과정에서 국토 체제와 통일도 중요합니다. 마을 주민의 생활 통일이 필요합니다. 통일공동체가 되면 좋겠습니다. 먼저 산 사람들의 이야기를 듣고 싶었습니다. 별도의 공동체를 이루고 사는 사람들이 존경스럽습니다. 더불어 할 일을 찾아가고 싶습니다.

김재은　원불교에서 56년째 근무 중입니다. 사는 것 자체가 공동생활입니다. 시골에 살았지만 교육자인 부모님을 따라 대도시로 이사 와서 시골 생활 경험은 없습니다. 미국에서 20년을 살았는데, 외국인들 열한 명과 공동생활을 했습니다. 그들은 이미 그렇게 살았습니다. 서로 맞지 않는 문화가 많았습니다. 미국과 한국을 몰라 서로 마찰이 심했습니다. 공부를 하는 데도 어려움이 많았습니다. 서로 맞춰 잘 사는 게 영성입니다. 7-8년을 함께 살았는데, 문화의 차이가 있었습니다. 살면서 서로 여러 가지 일을 해 주고 대가를 주고받는 건데, 너무 정직합니다. 산에서 짐승이 내려와 채소를 심을 수 없었습니다. 미국 중학교 선생님이 살생을 하지 말라고 했습니다. 한 친구가 법당에서 신을 신지 않고 다녔습니다. 왜 그러냐고 물으니, 개미가 밟혀 죽을까 봐 그렇다고 했습니다. 깜짝 놀랐습니다. 이런 걸 보면서 미국인들도 생명을 존중한다는 것을 느꼈습니다. 하루는 제가 잔디를 깎아 태웠는데, 소방차가 왔습니다. 허락받지 않으면 연기를 낼 수 없습니다. 분리수거도 잘합니다. 환경과 생명을 대하는 모습을 보면 무위(無爲)가 잘 되어 있습니다. 20년 만에 한국에 오니 불편했습니다. 삼십 대에 미국으로 가서 오십 대가 되어서 왔으니 생각도 많이 달라져 있었습니다. 지금도 공동체에 관심이 많습니다. 올해 퇴임인데, 미국으로 갈지 미얀마에 갈지, 노숙자를 지원하는 원불교 〈밥차〉에서 봉사할지를 고민해 보려고 합니다.

홍인　본명은 박연경입니다. 도시에 살다 밀양으로 귀촌한 지 5년째입니다. 경남 한살림에서 활동하고 있습니다. 1월 생명평화 워크숍에 참석한 인연으로 원불교 100주년 국제학술대회에 참여하게 되었습니다. 생명평화운동가들의 삶 속에서 실천을 보고, 듣고, 배우고, 공유하고 싶어 참석했습니다. 28일 기조 강연을 듣고 감명을 많이 받았습니다. 자기 변혁의 첫걸음에 대해 생각했습니다.

'수제 된장'과 '폐수'는 논리와 논쟁의 내용이 아닙니다. 현실에서 배우는 것입니다. 유명 대학의 교수직을 버리고 지방의 작은 대학에서 학생들과 농사를 지으면서 실천하는 사람의 이야기에 감동을 받았습니다. 올해 양심과 실천의 삶에 대해 많이 생각합니다. 언니와 귀촌하러 내려오면서 오줌을 자연으로 돌리자고 결심했습니다. 우리는 물 사용량의 3분의 1을 변기 물로 버리고 있는데. 아프리카는 지금도 물이 모자라 목이 마릅니다. 에너지 절약을 위해 텐트와 침낭으로 난방 없이 4년의 겨울을 잘 견디며 지냈습니다.

그동안 저는 '차도녀(차가운 도시 여자라는 유행어의 줄임말)'였습니다. 먹고사는 일에 쫓겨 살다 언니에게 이끌려 내려왔습니다. 귀촌 전 마을을 찾아 일 년을 돌아다녔습니다. 그러면서 이 집은 낡아 안 되고, 저 집은 이게 안 되고 하면서 핑계를 댔습니다. 갈 집이 없는 게 아니라 가고 싶지 않았던 것입니다. 밀양으로 내려가기 전날 밤에 기도했습니다. '이번에는 있는 집을 무조건 선택하자.' 그리고 나니 집이 없더라구요. 돈이 많지 않아 어쩔 수 없이 빈 집을 무조건 계약하고 귀촌했습니다. 도시에서, 책에서는 느낄 수 없습니다. 삶을 그쪽으로 옮겨야 합니다. 거미를 무서워하던 제가 거미의 말을 알아듣게 되었습니다. 자연 안에서 양심을 갖고 실천하는 삶을 살고자 합니다. 변화는 지금 저에게서 시작됩니다. 70억 가운데 35억 분의 1. 한 분 한 분이 삶을 살아 냅니다. 이야기를 들으면서 젊은 분들이 훌륭한 생각을 하고 있다는 것에 대해 존경을 표합니다.

여여 2016년 4월 마지막 날입니다. 제 인생에 들어와 주셔서 감사합니다. 서울에서 태어나 50년 이상 살았습니다. 자연에서 맑은 물, 깨끗한 공기를 마시며, 서울은 돈에 연결된 것들만 사는데 어떻게 돌아갈 수 있을까 생각했습니다. 학교 다니고 결혼하고 하면서 50년을 서울에서 살다가 내려오지 않으면 안 되겠다 싶어 내려오면서 '그동안 배운 지식으로도 살 수 있을 만큼 우린 모두 똑똑하니 알고 있는 것을 실천하면서 살자'고 생각했습니다. 서울은 인구 1,000만 명으로 과부하 상태입니다. 말과 행동이 다른 지식인과 지성인을 많이 봅니다. 우리가 할 수 있는 것을 열 개 항목으로 뽑았습니다. 신석기·구석기 시대 사람들도 다 살았는데, 우리는 '춥다' '덥다' 합니다. 목욕탕에 가면 물이 넘쳐흐릅니다. 물을 잠그라고 하면 내 돈 내고 내가 쓰는데 왜 그러느냐고 합니다. 우리는 의식이 풍요로움을 너무 많이 받았습니다. 지구 자원은 고갈되고 있는데, 한 명 한 명이 자기 책임 없이 남에게 책임을 돌리는 것이 문제입니다. 내 안의 각성이 필요합니다. 시골 농민들이 농약을 많이 씁니다. 자연이 아픕니다. 겨울에 무너져 내린 돌 더미로 계단을 만들었는데 너무 힘들었습니다. 20-30명이 모여 살아야 합니다. 우리는 의견을 서로 모으고 힘과 지혜를 낼 수 있는 사람들입니다. 힘을 합쳐서 하면 됩니다. 그렇게 해서 좋은 세상을 만드는 데 일조할 수 있다고 믿습니다.

참가자 학교 졸업하고 직장 생활 하면서 좋은 삶에 대해 고민했습니다. 공동체를 알게 되어 찾아보고 방문하고 여행하면서 살아 보기도 하고, 지금은 시골에서 부부공동체를 만들어 살고 있습니다. 항상 결핍과 힘듦을 느낍니다. 어느 순간 우리가 마을에 대해 이야기하는데, '이렇게 뜻이 잘 맞는 사람인데, 우리가 공동체를 만들어 살면 잘될까?' 하는 생각이 듭니다. 무시무시합니다. 그게 저의 질문입니다.

권미강 현장 중심 언론 〈민〉에서 일합니다. 즐기고 싶어 왔는데, 섹션 네 곳을 다니면서 기사 쓸 준비를 하고 있습니다. 마을에 대한 고민이 컸습니다. 어제 〈넥스트젠〉을 보면서 신선했습니다. 나이가 오십 넘어 고민은 "아이들이 어떻게 살까?"인데, 눈물이 납니다. 우리가 잘못했습니다. 남겨 준 것이 없습니다. 하지만 아이들이 행복하게 살았으면 좋겠습니다. 생명평화 모임에서 그런 고민과 논의를 많이 합니다. 그런데 답이 없습니다. 대학 때의 학생운동 경험은 좌절·허무·염세주의로 흘러가고, 부모로서 뭘 물려주어야 할지 모르겠습니다. 전체 아이들에 대해 책임을 져야 합니다. 아이에게 "결혼하지 마라, 지구가 망할 거야."라고 합니다. 사람 사는 세상에 사람이 문제입니다. 그 답은 삶 안에서 찾아야 되는 것 같습니다. 작은 공동체·국가·지구공동체까지 답은 사람에게 있습니다. 해답의 길을 아이들에게 알려주기 위해 여기 모여 있습니다. 답은 마을 안에서 얻을 수 있다는 생각이 듭니다. 서울로 이사 갔는데 미세 먼지 때문에 목이 아픕니다. 서울은 사람이 살 수 없는 곳이 되었습니다. 도시 안에 공동체를 어떻게 꾸릴까 고민입니다. 시골 마을만의 문제가 아니라 도시 마을의 문제이기도 합니다. 네트워크가 필요합니다. 서울이 갖는 문제들이 있습니다. 그래도 도시를 다 떠날 수는 없고. 갑자기 도시 사람이 되면서 나의 문제 또한 커졌습니다.

노재화 지리산에서 삽니다. 신학교 졸업하고 여기저기 다녔습니다. 녹색대학 다니면서 공동체에 대한 상이 바뀌었습니다. 신앙공동체는 재미가 없습니다. 같으니까 환상이 깨어졌습니다. 존재의 돌봄이 더 중요합니다. 이념이나 이상은 초기에만 중요합니다. 공동체에서 살다 보면 다 드러납니다. 환대하면서 갈 수 있는 힘을 키우는 것이 가장 중요하다고 생각합니다. 목회자로서 마을을 섬기고 있는데, 기존의 마을을 재생시키는 것이 고민입니다. 생태 문화 공간을 창조하고, 도시든 농촌이든 그 공간이 살아날 수 있도록 하는 일꾼이 되어야 합니다. 비어 가고 있는 마을에 활력을 불어넣고 어른과 아이들과 어떻게 어울려 살까? 하는 게 고민입니다. 우리 마을에 20가구가 귀촌하여 들어왔는데, "기존 마을과 교류하는가?, 지역사회와 어울려 가는가?"를 고민하면서 살아가기를 바랍니다. 지리산생명연대는 모임이 잘됩니다. 5개 시·군이 다 다르지만 또 같습니다. 5개 종단의 생명에 대한 연민은

"어떻게 같이 갈 것인가?"입니다. 많이 듣고 싶습니다. 그렇지만 큰 기대는 없습니다. 조급해 하지 말았으면 합니다. 삶의 문제입니다. 여기서 실패했다고 그만둘 수 없는 것입니다.

이행렬 금산간디학교에 있습니다. 농사 교육을 하는데 농촌 환경의 복원을 생각하고 있습니다. 농촌공동체가 무너져 연로한 어르신들만 남았습니다. 한 마을에 5년째 살고 있습니다. 두레·향약의 복원, 친환경 농사의 복원을 꾀하고 있습니다. 짚공예를 배워 복원하려고 합니다. 공동체의 희망이 되었으면 합니다.

민경찬 원주에 살고 대학 휴학생입니다. 요즘 회의감이 많이 듭니다. 전에 서울에 있을 때는 주거협동조합 공동 주거 실험하우스에서 살았는데, 많은 생각을 하게 되었습니다. 어딜 가나 불안할 수 있고, 장단점이 있습니다. 공동체에서 같이 살면서 여러 가지 감정이 들었습니다. 어떤 공동체의 이야기를 들을 때, 저긴 훌륭하고 아름다워 보이지만 실상은 굉장히 다를 수 있다는 것을 생각하게 됩니다. 서로서로 조금씩 좋은 쪽으로 변화해 가면서 이해할 수 있어야 합니다. 폭력을 목격하고 겪으면서 과연 '이곳은 나에게 무엇인가? 삶은 무엇인가? 하는 생각을 많이 했습니다. 학교·지역공동체 등 공동체에 대해 생각하고 있습니다. 저 자신이 자기 치유를 하면서 생명과 평화를 지키기 위해 진단서를 끊기도 했고, 군대 문제도 있어서 스스로를 '나그네'라고 표현하고 싶습니다. 다른 분들 말씀을 들어 보니 슬프고 재미있는 이야기가 많이 있는 것 같습니다. 주거운동과 학교공동체를 겪으며 마을공동체에 궁금증이 일었습니다. 앞으로도 많은 이야기를 들을 수 있으면 좋겠습니다.

이은송 글을 쓰고 있습니다. 홍보물을 보고 왔습니다. '생명평화'라는 말만으로도 설레고 기쁘고 행복했습니다. 원광대가 종교를 초월해 영성이라는 주제를 가지고 이야기할 수 있도록 한다니 기분이 좋았습니다. 젊은 분들 반갑고 고맙습니다. 누구나 살아가는 역경이 만만치 않습니다. 영성이라는 말은 엄마에게 받은 사랑이라고 봅니다. 부모가 나를 사랑하며 키웠습니다. 살다 보니 사랑 이외에 많은 것과 부딪치게 됩니다. 엄마로서 너무 슬프고 아팠습니다. 어디에서 비롯되었나. 생명을 존중하고 평화롭게 살고 싶었습니다. "너와 내가 잘 안 되는 무엇이 있는가?"라는 물음에 고민스러워 철학에 빠져 동서양 철학 책을 읽었습니다. "어떻게?", "왜?" 그 물음의 끝에서 우주라는 것을 만나게 되었습니다. 그 의식은 동양에 있었습니다. 우리 것을 알아야 되겠습니다. 5년 전부터 시골을 돌아다녔고, 아무리 어디를 가려고 해도 갈 데가 없었습니다. 내가 있는 자리에서 할 수 있는 것이 중요합니다. 동네 할머니들과 국수 삶아 먹고 요가도 했습니다. 혼자는 힘드니 엄마들과 아이들을 키웠습니다. 우리는 많은 자산을 가지고 있으면서도 서양 사람들이 이론으로 만들어 놓은 것에 매여 있습니다. 잘못된 교육 때문에 어른도 망칩니다. 연대와 교류를 위해 왔습니다. 서로에게 위로가 되고, 세상의 아이들이 내 아이들처럼 예쁘고, 모든 걸 초월해 이해할 수 있는 눈, 그리고 품어 주는 마음이면 됩니다. 세상에 저를 던질 수 있는 나이가 되었습니다. 사랑 하나로 엄마의 마음으로 돌아가 조건 없이 베풀고 살면서 잃어버린 것들을 되찾고 싶습니다. 아이들에게 부끄럽습니다. 좋은 것 먹고 좋은 차 갖고 살아왔던 우리의 삶이 진절머리 납니다.

김은광 본인이 살기 힘들어 공동체를 하다 보니 그동안 환상을 갖고 있었구나 싶었습니다. 어딘가에 유토피아가 있을 것이라고 생각했습니다. 지금까지 소녀 가장이었습니다. "돈을 벌지 않고 소비하지 않고 살 수 있을까?" 어릴 때부터 생각했습니다. 결핍되었던 세대입니다. 혼자 살든, 공동체를 하든, 라이프스타일을 돈으로 사지 않고 직접 활용해야 할 기술이 100가지가 넘습니다. 준비 작업이 없으면 힘듭니다. 그렇게 살기 위해 얼마나 준비되었나를 봐야 합니다. 청년이, 세상이 너무 슬픕니다. 그러나 감성에 빠지면 안 됩니다. 현실은 감성만으로는 안 됩니다. 내가 슬퍼도, 행복해도 강물은 흐릅니다. 대기업만 경영 기법이 필요한 것이 아닙니다. 내가 돈을 꾸지 않고 살 수 있는 방법을 생각해야 합니다. 나 스스로가 1인 기업이 되고, 나에게 맞는 경영 기법으로 살 수 있어야 합니다. 장기적으로 유지할 수 있는 라이프스타일을 찾아야 합니다. 내 스타일에 공감할 사람은 없습니다. 하지만 그걸 놓치면 모래성을 쌓는 것입니다. 직장과 직업도 없는 사람은 살 수 없습니다. 직장이 없어도 직업이 있다면 내 기술로 살 수 있습니다. 공동체 안에 종교보다 더 큰 도그마가 있습니다. 결혼도 의존하지 않게 준비해야 행복합니다. 내가 할 수 있는 정신·육신적 경영 기법이 필요합니다.

임소현　서울에서 왔습니다. 듣다 보니 좋습니다. 도움이 많이 되었습니다. 〈홍동지회〉 클 홍(弘), 같을 동(同), 뜻 지(志) 모임을 하고 있습니다. 영성수련 모임입니다. "어떻게 살아야 할까?"하는 문제에 봉착했습니다. 하늘마음으로 모든 존재를 모시고 살아야 합니다. 영성공동체가 있으면 택해 살거나 아니면 만들고 싶습니다. 오늘 많은 도움이 되었습니다.

소란　지금까지 나눈 "왜?" 속에 답이 있다고 생각합니다. 우리는 공동체 안에서 살 수밖에 없습니다. 우리 머릿속 말로 표현하는 공동체, 그들이 이야기하는 공동체를 기다려 주어야 합니다. 개개인의 각성·영성이 바로 설 때 의미가 있습니다. 자성과 자립이 서지 않으면 공동체는 아무것도 아닙니다. 환상(판타지) 속에서 나오는 공동체에 매몰되어 원망하는 마음이 생기고, 놓치고 가는 것이 아닌가 싶습니다.

전환마을공동체를 서울에서 하고 있습니다. 거의 전쟁터입니다. 서로 싸우고 원망하고, 이게 공동체라고 이야기하면서 서로 돌보는 과정입니다. 우리 안의 영성을 만드는 것입니다. 공동체 안에서 외롭고, 우리끼리 하는 것 같아 외롭습니다. 계속 모여 도대체 무엇을 하고 있는지, 서로 위로하고 있는지, 위로할 수 있는 존재인지에 대해 이야기하는 과정에서 위로도 받았고, 우리 공동체의 상에 대한 고민도 한 것 같습니다.

내년에 또 원불교가 우리를 받아 준다고 합니다. 끊임없이 이야기할 자리가 만들어졌으면 좋겠습니다. 그런 마음을 확인하는 게 공동체라고 생각합니다. 듣는 공동체 연습을 했다고 생각합니다.

촛불안사회와 영성

진행 : 이무열_ 마케팅커뮤니케이션협동조합 살림

이무열 〈지리산밝은마을〉과 〈마케팅 커뮤니케이션 협동조합 살림〉에서 일하는 브랜딩 디자이너 이무열입니다. 다른 분임도 있는데, 어렵고 힘든 이 주제를 선택한 이유가 궁금합니다. 이 섹션에는 모두 다섯 분이 글을 써 주셨습니다.

'초불안'이라는 주제를 정한 이유가 있습니다. 페인 포인트(Pain Point)는 수련을 할 때 자기가 가지고 있는 어려움을 잡고 그 문제를 풀어 가는 방법인데, 문제를 앞에 두고 해결할 때 불안하고 초불안해집니다. 과정마다 불안을 떨치기 힘이 듭니다. 생명평화와 함께 초불안과 영성에 대해 이야기하고 싶었습니다. 아이들이 자라서, 청년이 되고, 일을 하며 노년을 맞이합니다. 그 과정마다의 불안에 대해 이야기하고 싶었습니다.

읽어 보지 못한 분들을 위해 제가 잠깐 이 섹션에 대해 정리를 하겠습니다.

잠깐 중요 단어를 말씀드리자면, 아이의 불안에 대해 쓰신 장기성(공동육아 운영위원장) 선생님은 아이들의 불안이 부모들의 '착한 서울대생'이라는 욕심 때문에 나타난 것이 아닌가라고 하십니다. 청년문제 활동가 이충한 선생님은 '노답 사회'라고 표현하여 청년들이 중·장년에게 무겁게 던지는 이야기를 전합니다. 이 글을 읽으며 마음이 무거웠습니다. '직장인의 불안'을 주제로 글을 쓰신 김호 선생님은 직장인 서바이벌 키트 리더십 위기관리 전문가인데, 직장인이 불안한 이유는 직업이 없기 때문이라고 전제합니다. 고독과 소외 문제를 중심으로 '노인의 불안'을 다룬 한용술 선생님 글과 사회적 영성을 다뤄 주신 이정배 교수님 글을 읽다 보면 다르면서도 묘하게 비슷한 점을 발견하는 신비로운 경험을 하게 됩니다.

이야기를 시작하기 전에 잠시 마음을 내려놓는 시간을 갖도록 하겠습니다.

기조 발제자가 없기 때문에 참여자 모두 함께 이야기 나누는 것으로 하겠습니다.

어제 전야제 네트워크 시간에 소개를 했습니다만 오늘 처음 오신 분들도 있으니 우선 간단하게 본인이 하는 일과 자기소개를 해 주시고, 공동체 삶을 살고 싶은 분도, 사회운동을 하신 분도 다 내려놓고 '초불안사회와 영성'이라는 주제를 찾아오신 이유를 말씀해 주시면 좋겠습니다. 모두 빠짐없이 이야기를 나누도록 하겠습니다. 저는 이 주제의 답이 주위의 모든 분들이 좀 더 행복하기를 바라는 길을 찾아가는 가장 빠른 방법이라고 생각해 이 주제를 제안했고, 오늘 진행을 맡게 되었습니다.

방희섭　저는 청년의 입장에서 불안사회에 대해 관심이 있어 왔고, 지금은 목수·글쓰기·음악 하며 놀기 등을 하고 있습니다.

추진수　안녕하세요. 저는 강원도 원주에서 왔습니다. 추신수와 상관없습니다(웃음). 직업은 초·중·고 아이들과 함께 생활하는 그룹 홈에서 밥해 먹고 잔소리하며 사는 것입니다. 일반 가정에서 생활하는 아이들보다 어려움이 많고 상처가 있는 아이들이 조금이라도 편한 환경에서 성장할 수 있기를 바랍니다. 지금 마음을 쓰고 있는 일은 원주 지역 환경청에서 벌어지는 설악산 개발을 막을 수 있을까? 하는 것입니다. 몇 달째 시간 될 때마다 출근투쟁을 하고 피켓 시위, 비박 투쟁 응원 등을 하고 있습니다. 지금까지 쭉 하고 있는 일은 쌀에 관련된 일입니다. 여기에 온 이유는 이런 섹션이 있는지는 모르고 인원수 채우려고 왔습니다. 고맙습니다. 반갑습니다.

이무열(사회자) 제 불안을 가라앉혀 주셨습니다. (웃음)

박샘별 반갑습니다. 저는 원불교 동두천교당 교도입니다. 이 섹션에 오게 된 가장 큰 이유는, 제가 갖가지 불안증 환자였기 때문입니다. 학교 다닐 때 시험 불안 때문에 수능을 망쳤고, 밥을 제대로 먹지 못하는 섭식 불안이 있었습니다. 그런 불안들을 겪고 나름대로 깨달음이 있었어요. 원불교 교리 공부가 도움이 되었고, 저의 불안 경험을 나눌 수 있는 기회가 있지 않을까 해서 참여했습니다.

임태민 안녕하세요? 저는 청주에서 왔습니다. 여기 온 이유는 지금도 끊임없이 올라오는 불안을 직시하기 위해서이고, 불안에 대해 이야기 나눠 보고 싶습니다.

김재형 저는 곡성에서 왔습니다. 중국과 한국에서 반반씩 살고 있습니다. 중국어를 잘 못하지만 잘 살고 있습니다. 그래도 불안하지는 않습니다. 경상도 사람인데, 전라도에서 오래 살았습니다. 그것도 불안한 일입니다. 잘 할 수 있는 것이 없었고, 경상도 출신인데 전라도에서 어느 정도 성과를 낸 운동가 중 한 명입니다. 중국에서도 그랬습니다. 중국어도 못하는데 말입니다. 뭔가 불안하고 불안정한 상황에서 찾아낼 수 있는 기법이 있는데, 그 부분을 함께 나눠 보고 싶어 왔습니다.

조법현 반갑습니다. 원광효도의집에서 일하는 원불교 교무입니다. 제가 여기 온 이유는 안내하는 분에게 여쭤 봤는데 여기로 오는 게 좋겠다고 해서 입니다. (웃음)

먼저 말씀하신 선생님께서 중국과 한국을 반반 다니셨다는데, 저는 미국과 한국을 다니며 15년 동안 유학 사업을 하였습니다. 그러다 미국에 정착하려 했으나, 원불교 진리께서 '효' 관련 일을 하라고 하셔서 한국에 왔습니다. 원불교에서 말하는 소태산 대종사님은 부모에 대한 효뿐만이 아니라 무자

력자들을 돌보는 것이 효라고 말씀하셨습니다. 오늘 섹션도 잘 온 것 같습니다. 요소요소마다 불안하지만 좋은 도움·좋은 인연이 되길 바랍니다.

류현진　저는 예비교무로 원불교대학원대학교 재학 중입니다. 이 섹션은 가장 오고 싶었던 주제였습니다. 경쟁 사회에서 불안감을 갖고 출가를 하고 나서도 "성직의 길을 잘 가고 있나?" 하는 생각을 합니다. 지금도 우울감이 한 번씩 오기도 해서 이곳에서 지혜를 얻고 싶습니다.

오문수　안녕하세요. 여수에서 왔습니다. 들으려고 왔는데 말하려니 불안합니다. 글을 쓰는 사람입니다. 이 시대 청년들의 꿈이 아버지보다 잘 사는 것이라고 하는데, 그렇다면 '희망이 없는 것이 아닐까?' 하는 생각을 합니다. 저도 불안하고, 이 경쟁 사회를 어떻게 표현하는지 듣고 싶어 왔습니다.

박인전　안녕하세요. 저는 원불교 교무입니다. 이번 학술대회 주제가 '대전환'입니다. 오늘 영성에 대해 이야기하는데, 영성도 현실을 떠나서는 찾을 수 없습니다. 여러 불안 요소를 안고 있는 사회문제를 다루지 않고 영성만을 찾을 수는 없는 것 같습니다. 저는 예비교무를 교육하는 곳에서 근무하는데, 그곳에도 불안한 사람들이 있는 것 같습니다. 그래서 그들의 불안은 어떤 것이고, 어떤 대안이 있을지 잘 듣고 싶어 왔습니다.

이진원　반갑습니다. 원불교대학원대학교 2학년인 예비교무입니다. 원불교에 출가하기 전 사회문제에 대해 고민을 했고, 개인 문제로 고민하고 있습니다. 공동체 생활을 하면서 생활 속에서 무뎌지고 있는 것이 고민인데, 이번 섹션에서 어떤 해결 방안이 있을까 하고 함께 이야기 나누고 듣기 위해 참여했습니다.

이지웅　갑자기 마이크가 나오지 않으니 참 불안합니다(웃음). '초불안과 영성' 문득 이런 생각이 듭니다. 사람은 두 번 태어난다고 하는데, 엄마 뱃속에서 한 번, 살면서 한 번이라고 합니다. 아버지가 갑자기 죽음이라는 문턱 앞에 섰을 때, 저는 두 번째를 경험한 듯합니다. 당시 아버지는 돌아가실 확률이 높고 살아도 평범한 삶을 사실 수 없다고 했는데, 제가 간접적으로 죽음을 체험한 듯합니다. 아버지에게 측은지심이 느껴지면서 오히려 불안이 사라지고 시야가 넓어졌습니다. '정말 죽음이 가까이 있구나!'라고 생각했습니다. 많은 사람들과 위인들이 죽음을 통해 무엇인가를 찾으려 했고 발견했을 텐데, 그런 경험을 여러분과 이야기 나누고자 합니다.

남철우 저는 지금 여행 중입니다. 우연히 강원도에서 원불교 교당을 보았어요. 교당에서 궁금한 점에 대해 알고 싶었는데 해결하지 못해, 원불교 백주년 행사인 이곳에서 답을 찾을 수 있을까 싶어 왔습니다.

임진은 저는 원불교 교무입니다. 여러 섹션 중에서 '불안'이라는 단어가 눈에 띄었고, '초불안'이라고 하니 "과연 이게 현실인가?" 하는 생각을 하게 되었습니다. '불안'과 '영성'은 매우 가깝게 느껴집니다. 학생들에게 강의를 하면서 일일이 다가가 손을 잡고 물어보고 싶은데 현실에서는 어렵습니다. 통계를 보면 '불안'과 '우울'이 심하고, 개인의 불안이 사회를 붙들고 있는 것 같아 또 다른 불안을 느낍니다. 학생들에게 명상과 영성에 대해 얘기하면 눈이 동그래져서 관심을 보입니다. 제 관점에서 '불안'이나 '영성'이 한계가 있다고 생각해 저보다 넓고 깊은 시각의 이야기를 듣고 싶어 참여하였습니다.

신영철 저는 지금 굉장히 불안합니다. 아침에 굉장히 불안한 일을 겪었습니다. 화장실을 찾다가 나도 모르게 여자화장실로 들어갔습니다. 불안한 것입니다. 저의 불안함이 남에게 상처를 줄 것 같습니다. 또 제가 불안한 것은 이 섹션을 마치지 못하고 11시에 나가야 한다는 사실입니다. (웃음)

불안감이라는 것은 편안치 않은 것, 상처받을까 봐 불안한 것이 아닐까요? 개인 중심 사회 속에는 구조적 불안이 있습니다. 개인으로 인해 잘못이 시작되고, 그것은 다른 사람에게 파급효과를 일으킵니다. 개인의 불안은 본인이 마음을 다잡고 하면 치유되겠지만, 사회적 불안은 구조의 문제이기에 나만 잘한다고 되는 것 같지 않습니다. 공부도 일도 열심히 했는데, 누군가 나보다 못한데도 더 좋은 학교를 다니고 잘 살아요. 이런 것을 보면서 사회가 바뀌어야 한다고 생각합니다. 앞만 보고 달려온 우리나라 사람들은 남의 아픔을 어루만지지 않습니다. 박근혜 대통령을 예로 들면, 부모님을 그렇게 떠나보내고 치유의 시간이 없었기에 자기 상처가 더 크다고 느껴 불안한 것이 아닌가 싶습니다. 아까 잘못 들어간 여자화장실을 나오면서 교무님과 눈이 마주쳤는데, 교무님이 놀라지 않고 남자화장실을 알려 주서서 치유가 되었습니다. '이해'와 '그럴 수도 있겠구나'라는 생각을 갖고 정치인들이 사회적 불안을 치유할 수 있는 제도를 만들어야 하지 않을까 생각합니다.

이정주 저는 정년퇴임한 원불교 교무입니다. 사람들이 불안한 사회에 살고 있다는 것은 성직자로서 책임 의식을 갖게 합니다. 제가 소심한 성격인데 원불교 훈련법으로 장시간 훈련하니 해결된 점이 많습니다. 그러나 교육자로서 교도들의 고민과 불안을 해결해 주어야 하는데 거기에 한계가 있습니다. 이 자리에서 초불안사회의 해결 방안이 나올까 싶어 궁금해 왔습니다.

이성전 원불교 교무입니다. 저는 평소에 잔소리를 많이 하고, 공부 열심히 하라고 불안을 조장하며 삽니다. "공부 안 하면 나중에 그 길을 감당하겠냐?"라고 잔소리를 합니다. (웃음)

초불안사회·분노사회라고 할 수 있습니다. 사회의 불안을 바라보며 살았는데, 정작 제 내면의 불안을 바라보았는지 잠시 생각해 보았습니다. 나이가 들수록 아주 기본적인 것에 관심이 갑니다. 이곳보다는 '밥과 영성'에 관심이 있었는데, 옆에 계신 교무님을 따라왔습니다. 저는 아름다운 영혼을 가진 좋은 언니인 이 교무님의 눈을 가까이 바라보며 '밥과 영성'으로 가자고 했는데, 이쪽으로 오자 해서 왔습니다. 이 언니를 따라오고 싶은, 저 혼자 떨어지고 싶지 않은 불안이 있어 여기로 온 것 같습니다. 공통으로 어떤 불안이 있는지 들여다보는 시간이 되길 바랍니다.

조희부 충청도에서 농사와 관련한 일을 하고 있습니다. 개회식부터 지금까지 좋은 이야기 듣게 해 주신 원불교에 감사합니다. 어젯밤에 총부에서 원불교를 세우신 소태산 대종사님과 원불교 스승님들에게 참배를 했습니다. 건강이 좋지 않아 약을 먹고 치료받고 그럭저럭 하루하루 잘 지내는데 요새는 죽을 일이 걱정입니다. "오래 살면 어떡하나?" 그래서 몸에 좋은 것은 안 먹고 있습니다. (웃음) 박수칠 때 떠나는 것이 안 될까 싶어 불안합니다.

박현일 지금까지 기다리면서 불안했습니다. (웃음) 최근에 경험한 것을 생각하면서 결론을 스스로 내려 봤는데, "사람은 믿는 것만 생각한다. 생각한 것만 믿는다."는 것과 "사람은 욕심과 연관이 된다."는 명제입니다. 제가 아파트에 사는데, 아래층에 사는 입주자가 새벽 1-3시 사이에 우리 집이 물을 쓴다며 항의를 했습니다. 우리가 아니라고 해도, 확인시켜 줘도 거짓말이라고 우깁니다. 제가 목회를 하고 있어서 집사람과 "교회에 가서 생활을 하겠다."고 말하고 나서 이틀 뒤 확인시켜 주니 아무 말이 없었습니다. '자기가 생각하는 대로 믿어 버리는 것'이 불안사회의 특징이 아닐까 생각합니다.

전진택 안녕하세요. 4개 섹션이 있는데, 그중 이것이 제 문제와 관련해서 생각해 볼 문제가 있는 것 같아 이 자리로 왔습니다. 저는 요즘 태어나 이렇게 좋은 날들이 없는 것 같아 점점 여한이 없어지고 있습니다. 그게 어떻게 가능한 것인가 생각해 보니, 모든 일을 다 맡기고 벌어지는 일들을 다 내가 겪겠다는 심정으로 살면 되는 겁니다. 벌어지는 모든 일들을 잘 겪어 보니 괜찮더라고요. 여기 온 이유는 섹션별로 참여 인원을 세어 보니, 이곳에 참여자 수가 별로 없어서입니다. 그런데 지금은 재미와 기대감이 올라가고 있습니다.

조태경 저는 제 이름을 내걸고 10년 넘게 팔자에도 없는 교육 사업을 하고 있는데, 바로 1년 전에 한 사건으로 인해 위기를 겪었습니다. 수습교사가 조그만 햄스터를 삼킨 일입니다. 그때부터 어둠과 불안 속에 있었고, 누구나 문제를 일으킬 수 있는 것인데도 저는 자책하며 괴로워했습니다. 이런 과정에서 10년 전부터 영성에 기반을 두고 살았던 40대 중반인 저도 이렇게 불안한데 10대, 20대, 30대는 얼마나 불안할까 하는 고민을 하지 않을 수 없었습니다. 50대, 60대, 70대들이 갖고 있는 지혜를 청년들에게 나누어 주고 싶어 여기에 왔습니다. 초불안사회에 교무님들도 이렇게 불안한데, 우리 아이들은 얼마나 더 불안할까 싶어 더 공부해야겠다는 마음으로 왔습니다.

김서학(김길학) 반갑습니다. 원불교 교무로 정년을 맞이하고 70대에 접어들었습니다. 초고령사회로 접어들고 개인과 사회의 불안으로 볼 때, 제가 잘한다고 해서 사고가 나지 않거나 불안하지 않은 건 아닙니다. 자신의 문제가 아닌데도 남의 문제로 마음이 요동칠 수 있다고 봅니다. 그렇지만 제 마음이 편안하면 불안이 없겠다 싶습니다. 저 자신부터 불안한 사회를 만들지 말아야겠다고 생각합니다. 스스로 불안한 마음을 안정시키는 수도자 생활을 계속해야겠습니다. 초불안사회로 가지 않도록 함께 연구해 보도록 합시다.

이태옥 반갑습니다. 저는 이 행사의 돈을 맡은, 원불교환경연대 사무처장입니다. 저는 원불교에서 생활하면서 내려놓는 훈련을 하는 덕분인지 개인적 불안은 많지 않으나 요즘 가장 불안한 것은 자연의 불안입니다. 기후변화, 핵발전소 붕괴 등 자연이 안정되지 않으면 그 어떤 생명도 불안할 수밖에 없다는 것입니다. 삶의 관점을 인간 중심에서 자연 중심으로 확장하면서 확장성 있는 불안에 대한 제 나름의 해결책은 '다만 할 뿐'이라는 것입니다. '영성'이라는 것은 멀리 있다고 생각하지 않습니다. 제가 좋아하는 말이 '덜 종교적으로 그러나 더 영적으로'라는 말인데, 불안과 영성은 종이 한 장 차이라고 생각합니다. 이 불안을 이 자리에서 함께 나누고 싶습니다.

조형찬 합천에서 왔습니다. 맨 마지막 자리라 엄청 불안했는데, 많은 분들이 불안을 경험하고 극복해서 그런지 이제는 덜 불안합니다. 여기에는 그냥 특별한 이유 없이 왔습니다. 저는 집 짓기에 진력하고 있습니다. 합천으로 귀농해 4년 넘게 집을 지었습니다. 대학 졸업 때 운 좋게 대기업에 입사했는데, 반 년 만에 때려치웠습니다. 주변 사람들에게 걱정의 말을 많이 들었습니다. 그동안 별로 불안하지 않았는데, 집 짓기를 하면서 경제적으로 불안함을 느꼈습니다. 여기 계신 분들께 많이 배우겠습니다.

이문열 이야기가 한 바퀴 돌면서 불안한 것이 다 나온 듯합니다. 고립되어 있어 불안하고, 경제문제에 휩싸이면서 불안해진 것 같습니다. 이 자리에 모인 여러분들은 고립되어 있지 않다는 걸 확인하고 불안을 놓아 버리는 시간이 되길 바랍니다.

두 번째 주제는 "개인이나 사회가 가장 불안하게 생각하는 것이 무엇일까?", "문제를 풀어 가는 방법과 통찰하는 부분에서 불안이란 무엇일까?"라는 것입니다.

협동조합을 하는 저는 경영을 하면서 불안할 수밖에 없습니다. 계속 떠나지 않는 불안이 있어요. 선생님들 말씀에 따르면, 사람은 회복력이 있어야 한다고 합니다. 즉 나갔다 들어오는 힘이 있어야 하고, 떨림이 없으면 살아 있는 것이 아니라는 겁니다. 불안은 늘 있을 수 있지만 그걸 바로잡을 수 있는 힘이 있어야 합니다. 내일이 월요일인데, 또 불안해집니다.

"개인과 사회가 불안해하는 것, 또는 왜 그럴까?"에 대해 이야기를 나눠 봅시다.

이번에는 다른 쪽부터 돌아가면서 이야기를 해 볼까요?

조형찬 저는 다 불안해요. 개인의 불안은 사회 본질에 비춰 생각하면 생존에 대한 불안 같습니다. 저는 자아의 생존은 사회에 맡기지 못하는 것이라고 생각합니다. 어떻게 말씀을 드려야 할지 모르겠는데, '영성'이나 '신성'이라는 좋은 말들의 반대가 불안이 아닐까요?

이문열 사람이 언어로 표현할 수 있는 것보다는 표정으로 느낄 수 있는 힘이 있으니 편안히 말씀해 주시기 바랍니다.

이태옥 저는 건강이 가장 불안합니다. 50대 초반인데 왕성한 활동보다는 더 하고 싶은 것·좋은 것·못 해 본 것을 하고 싶은데, 건강염려증이 발목을 잡습니다. 저희의 건강 불안을 조성하는 것이 개인의 문제만은 아닐 거예요. 의사들은 진단받지 않는다고 해요. 자연치료나 죽음을 받아들인다고도 합니다. 그동안 속고 살았다는 생각이 들고, 사회가 만든 패러다임을 소비하게 만든 것 같아요. 우리는 조금만 몸에 이상이 생기면 불안해합니다. 40-50대는 거의 그런 거 같아요. 박원순 시장님 꿈이 과로사라고 한 것을 어느 책에서 읽은 것 같은데, 저도 동의합니다. "열심히 하고 싶은 일 하다 죽으면 좋지 않나? 건강·불안·사회가 불안을 조장하지 않는가?" 싶은 거죠. 아이들과 청년들은 왜 그리 불안한지….

오늘 머리에 화관을 쓴 진행자 청년들을 보며 '저 친구들의 삶처럼 적게 벌고 덜 소비하며 생활하자고 생각을 바꾸면 불안에서 벗어나 안정된 삶을 살게 되지 않을까?'라고 생각해 봤습니다. 불안을 조장해 자본주의가 이루어지지 않나 싶습니다. 작은 공동체가 희망의 대안이 될 것이라고 생각하며, 그런 네트워크를 만들어야겠다는 생각이 들었습니다.

김서학 사회적 불안도 자기 성취나 욕망이고, 돈이 많으면 많아서 불안, 없어도 불안합니다. 마음이 살아 있기 때문에 욕망이 생기고, 성취욕이 있기 때문에 불안한 것입니다. 그래서 아들이 직장 3년 동안 불안해했습니다. 사회현상과 개인 문제로 인격 형성이 잘 안 되고 사회에서도 뒷받침하지 않습니다. 나는 나대로 편안해야지 사회에 휘둘리면 안 됩니다. 개인이 불안하지 않는 것이 중요하고, 생활하면서 불안하지 않도록 해야 합니다. 세상에 믿을 놈 하나도 없고, 아무도 믿지 말라는 세상입니다. 그런 세상에는 공짜가 없음을 알고, 스스로 경계하고 대처해야 합니다. 남이 해결해 주지 않습니다. 스스로 욕망을 내려놓고 현 위치에서 만족하다 보면 되지 않을까요?

조태경 저는 어제와 그제 발제한 분들과 생태공동체에서 살기도 했습니다. 지구 축이 0.3도 움직이는 지각변동이 있었는데, 인간에게 미치는 영향이 심대하다고 합니다. 환경·핵 문제·건강·지엠오(GMO) 등 종합적인 문제가 지구온난화와 기후변화 등의 문제를 안겨 주고 있습니다. 개인들이 아무리 노력해도 불안지수가 높기 때문에 잡기가 힘듭니다. 지금 이 순간 평화를 생각하면 '다툼보다는 행복'이라는 생각이 듭니다. 단순한 진리의 말씀을 가벼운 원리로 마음공부 하고, 맑고 향기롭게 살다 보면 불안사회에서 주체로 살 수 있습니다. 이런 되알림(feedback)을 젊은 친구들과 잘 나누지 못합니다. 이 불안은 실체가 없고, 알코올·핸드폰·스포츠·드라마 등의 중독으로 본질의 문제를 회피하면서 불안의 스트레스를 풀지만 근원의 문제는 풀지 못하고 불안의 고통체에 계속 물을 주는 역할을 합니다. 초불안사회는 근본적으로 해결되지 않습니다. 우리 가족들과 주변 사람들과 나누면 되지 않을까요?

전진택 질문을 받고 불안한 것이 무엇인가 생각했습니다. 애들이 좀 많은데, 아이들의 미래에 대해서는 더 불안해합니다. 결국 각자 자기 난 대로 자기 삶을 살 것이라는 것을 알고 있으나, 아이들에 대해서는 특히 믿지 못합니다. 아이들을 방치하는 것이 최고라고 생각하는데, 잔소리하는 내 모습을 보면 온전하게 잘하고 있지는 못하는 것 같습니다. 내 아이들의 미래가 어떻게 될까? 하는 불안이 저를 자유롭지 못하게 합니다.

박현규 저는 사람은 죽을 때까지 불안해하는 존재라고 생각합니다. 인간의 감정은 본능적으로 먹고사는 것에 가 닿고, 욕심 때문에 돈을 벌고 권력을 지향합니다. 인간의 욕심은 지금 우주를 삼키려 하고 있고, 사회와 개인은 이런 부분을 어떻게 조절하느냐를 고민하는데, 그 해법이 영성이 아닌가 싶습니다. 다만 어떻게 개인의 상황에 맞게 접근하느냐가 문제라고 생각합니다.

이정주 말씀을 듣다 보니 저는 듣기만 해야지 말할 자격이 없는 것 같습니다. 교육자로서 수행의 삶을 살아왔지만, 나이를 먹다 보니 우리들 생각을 넘어서는 그런 부분이 있는데, 치열하게 삶과 마주한 분들의 말씀을 들어 보니 저와는 다른 면이 있네요.

화두처럼 생각나는 것이 있는데, 저는 6·25전쟁을 열 살 때 만났습니다. 전쟁 속에서 겪은 십 대는 불안, 20대 고등학생일 때는 오빠들이 모두 직장이 없는 그런 삶을 경험했거든요. 지금의 불안 기류는 무엇을 의미하는가? 어떻게 변화를 해 나가야 하는가? 그런 물음 속에서 저는 막연하지만 사람들의 지혜를 믿습니다. 엄청나게 이뤄 낸 과학의 현실을 보면서 더욱 믿게 됩니다.

이성전 제가 젊었을 때 사람들을 납치해 섬에 보낸다는 말이 떠돌았던 기억이 납니다. 당시 제가 해외로 나가야 해 불안한 상황인데, 사람들이 그러더군요. "교무님을 데려다 어디에 쓰겠어요?" 그 말을 듣고 해외로 갔던 기억이 있습니다. 요즘 생각하면, 지금은 다른 이야기로 들립니다. 내 스스로 내 일을 잘할 수 있어야 한다는 말로요. 내 빨래와 밥을 잘하고, 된장국도 잘 끓이고 이럴 수 있어야 하는데… 그런 생각이 마음속에 있습니다. 이제는 정년이 얼마 남지 않았는데, 무엇을 하면서 살아야 하나? 하는 거룩한 것보다는 밥해 먹고 빨래하는 것 등 그런 기본적인 일들을 하며 살아가는 삶에 관심이 많아졌습니다. 어제 누가 하신 말씀 중에 나왔던 북한 이야기를 다시 한 번 생각해 보면서 '간호조무사 교육을 받아 볼까?'라는 생각이 들었습니다. 북한에는 간호조무사가 필요하답니다. 같이 공부해 어려운 사람들을 도와 무엇을 어떻게 함께할까? 무엇을 하면서 편안히 먹고 자고 재밌게 살까? 이런 생각이 꼬리에 꼬리를 잇습니다. (웃음) 이것도 불안일까요?

신영철 "언제 불안할까? 왜 불안할까?"라는 주제로 이야기하다 보니 우리가 원래 앞일을 모르고 살아가는 불안한 인간이기 때문에 불안하지 않을까 싶습니다. 가장 근원적인 언급은 하지 않았는데, 인간이 생존하고 진화하면서 그것 자체가 압도적인 까닭에 불안하지 않을까요? 불안을 받아들이지 않는 것이 오히려 불안을 부추기는 것이 아닐까 하고 생각합니다. 저의 어릴 때 경험으로 미루어 생각해 보면, 조그만 일에도 불안했고 충분히 해결하고 치유되지 못하면 민감하게 받아들였습니다. 사회적으로도 변화가 컸고, 뒤떨어질까 봐 불안했습니다. 어느 정도면 불안하지 않고 살 수 있을까요? 남과 비교하니 시선이 밖으로만 향하고 경쟁 상황이 우리를 불안하게 만드는 것이 아닐까요?

남철우　저는 "어떤 불안일까?" 하며 책을 부지런히 넘기며 찾아보았는데, 책에는 그런 것이 별로 보이지 않아 그냥 제 얘기를 편하게 해 보겠습니다. 태어날 때 몸을 갖지 않고 태어났다면 구름으로 바람으로 편안히 지냈을 텐데, 몸이 있으니 먹고 배설하는 본분을 따라야 합니다. 대통령이라고 다를까요?

여행하다가 원불교 교당에 들어가 물은 적이 있습니다. "왜 원불교 교단을 만들었을까?" "주위 분들을 돕고 교단을 만든 분은 행복했을까?"

누구나 몸을 가지고 태어나는 것이니, 그 교단을 만든 성직자든 아니든 몸을 가지고 있다는 것만으로도 힘든 일이라고 생각합니다. 감당하기 위해 먹어야 하고, 해결하기 위해 공동체를 만들고 고민을 하는데, 그 자체가 불안합니다. 성인들의 자기희생이 저에게 크게 다가옵니다. 우리는 그럴 수 있을까? 그렇다면 어디까지 가능할까? 그런 것들이 저의 고민입니다.

참석자　지금 엄청 불안하네요. (웃음) 여러분들이 말씀을 다 하신 거 같아서 제가 뭘 말해야 할지 모르겠지만, 믿음·사랑이라는 단어가 습관처럼 떠오릅니다. 사람들과 얘기하면서 느낍니다. 모두 자기 자신을 위한 말을 합니다. 말을 잘하다 자기 믿음이 벗어나면 흔들립니다. "어떤 이는 차근차근 조곤조곤 말을 잘하는데 그건 왜 그럴까? 어쩌면 그건 믿음에 관련된 감정 때문이 아닐까 싶기도 하고, 몸이 아닌 감정에서 나오는 것이 아닐까 싶기도 합니다. 그런 걸로 판단하는 것이 습관이 아닐까 싶기도 합니다. 사람은 습관에 의해 성품이 달라진다고 합니다. 감성과 이성이 평소에 어떤 상태에 있는가, 상황에 따라 감정이나 지속적인 믿음을 수련하는가에 따라 사람들이 모든 걸 잘 해 나갈 수도 있고, 정도에 따라 흔들림도 줄어들지 않을까 합니다.

참석자 7-8년 전 오사카·교토·나라·고베를 배낭여행한 적이 있습니다. 기차를 탔는데 일본인들은 거의 떠들지 않더라고요. 한국 사람들은 기차 안에서 굉장히 시끄럽습니다. 요즘 서울 사람들은 지하철이나 열차에서 조용합니다. 일본인들은 남을 의식해서이고, 한국인들은 모두 핸드폰을 보느라 조용하다는 차이가 있긴 합니다. 앞에 있는 사람들을 보는 게 불안하니까 남의 시선을 회피합니다.

한국인들은 등산복을 단체복(유니폼)처럼 입습니다. 해외여행을 가서도 등산복을 단체복처럼 입습니다. 그리고 사람들과 다닐 때 남의 시선을 너무 의식합니다. 남을 의식하지 않는 것이 덜 불안하지 않을까요?

외손자를 키우는데 잠깐 한눈판 사이에 아이가 먹지 말아야 할 약을 먹어 병원에 간 적이 있습니다. 어른 셋이 아이를 보호하면서 키우는데도 이런 일이 벌어지니, 그렇지 못한 다른 사람들은 더 불안하지 않을까요? 아프리카로 봉사 활동을 갔을 때 극빈한 이들을 만났는데, 가난하다고 불안하거나 불행해 보이지 않았습니다. 한 아이를 키우는데 온 마을이, 세상이 내 가족처럼 함께하니 불안이 없나 보다라는 생각을 하면서 주변에 아는 기자들과 이야기를 나눠 보니, 대부분 동의하지만 내 아이한테만큼은 아니라고 합니다. 함께하면 불안하지 않은 세상이 되지 않을까요?

류현진 저는 출가 전에는 경쟁에서 도태될까 봐 잘해야 한다는 생각이 있었고, 출가해서도 잘해야 한다는 생각이 늘 있어 왔습니다. 남들에게 잘 사는 것처럼, 성공한 것처럼 보이려고 끊임없이 추구하는 마음이 곧 불안이 아니었나 싶습니다. 사람이 잘하고 능력을 인정받아야 사랑받지 그렇지 못하면 사랑받지 못한다는 두려움이 있었던 것 같습니다.

조법현 사회자에게 질문이 있습니다. 불안·걱정·근심·염려가 다 통하는 것이지요? 다 합쳐 초불안이라고 하나요? 개인과 사회가 가지고 있는 불안이 있는데, 우리나라를 보면 두 종류의 불안이 있습니다. 좋은 불안과 좋지 않은 불안이 있습니다. 걱정도 진화하며, 초불안 자체가 불안에 초점을 맞추고 있습니다.

유럽은 등록금 무료로 교육하고 있습니다. 유럽이 교육에 그렇게 투자하는 데 반해, 우리는 국방비만 1,000억입니다. 우리 민족처럼 어리석은 민족은 없습니다. 여전히 형제끼리 총을 겨누는 행동을 하고 있으니…. 통일에 대한 염원이 있어야 합니다. 통일에 대한 불안, 이것이 초불안입니다. 통일이 되면 반값 등록금 문제도 해결되지 않을까요?

김재형 마지막이니 긍정적 부분에 대해 이야기해 보겠습니다. 우리가 무엇의 제목을 정할 때 열심히 정하는 것이 아니라 그 제목이 필요하기 때문에 정하는 것이라고 생각합니다. 이런 시기가 실제로 온 것 같은 느낌이 듭니다.

이번 국제학술대회를 관통하는 제목은 '대전환과 대적공'입니다. 개인의 삶을 봐도 전환이 오는 게 느껴지는데, 그 전 단계로 엄청난 불안이 오는 것 같습니다. 많은 사람들이 큰 변화를 앞두고 극심한 상처를 받고 있습니다. 마음의 전쟁 상태라고 봅니다. 그다음에 무엇이 올지 모르겠으나, 공덕을 쌓아야 합니다. 여기 모인 분들은 그렇게 해야 하지 않을까요? 답은 있는데 너무 길고 시간이 없어 이야기를 못합니다. 하나만 말하면 '변화'입니다. 선물이라는 의식이 생길 것입니다. 미래에는 의식 전환이 생겨 엄청나게 많은 것을 나눠 주게 될 것입니다.

임태민 지금 드는 느낌은 초불안을 떼어 놓고 영성에 대해 청문회를 하는 느낌이라 기분이 좋습니다. (웃음) 사회적 불안이 실제로 존재하는지, 다른 사람들이 나를 어떻게 볼지, 말실수를 해 나를 낮춰 보지 않을지에 대해 두려워하며 자기를 지키려는 생각에서 불안이 나오지 않나 싶습니다. 지금 제가 그것을 알고 있다는 것이 다행이고, 더 다행인 것은 지금 이 자리가 영성이고 나를 지키는 것이 영성인지, 지금 올라오는 것이 영성인지를 생각한다는 것입니다. 감명 깊은 것은 사랑이라는 것을 느꼈을 때 기뻤고, 어떤 생각으로 일하지 말고 사랑으로 일하라는 구절을 말씀드립니다.

박샘별 다들 좋은 말씀을 해 주셔서 감사합니다. 저는 분석적인 말보다는 깨달은 경험을 말하겠습니다. '불안하면 안 돼!'라는 생각이 더 불안하게 합니다. 불안이라는 요소를 어떻게 다스릴까 하는 생각보다 불안을 인정하고 공감하는 것이 더 낫습니다. 진정한 긍정은 부정을 절단하는 것이 아니라 부정을 인정하는 것입니다.

추신수 불안한 요소가 무얼까 생각했는데, 미래를 예측하기 힘들 때 불안이 가중된다고 생각합니다. 제가 가지고 있는 생각이 통제되지 않을 때 불안이 심해집니다. 저는 '하얀 까마귀'라는 모순된 닉네임을 쓰고 있는데, 하얀 까마귀가 실제로 있습니다. 비난이나 지탄이 두려워 하얀색으로 위장하고픈 도피 심리로, 하얀 까마귀라는 뜻이 개인적으로 마음에 듭니다.

말이 쉴 틈 없이 달리는 상황에서 인디언들은 갑자기 멈춰 서는데, 너무 빨리 달려 영혼이 따라오지 못할까 봐 멈춰 선다고 합니다. 앞만 보고 달리는 사회 시스템과 비슷합니다. 말의 눈가리개를 벗겨 주면 스트레스가 덜하다고 합니다. 사회 시스템이 뒷받침된다면 해결될 수 있습니다. 그리고 그것을 바라보는 사회 기준과 상식에 미치지 못할 때 비난하지 않는 관용을 좀 더 발휘해야 개인의 약점이 보완되고 불안을 극복하는 사회 시스템이 생겨납니다. 서로를 바라보는 관점이 필요합니다. 어릴 때부터 객지에서 사회생활을 하면서 여러 어려움을 겪고 감당하면서 긴장과 강박에서 벗어나려고 노력했습니다. 지금까지도 그렇게 살아왔는데, 앞으로도 그런 삶을 계속 살아야한다는 것이 고단하다는 생각이 들었습니다. 약간은 이기적으로 저 자신을 챙기면서 행복하게 살고 싶어 다니던 회사에 사표를 냈습니다.

방희섭　살기 좋다고 알려진 덴마크나 스웨덴의 자살률이 높다고 하는데, 그 이유가 궁금합니다. 불안도 살아 있는 감정이고 영성과 연관이 있다고 봅니다. 드러내야 할 필요성을 느낍니다. 빛과 어둠이 공존하고 있듯이 불안해서 싫다고 외면할 수는 없습니다. 공감하고 인정해야 합니다. 공유하면 다른 방식의 극복이 되지 않나 생각합니다.

이무열　모두가 좋은 이야기였습니다. 편안하게 피하지 않고 안아 주는 것이 영성이라는 말씀인 것 같습니다. 이제 돌아가시면서 그동안 생각해 본 청년의 불안에 대해 공감해 달라는 말씀을 드립니다. 영성은 실천입니다. 청년의 영성에 대해 고민하고, 실천하고, 안아 주는 공감의 실천을 해 주시기 바랍니다.

각각 다른 이야기이지만 같은 결을 가지고 고립이 우리를 힘들게 한다는 이야기를 나누었습니다. 저는 브랜딩 디자이너이고, 관계를 기획하는 사람입니다. 지역과 사람, 사람과 사람이 어울리며 온 우주가 평화롭게 살아가기를 바랍니다. 고립되지 않고 같이 더불어 살고 있다는 것을 서로 옆 사람과 눈인사로 확인하면서 이 자리를 마치겠습니다.

사회운동과 영성

진행 : 양재성_목사

양재성　이 자리에 함께한 분들을 소개합니다. 원주에서 오신 녹색당 농업인 전희식 님, 원주 사회적 기업의 변재수 님, 전주의 고백교회 목사 이강실 님, 경남 창원에서 오신 가톨릭 신자이자 삶예술연구소 소장 김유철 님, 정토회·에코붓다 전 대표이며 불교환경연대 비상대책위원장 유정길 님, 전북 진안의 농부 박한용 님, 울산의 초등학교 교사이며 천도교 보은취회 추진위원장 하혜영 님, 구례 시인 박두규 님, 원불교 퇴임 교무님, 경기도 성남시민 이성호 님, 서울 향린교회 목사 조헌정 님, 천도교 한울연대 김용휘 님, 그리고 원불교대학원대학교 교무 전상현 님, 원불교 교무 강해윤 님입니다.

우선 그동안의 진행 과정을 소개하겠습니다. 이 섹션에 글을 내 주신 여덟 분 중 네 분이 오셨습니다. 우선 네 분의 이야기를 5분씩 듣고, 참석하지 못한 네 분의 원고를 토대로 잠깐 소개와 느낌을 이야기하겠습니다. 그런 뒤 차례대로 한 바퀴 돌아가면서 자유롭게 의견을 개진하고 마무리하는 방식으로 진행하려 합니다.

먼저, 1분간 침묵하는 시간을 갖겠습니다.

양재성　이번 포럼에 영성 섹션이 네 개 있었는데, 우리가 관심 가진 분야는 그중에서 "사회운동에서의 영성이 어떤 의미와 가치를 가질 수 있을까?"라는 것입니다. 영성운동하는 분들은 너무 깊은 산속에 은둔해 있고, 사회 현장에 나와 있는 분들은 소진되고 있습니다. 어떻게 이 간극을 좁혀 영성운동하는 사람도 실천적 삶의 영역으로 공유할 수 있고, 정치나 현장의 운동가들도 영성의 힘을 갖고 운동을 할 수 있을까 하는 고민들이 있었습니다. 그래서 열 분께 원고 청탁을 했는데, 사정상 수락하지 못한 두 분을 제외하고 여덟 분이 원고를 주셨습니다. 종교와 운동 영역을 배려해 개신교 목사님·원불교 교무님·스님·천도교 신자·시인·환경운동가 등등 여덟 분의 글을 실었습니다. 제가 정리하느라 전체를 읽었는데, 소중한 원고들을 제출해 주셨습니다. 그것을 토대로 이야기하되 굳이 여기 묶여 있을 필요는 없고, 여러분들이 생각하는 사회 전반에 대한 운동 이야기·영성적 가치·살아가는 이야기·현장의 이야기와 그 안에 담겨 있는 영성 이야기를 하겠습니다. 이야기를 부드럽게 열어 가기 위해 글을 써 주신 네 분의 이야기를 먼저 들어 보겠습니다.

'한 몸 평화영성' 이강실 목사님, 강해윤 교무님, 김용휘 교수님, 조헌정 목사님 순서로 네 분의 이야기를 5분 미만으로 듣겠습니다. 먼저 이강실 목사님의 이야기를 듣겠습니다.

이강실 만나 뵙게 되어 반갑고, 좋은 분들과 함께 이야기할 수 있는 기회를 기쁨으로 생각합니다. 제가 소개하려는 영성은 모두가 다 알고 있는 것이지만, 제 경험과 언어로 잠깐 소개하려고 합니다. 제가 일생을 살아오면서 큰 질문이 두 가지 있었습니다.

어릴 적부터 교회에 다녔지만 대학을 다니며 하나님에 대한 고민이 많았습니다. 사회운동에 눈을 뜨면서 하나님에 대한 질문투성이었습니다. "하나님이 존재하는가, 존재한다면 누구인가?"라는 질문을 끊임없이 하면서 40세에 이르러서야 그 질문에 대한 해답을 찾았다고 볼 수 있습니다. 두 번째는 제가 대학교 때부터 사회변혁운동에 참여했는데, 그러면서 생긴 질문입니다. 지금까지 거의 40년이 넘는 세월을 사회운동에 몸을 담고 있는데, 사회변혁운동을 하면서 느낀 것이 왜 변혁 운동을 하는 사람들끼리 싸우고 미워하고 분열할까? 입니다. 그리고 그 원인이 무엇일까를 생각했는데, 사회변혁 운동만으로 행복해질 수 없다는 것을 느꼈습니다. "사회변혁과 함께 개인변혁이 이루어지지 않으면 안 된다. 그렇다면 사회변혁과 개인변혁 두 가지를 아우르는 것이 무엇일까?" 저의 관심사는 이 두 가지였습니다.

그러다가 통일운동을 하면서 한 가지 수수께끼를 만났는데, 탈무드에 나오는 이야기입니다. 어떤 사람이 몸통 하나에 머리가 둘 달린 아이를 낳았습니다. 그 아이가 하나냐, 둘이냐는 질문이 탈무드에 나옵니다. 거기에 나오는 해답은 이렇습니다. 머리 하나를 때리면 다른 머리도 아파서 울 것 아닙니까? 그때 다른 머리가 울지 않고 웃으면 두 사람이지만, 같이 따라 울면 한 사람이라는 것입니다. 나라를 잃은 유대인 엄마들은 아이에게 "우리는 하나의 민족이니 같이 아파하고 웃어야 한다."라고 가르쳤습니다. 처음 그 수수께끼를 접하면서 '아, 남북관계를 말하는구나.'라는 생각을 했고, 뒤에 그 수수께끼를 많이 인용했습니다.

분단 50년째 해에 제 남편이 50년 동안 통일을 이루지 못해 마음이 아파 잠을 못 이루다가 또 하나의 수수께끼를 발견했는데, 그것은 "같이 아파하든 아파하지 않든 이미 한 몸이다."입니다. 아픈데 머리 하나가 아파하지 않고 웃는 것은 하나라는 것을 모르기 때문입니다. 그러니 아파하든 아파하지 않든 이미 한 몸이라는 것입니다. 남과 북을 둘로 놓고 둘이 하나가 되는 것이 아니라 이미 한 몸이라는 이야기에서 출발한다면, 운동의 방향이 달라지지 않을까 하는 생각을 하게 된 것입니다.

그런 통일운동 속에서 한 몸이라는 것, 이것이 확대되면서 단순히 남북만이 아닌 자연과 인간·사람과 사람·더 나아가 하나님과 인간·신·진리가 모두 한 몸의 관계라는 것을 깨닫기 시작하고, 저에게 '한 몸 의식'이 뚜렷해졌습니다. 제가 가졌던 두 가지 질문에 대해 제 나름대로 정리를 하게 된 것입니다.

먼저 한 몸이라는 것을 신앙적 의미에서 정리하자면, 지금까지 하나님에 대해 회의를 가졌던 이유는 이원론적 관계로 생각했기 때문입니다. 인간과의 관계를 내적으로 분리된 관계로 해석하다 보니 고민과 갈등이 생길 수밖에 없었습니다. 그래서 하나님과 인간의 관계를 한 몸 관계로 보기 시작했는데, 이미 예수님이 하나님을 아버지로 본 것은 상징적 의미가 있다고 생각합니다. 지금까지 우리가 구원론을 말할 때, 인간은 원죄가 있고 이 원죄를 구원받기 위해 누군가 타자로부터 구원이 와야 한다고 했습니다. 인간이 인간을 구원할 수 없으니까요. 그러니까 예수님이 인간을 구하는데, 예수님은 인간일 수 없어 신이라는 것이고, 그 구원은 천국에 가는 것, 죽어서 가는 이런 논리로 인식합니다. 그렇다 보니 기독교가 예수를 신으로 설정하게 되고, 인간과 하나님을 분리된 존재로 보게 되었습니다. 인간은 죄악 덩어리 그 자체이고, 하나님은 인간 외에 계신 분으로서 철저히 분리되고 삶과 신앙생활이 분리되었습니다. 내세 지향적, 미래 지향적이 되고 '여기'가 아닌 다른 세계를 말하게 되면서 신앙에 문제가 생겼고, 구원이 어떤 행동에 대한 보상 심리로, 상벌 개념으로 인식되면서 기독교인들을 극도로 이기적이고 탐욕적인 자본주의적 인간으로 강화시켰습니다.

예수님이 하나님을 아버지라고 부르는 것은 근원을 말하는 것입니다. 하나님과 인간의 관계는 아버지와 자식의 관계처럼 분리될 수 없고 이미 한 몸 관계이며, 인간은 원죄의 존재가 아니고 그 자체로 하나님의 자녀로서 신성을 보유하고 있는 존재라는 것입니다. 구원은 미래가 아닌 바로 지금 여기 내 안에 있는 신성을 발견하고, 지금 여기에 하나님과 함께하는 바로 그것이라는 생각이 들었습니다. 그러면서 제가 '한 몸 신앙' 안에서 신앙관을 정립하다 보니 지금 삶의 종교, 지금 여기 깨어 있음, 지금 여기 온전히 거하는 것 그 자체가 이미 온전함을 알게 되었습니다. 이런 생각이 들면서 하나님에 대한 신앙관을 새롭게 정립할 수 있는 계기가 되었고, 그 안에 사회변혁과 개인변혁을 아우를 수 있는 영성을 찾다 보니 '한 몸' 원리에서 우리의 사회변혁운동이 놓치고 있는 점이 있다고 생각하게 되었습니다.

저는 '한 몸'이라는 이야기가 모든 종교에서 말하고 있는 것이고, 모든 진리가 획일화되고 있다고 생각합니다. 불교에서는 동체대비(同體大悲)라고 하고, 원불교에서는 일원상의 진리라고 말하고 있는데, 저는 이 '한 몸'의 원리를 신약의 성서로 풀어 보았습니다. 〈고린도전서〉 12장에 '한 몸'이라는 이야기가 나오는데, 그 원리를 많은 사람들이 관계성과 다양성으로 이야기하고 있습니다. 〈고린도전서〉 12장에 나오는 말은 "몸은 하나로 되어 있지만 지체가 다양하다."라는 것입니다. 그런 점에서 '한 몸'의 원리는 다양성입니다. 다양성이 생명을 유지시켜 주지 않습니까? 코만 있으면 생명을 유지할 수 없습니다. 관계성 자체에 다양성이 포함되어 있는 것입니다. 이 세상의 색깔을 따지면 무한한데, 그 이유는 만약 '빨주노초파남보'만 있는 게 아니고 그들이 수없이 관계를 맺어 무한한 색깔을 낼 수 있기 때문입니다. 그것처럼 이미 다양성 안에 관계성이 있고, 관계성 안에 다양성이 있는 것입니다.

그런데 저는 〈고린도전서〉 12장에서 말하고 있는 것을 한 가지 더 보았습니다. 약자 중심성입니다. 거기에는 "보잘것없는 부위를 더 귀하게 여기고 몸의 전체적인 균형을 살린다."라는 표현이 나옵니다. 몸의 원리라는 것은, 만약 어느 한 부위에 병이 났는데, 예를 들어 위암이라고 했을 때, 다른 부위가 나는 내 일을 하고 너는 네 일을 알아서 한다고 하면, 위는 스스로 회복시킬 힘이 없기 때문에 병이 커질 수밖에 없으니 서로 돕습니다. 몸의 원리는 아픈 부위를 살리는 것이 전체를 살리는 것이라는 것을 알고 있습니다.

약자 중심성 원리로 제가 '한 몸'이라는 표현을 굳이 쓰는 이유는, 우리가 하나라고 말할 때, 그 하나라는 원리를 몸을 통해 본다면 관계성과 다양성, 약자 중심에 있지 않나 싶어서 입니다. 저는 이것을 본 것이죠. 다양성을 자유·자율·주체성이라고 본다면, 공동체성은 사랑이라고 말할 수 있고, 약자 중심의 정의라고 말할 수 있습니다. 그래서 사랑·자유·정의가 어우러지는 그런 '한 몸'의 영성을 회복할 때 진정한 평화를 이룰 수 있지 않을까 하는 생각이 들었습니다.

그런데 사회변혁운동에서 부족한 점은, 정의를 말할 때 처벌적인 정의·분배적 정의·물질 분배에 머물러 있다는 것입니다. 요즘 나오는 정의의 개념은 회복적인 정의를 말합니다. 우리가 운동에서 적대자·적과 나·남과 나로 구분하는 것을 넘어서서 적이라고 하는 사람조차도 같이 정의를 이룬다는 것은, 그 사람이 가지고 있는 하나님의 신성을 회복시키고, 모든 사람 관계가 '한 몸'의 관계로 돌아오는 그런 방향의 정의 회복으로 나아가는 것입니다. 그런 면에서 정의를 위한 사회변혁운동을 말할 때, 관계 회복과 함께 나아가는 사회변혁운동으로 가려면 우리는 어떻게 해야 할까요? 현실적으로 우리 운동의 한계점은 항상 분리시키는 것입니다. 진보 분열의 이유는 자기만 옳고, 자기를 절대 존재로 여기며, 다른 사람을 적이나 반대 개념으로 보는 데 있습니다. 그러나 옳고 그름으로 보지 않고 모든 사람을 '한 몸'으로, 상대방을 인간으로 바라볼 때 운동 방식도 달라지지 않을까 싶습니다.

또 하나는 진영의 논리와 정파주의 문제입니다. 모든 사람이 행복하고 평화로운 세상을 만든다지만, 정파와 권력 지향 주의 운동 방식으로 나가는 것이 문제입니다. '한 몸 평화' 영성으로 나아간다면, 그런 부분도 새롭게 바라보면서 우리의 운동도 달라지지 않겠습니까!

'한 몸 평화'의 영성을 통해 나름대로 제 질문 두 가지를 해결하면서 이러한 영성운동이 평화로운 세상을 만들어 갈 수 있다고 생각합니다.

강해윤 주제 강연에서 이미 종교의 한계를 넘어서는 영성에 대한 말씀을 하셨습니다. 원불교 교무로서 소태산 대종사의 깨달음으로 시작해 원불교 100년이 되었는데 그동안 "소태산 대종사의 깨달음이 무엇일까? 하는 질문은 수없이 되새겨 왔습니다. 저도 역시 "그 깨달음이 무엇일까?"에 대해 수없이 많은 이야기를 할 수 있습니다만 세 가지로 정리하면, "만물의 본질을 깨달으셨다." "마음이 곧 부처임을 깨달으셨다." "개벽세상을 깨달으셨다."입니다.

대종사님은 깨달음을 얻으시고, 첫 일성을 "만유(萬有)가 한 체성(體性)"이라는 말로 시작합니다. 다른 분들도 동의하지만, 생명운동 관점으로 볼 때 모든 생명이 하나로 연결된다는 것은 이제 과학에서 밝히고 있습니다. 그리고 시간을 되돌려 보면 충분히 유추하는 게 가능합니다. 비록 지금은 다른 모습을 가지고 있지만, 모든 생명체들이 사실은 근원적으로 하나였습니다. 그래서 "사람은 바다에서 왔다."는 말도 합니다. "물고기에서 왔다."고 하면 사람들이 뭐라고 하기도 합니다만, 결국은 하나의 먼지에서 왔다고 말합니다. 그 이전에 대해서는 말하지 말자고 합니다. 그렇게 보면 지금 만물이 여러 가지 모습을 갖고 있지만, 이것들의 근본이 하나라는 것을 우리가 깊이 인식하고, 나 자신도 그 안에 있는 우주적 존재라는 것을 늘 각성한다면 사물을 바라보고 생명체를 바라보는 관점이 달라질 것이라고 봅니다.

제가 맡은 분야가 생명운동과 영성인데, 제가 20년 동안 환경운동 현장 활동가로 활동하면서 늘 패배하는 운동을 하는 것에 대한 질문을 많이 받습니다. 운동을 한 사람도 그런 이야기를 합니다. 예를 들어 새만금은 이미 다 막혔고, 4대강에 온 몸을 다 던졌어도 4대강은 다 파헤쳐졌고, 핵 발전은 지금도 계속되고 있습니다. 이런 것을 보면서 운동 하는 사람들 내부에서도, 이를테면 무너지는 운동이 아니냐는 말을 합니다.

그러나 저는 다른 관점에서 본질적으로 누가 옳은 것을 주장하고 있는 것인가를 생각합니다. 갯벌이 살아야 하고, 그 안에 생명이 살아야 하고, 강이 살아야 합니다. 그래야 사람이 살고, 사람이 살아가는 행복을 누릴 수 있습니다. 우리는 제주의 바윗덩어리가 왜 소중한지를 계속 이야기해야 합니다. 긴 시간으로 볼 때 그것이 자본에 의해 파괴되지 않도록 지켜 내는 것이 옳고 정의롭고 가치 있는 일이라고 생각합니다. 실제로 파괴되고 무너지고 있다고 할지라도 그 운동이 가치가 없는 것은 아니라고 주장합니다. 주제 강연에서 나왔지만, 사회운동 하는 사람들은 근본적으로 우주적 존재라는 것, 그리고 큰 각성과 영적 지층이 두터운 사람들이라는 것을 저도 인정합니다.

자본주의 이야기를 안 할 수 없습니다. 사람이 몸으로 들고 갈 수 있는 양만큼만 취할 수 있었다고 한다면, 과거 농경 사회에서 누군가 농사를 지어 더 많이 가져가려고 욕심을 부려 봤자 한계가 있었겠지요. 요즘 화폐가 눈에 보이지 않게 코드화되면서 인간의 욕망이 극대화된 것 같습니다. 그것을 자본주의가 부추기기 때문에 자본주의를 극복하지 않고는 운동이라는 것은 한계가 있을 수밖에 없고, 그 안에서 우리는 절망할 수밖에 없습니다.

앞으로 자본주의를 넘어서야 하고, 그런 부분에서 이번 전체 학술대회 주제는 시기적절하고, 한국사회에서 우리가 문제를 제기하고 함께 생각해 볼 만합니다. 자본주의를 극복한다고 해서 우리가 반문명적인 삶을 살아야 한다는 말이 아닙니다. 이 문명을 넘어선 생명운동의 영적 바탕은, 모든 생명이 하나로 연결되어 있고, 그 속에서 우주적 존재로 내가 존재한다는 것을 각성하는 것이라고 생각합니다.

김용휘　요즘 저는 최근에 가장 유행하고 있는 대중적인 베스트셀러인 〈사피엔스〉에 관심을 갖고 있습니다. 우연히 저자가 직접 온다는 소식을 접하고 경희대에서 하는 특강에 다녀왔습니다. 저자인 이스라엘 역사학자 유발 하라리의 강연에는 약 1,000여 명이 왔습니다.

강연 내용은 7만여 년 전만 해도 여러 대형 동물 중 중간 정도 위치에 있었던 사피엔스가 어떻게 지금의 지구를 지배하게 되었는지에 대한 것이었습니다. '이야기를 만들어 내는 능력'이 유일하게 사피엔스에게 있다며, 그것을 인지 혁명이라고 했습니다. 이후 농업 혁명이 일어나고 500년 전 과학 혁명이 있었으며, 지금은 인공지능 혁명이 일어나고 있다고 했습니다. 그런데 이

혁명에 의해 자칫하면 100년 안에 사피엔스 종도 없어지고, 그 자리를 인공지능이 대체할 가능성이 크다고 했습니다.

다양한 형태의 인공지능이 인간의 몸으로 들어오고 있는데, 앞으로 인공 심장으로, 인공 눈으로, 나중에는 뇌로도 들어올 수 있고, 1%의 부자들이 이를 독점하게 될 것입니다. 그 밖에도 인간의 과학기술·생명공학·유전자공학에 의한 줄기세포 이용의 엄청난 위험성에 대해 말하지만, 저자는 위험성을 이야기하는 것만으로 충분하지 않다고, 이미 시도되고 있다고 합니다. 인공지능이 일부 기업의 의사 결정에 참여하고, 인공지능이 소유권을 가질 수도 있다고 했습니다. 기업 자체가 하나의 법인이라고 하는 법적 주체가 되고, 소유를 할 수 있고, 법적 대상이 되기도 하잖습니까? 인공지능도 비록 의식은 없다고 해도 지능과 몸이라는 개체를 가지고 있기 때문에 얼마든지 가능할 것 같습니다.

그 강연을 듣고 수많은 생각이 들었습니다. 사회적으로 '헬조선'이라고 하듯 여러 가지 사회적 문제가 일어나고 있는데, 이런 과학기술에만 의존하면 삶이 지속 가능하지 않을 수도 있겠다는 불길한 예감이 듭니다. 세계 경제를 돌아보면 필연적으로 전쟁을 겪었는데, 미래를 생각해 보면 낙관적 전망보다는 비관적이고 우울한 재앙이 닥쳐오는 것을 막을 길이 없어 보입니다. 예상되는 재앙 중에는 대한민국에 해당하는 현안도 몇 가지 있는데 조금 거시적으로 봐야 합니다. 남북 관계에는 변수가 많은데, 부작용을 감안해 좋은 방식으로 해결해야 합니다. 그래서 어떻게 해야 하는지 공부를 많이 하고 있습니다.

동학의 관점에서 저 나름대로 대안을 생각합니다. 동학의 수운이 깨달은 것, 그것이 저는 천도라고 생각합니다. 천도는 동아시아 성현들이 깨달아 추구하고자 했던 것입니다. 그것을 자기 인격과 삶과 사회에서 구현하려는 것이 덕입니다. 유가든 도가든 구분 없이 천도를 깨닫고, 그것을 자기 인격과 삶 속에서 구현하는 것이 덕입니다. 도덕은 오늘날 에틱(ethic)이라는 개념으로 쓰이지만, 도와 덕, 천도를 깨달아 자기 삶에서 구현하려던 것이 동아시아에서 모든 것의 주제였다는 것을 알게 되면서 소름끼치는 느낌을 받았습니다.

천도는 다른 것이 아니고, 요즘 식으로 말하면 우주의 운행 원리이고, 자연의 원리이며, 생명 순환의 원리인 것입니다. 그것을 존중하는 삶이 좋은 삶이고, 그럴 때 사회가 조화롭게 흘러간다고 보는 것입니다. 이것을 윤리적으로 해석해 인·의·예·지라고 하면서 인류의 질서를 강조했습니다. 동학은 그것을 다시 회복해 과학기술에 의존하는 삶이 아닌, 대자연의 도에 따르고 순응하는 삶을 추구한 것입니다.

저도 개인적으로 인공지능이나 과학기술이 염려스럽습니다. 거기에 의존하지 않고 다시 천도에 순응하고 크게 따르는 삶을 살아야겠다고 생각합니다. 아이를 낳고 기르고 교육하고 모든 영역에서 자연의 원리와 생명의 원리를 존중하는 방식으로 살아야겠습니다. 가장 중요한 것은 몸과 마음을 잘 다스리는 기술입니다.

옛 성현들은 삶의 방식을 가르쳤습니다만, 요즘은 국·영·수 등 지식을 가르칩니다. 의식주를 생산하는 방식, 아이를 낳아 기르고 교육하고, 사랑하는 사람과 좋은 관계를 유지하고, 더 중요한 것으로 몸과 마음을 다스리는 기술을 배워야겠습니다. 우리는 그런 것을 배우지 못하고 살아가기 때문에 그것을 상품이나 서비스로 구매할 뿐, 스스로 그런 삶의 기술을 갖추지 못합니다. 우리가 행복하기 위해서, 사회를 변화시키기 위해서 근본적으로 우리의 시스템 자체가 과학 문명에 의존하는 것이 아니라, 천도·자연의 원리와 생명의 원리를 따르는 삶의 방식과 기술을 터득해 나가야겠다는 생각을 합니다.

또 한 가지 이야기를 하면, 영성은 몸과 마음을 더 잘 이해하고 활용할 수 있는 것이라고 봅니다. 마음이 중심과 힘을 가져야 합니다. 그런 마음은 한 가룹지만, 그것이 옳은 방향이고 모든 사람들이 평화롭게 공존할 수 있도록 하기 때문입니다. 그래서 결과에 연연해 하지 않고 첨예하게 기다리면서 꿋꿋이 그 길을 가는 것입니다. 침묵의 시간을 통해 자기중심성을 갖춰야 합니다. 그런 시간을 통해 자기의 호흡을 가다듬으면서 가야 하는, 그러면서 몸과 마음을 스스로 조절하고 삶의 기술을 터득해 나가는 과정이 저는 개인에게 좋은 삶이고, 자기의 행복을 찾고 공존할 수 있는 삶이라고 생각합니다.

인공지능 혁명이 진행되고 있다면, 이야기를 만들어 내는 것이 특정인 우리 사피엔스는 새로운 이야기를 만들어야 하고, 영성 혁명의 새로운 길을 만들어야 합니다. 파국이 아닌 공존의 험한 길일 수 있겠지만 그 길이 있을 것이라고 믿고, 우리가 함께 그 어려운 길을 결국은 만들어야 하지 않을까 합니다.

조헌정 제가 담당한 제목은 정치현안운동과 영성입니다. 쉽게 말해 정치 영성입니다. 크나큰 가르침이라고 하는 모든 종교의 기원은 차별받고 억압받는 민중들의 아픔을 어떻게 해결할 것인가 하는 고민 속에서 시작되었습니다. 그러나 종교가 정치권력화되어 교리가 없어지면서 자신들의 교리에 맞지 않는 것은 이단으로 몰아 피를 부르기까지 했습니다.

이를테면 불교의 싯다르타도 민중의 아픔을 고민했는데, 오랜 세월을 거쳐 권력화·교리화되었습니다. 제가 이해한 바로는 소태산 대종사도 혁신을 위해 시작했고, 주된 초점은 민중의 아픔을 어떻게 함께할 것인가 하는 고민에 있었던 것 같습니다. 기독교의 예수도 마찬가지입니다. 구약의 요점인 "모세로부터 이어지는 율법을 따르는 것이 하나님의 뜻을 이루는 것이다."라는 것에서, 예수는 "법이 사람을 위해 존재하는 것이지, 사람이 법을 위해 존재하는 것이 아니다."라는 인간 중심, 사람 중심의 개혁운동을 펼쳤습니다. 예수는 성전을 깨끗하게 하고, 때로는 예루살렘 성전의 벽을 허물라는 강력한 발언을 하면서 결국 십자가에서 죽게 됩니다. 이후 로마의 국교가 되고, 또다시 교회가 정치권력화되면서 기독교의 암흑기가 찾아옵니다. 그리고 민중의 아픔과 위배되는 종교로 가다가 15세기에 또다시 개혁운동가들의 개혁이 있었고, 최근 프란치스코 교황도 아파하는 자들과 함께하는 교회로서 민중과 함께하는 신앙운동을 이어가고 있습니다.

사실 기독교의 가장 큰 오해 두 가지 중 하나는 '예수천당 불신지옥'입니다. 그 말은 예수의 가르침이 아니라 서구 2,000년 기독교가 권력화되면서 교회론자들이 만들어 낸 것입니다. 예수는 그렇게 가르친 적이 없습니다. 하나님의 나라가 이 땅에 오려면 지금 여기의 구원이어야 합니다.

다른 하나는 부활입니다. 개인 육체성의 부활이라는 의미로 서구 기독교 신앙에 의해 교리화되어 있습니다. 원래 예수 복음서 말씀에 의하면, 예수께서 부활의 몸을 보여주지 않습니다. 〈마가복음〉에 보면 "천사가 말하기를 갈릴리에서 만나자. 하나님 나라에 가서 다시 시작하라."이고, 그것이 부활입니다.

희랍어로 부활이라는 단어는 '아나스타시스'입니다. '스타시스'는 일어서다, '아나'는 다시라는 의미로, '아나스타시스'의 뜻은 '다시 일어서다'입니다. 육적인 해석과 영적인 해석이 있는데, 본래 의미는 위로부터 부활입니다. 그것은 하늘의 뜻을 이해하고 살아가면서 부활의 삶을 사는 것인데, 민중의 혁명성을 담고 있는 말입니다. 예수의 십자가도 사실은 로마제국 안에서 로마의 지배를 거부하는 정치 게릴라들에게 처한 처형 방식이었습니다. 일반 종교법은 아니었다는 것입니다.

어제 익산 지역 문화 순례를 하면서 그런 말을 들었습니다. 소태산 대종사님이 설법할 때, 그 옆에 일본 순사가 앉아서 설법을 검열했다고 합니다. 사실 복음서도 그랬습니다. 로마의 지배 아래 예수를 따르는 사람들이 정치 운동을 하는지를 감시받았기 때문에 복음서가 굉장히 와전되었습니다. 우리가

1960년대 언어를 다시 보면 정치적 언어가 담겨 있는데, 그것을 읽지 못하는 것과 같습니다.

저는 15년 전에 대각성을 했습니다. '원수를 사랑하라'는 말의 근원을 분석해 보면, 로마제국 지배자들에게 저항하여 사회 체계를 바꿔야 할 것인가에 대한 답으로 주어진 말로 그 뜻이 와전되었습니다. 큰 깨달음을 얻었고, 지금도 정치권력에 대항하는 종교 활동을 하며, 이것이 진정 예수를 따르는 삶이라고 생각합니다. 그것을 깨달은 사람들이 수년 전에 '예수살기'라는 모임을 만들었고, 지금도 매주 목요일 저녁에 모여 민중들의 아픔의 현장에서 함께하는 촛불교회를 지켜 가고 있습니다. 개인으로는 목사이지만 목요일 저녁에 하는 촛불운동은 일요일의 목회 이상으로 의미가 있습니다.

양재성 말씀 잘 들었습니다. 이제 참석해 주신 분들 외의 발제문을 조금 보겠습니다. '주민운동과 영성'을 발제하신 김준한 신부님은 오랫동안 밀양 송전탑반대운동을 해 오셨는데, 밀양 주민들이 어떤 생각으로 탈핵운동을 하는지 정리해 주셨습니다.

> 밀양 어르신들은 땅과 공동체, 그리고 지속 가능성을 기반으로 하고 있다. 삶의 진리라는 것이 이 땅과 뗄 수 없는 감수성을 품은 가난한 사람들과의 친교에서부터 비롯된다는 것은 변함없는 진실이다. 고공에 오른 노동자들조차 결국 땅에 발을 딛고 한 사람으로서 정당한 존중을 받고자 하는 열망을 품고 있다. 누구든지 가리지 않고 받아들여 커 가는 공동체는 절대 멈추지 않는 속도로 정진하며, 어떤 상황에서도 무너지지 않는 주체가 되어 서로를 의지하며 새로운 세상을 위한 변혁의 삶을 끝까지 이어 가게 한다.

제가 이렇게 간략하게 함축적으로 정리해 보았습니다. 저도 밀양에 여러 차례 다녀왔지만, 이 지역 주민들의 의식과 그들이 희망하는 삶은 대단했습니다. 배운 사람들을 넘어서는 삶의 체득 속에서 만들어진 삶의 열망을 보았고, 이분들의 이야기를 들을 때면, 사회적 대안이 어떤 것인지 알 수 있었습니다.

이어서 '생명평화운동과 영성'이라는 도법 스님의 글입니다.

> 존재와 세상에 대한 연기적 성찰을 바탕으로 자기완성을 향한 주체적이고 당당한 삶은 오늘 한국의 사회운동가들이 가꾸어야 할, 그중에서도 생명평화운동가들이 꽃피우고 나누어야 할 영성이다.

철저하게 연기론적 입장에서 오늘 말씀하신 분들의 이야기와 대동소이한 내용이 아닐까 싶습니다.

다음으로 '환경운동과 영성'입니다.

> 설악산은 어머니이며 산양은 형제다. 그리고 나와는 하나다. 그 자연의 흐름 속에 사는 것이 아름다움이다. 자연에 대한 예의와 염치를 갖추고 생명에 대한 존엄을 지켜 가야 한다. 생명과 자연의 흐름을 깨뜨리는 모든 세력에 저항한다. 모든 생명이 자연 속에서 더불어 살아야만 하는 까닭은 생명의 어울림 속에서 서로의 삶이 온전해지기 때문이다. 설악산에 깃들어 사는 생명들이 마음 놓고 살아갈 때까지 나는 저항한다. 모든 생명이 제자리에서 삶을 이어 간다는 것은 너무도 자연스러운 일이다.

박그림 선생님은 40년 이상을 환경을 지키는 지킴이로 활동하고 있습니다. 특히 강원도의 골프장 문제와 케이블카 문제에 나서서 적극적으로 활동하고 있는데, 그 배후에는 엄청난 자본의 속셈이 들어 있습니다. 충청과 대전에 5성급 호텔을 짓고 설악산 전체에 산악자전거 도로를 조성하고 속초,

양양 쪽에 세계에서 가장 큰 골프장이라고 하는 300홀이 넘는 골프장을 세우고 있습니다. 강원 지역을 대단위로 개발해 중국 관광객을 유치하려는 엄청난 자본의 속셈이 그 속에 담겨 있는 것입니다. 그 가운데에서 "단순히 설악산이 아니다, 설악산이 나고 내가 곧 설악산이다."라는 영성적 깨달음을 가지고 운동하고 있습니다.

마지막으로 송경동 시인은 시인이면서 노동운동, 사회운동에 깊이 참여하고 있습니다. 심지어 세월호를 경험하면서 어떻게 시를 쓸 수 있을까 하는 자괴감으로 한동안 붓을 꺾기도 했었습니다. 이분의 시 두세 편을 소개하면서 글을 쓰셨는데, 읽어 보면 이분도 역시 깨달음이 거기에 있구나 싶었습니다.

나는 내 것이 아니다. 중요한 것은 어떤 종교의 교리를 믿느냐가 아니라 어떻게 세계와 인간을 해석하고 어떤 삶을 살려고 하느냐이다. 무엇보다 난 현대의 모든 사회적 영성들이 이 모든 생명평화의 길을 가로막고, 가치를 훼손시키며, 파편화시키고 나아가 파괴하고 있는 자본주의 문명에 대한 분명한 반대와 저항, 극복에 나설 필요가 있다고 생각한다. '사회적 영성'이란 것이 천상의 신들의 이해와 요구를 위한 것이 아니라 이 지상에서 모든 생명 있는 것들이 갖는 사회적 희망과 요구의 총합에 다름 아니라면, 그 희망과 요구들이 특권층들에게 독점되지 않고 모든 사람들에게 골고루 분배되게 해야 한다.

성서적으로 보면 예언자라는 말이 있고, 그 당시 예언자들은 모두 시인이었다고 합니다. 예언자가 하늘의 소리를 듣고 그 소리를 땅에 이야기해 주는 사람이라고 한다면, 시인은 땅의 아픔의 소리를 듣고 그 소리를 하늘에 증언하는 사람이 아닐까 합니다. 그런데 예언자들은 왜 시인이 되어야 했을까요? 또 그 말을 뒤집어 시인은 곧 예언자라고 했을까요? 땅의 아픈 소리를 듣지 않으면서 하늘의 소리를 듣는다고 할 수는 없었을 테지요. 그런 차원에서 예언자가 되려면 시인이 되어야 하는 것이 맞는 것 같습니다. 또한 하늘의 소리를 듣지 않고 땅의 아픈 소리만을 들을 수도 없었을 테지요. 이런 차원에서 시인은 예언자여야 한다는 게 제 나름대로의 해석입니다. 여덟 분의 이야기들이 공통적인 목적을 가지고 있다면 그 목적은 "모든 존재는 하나에서 나왔고, 하나이다."라는 깨달음이었던 것 같습니다. 그렇기 때문에 결국 '나를 사랑하는 길은 나를 지탱하고 있는 주변 이웃과 환경을 사랑하는 것'에서부터 시작된다고 생각합니다. 그것은 어떻게 보면 이기적 가치와 이타적 가치가 한 몸 안에 있다는 것으로 볼 수 있습니다. 그런 의미에서 참된 깨달음은 참된 삶으로 나아갈 수밖에 없고, 참된 삶은 결국 참된 깨달음에서 시작된 것이라는 이야기로 여덟 분의 이야기가 모아졌습니다. 이것을 토대로 느낌과 생각을 2분 정도 돌아가면서 이야기해 보면 어떨까 싶습니다.

전희식　뜻을 같이하고 같은 주제를 공유하는 자리 자체가 얼마나 복된 순간인가를 절감합니다. 지금 느끼는 생각 하나를 드러내고 싶습니다. 우리가 하고 있는 이른바 '섬김·마음모심·영성' 이것들이 시대적 사조가 아닐까 하는 느낌이 문득 들었습니다. 시대에 따라 주된 화두가 달라지잖습니까? 생각을 좀 더 심화하면 혹시라도 영성이나 공동체적 삶이나 깨달음, 이런 단어가 주는 달콤한 마취에서 벗어나, 영성을 말하는 사람이 아니라 그렇게 살아가고자 하는 갈망이기도 합니다. 어제 GMO 반대 집회가 있었는데, 제가 속한 녹색당 당원 한 분이 탈당계를 냈습니다. 직접적인 이유로 제가 쓴 성명서를 문제 삼았습니다. "어떻게 사람이 먹는 주식에 GMO를 사용하느냐. 우리는 바보가 아니다. 다국적 농민회사 배불리는 국민 걱정 외면하고 국민 건강 팔아먹는 농진청이야말로 매국노이다." 이런 내용이었습니다. 여기에 대해 "도도한 과학기술의 흐름에 어떻게 우리가 저항할 수 있느냐. 안 된다. 유전자조작이나 생명공학은 이미 큰 주류인데, 댐을 막겠다는 식으로 할 수 있느냐. 막을 수 없는 대세라고 본다."라고 주장하였습니다.

유전공학, 3D 컴퓨터 등 지구 문명이 발전하고 있는데 이 상태로 50년이 지나도 우리가 여전히 영성과 공동체, 생명운동을 말할 수 있을까에 대해 심화하고 체화할 필요가 있다고 생각합니다.

전상현　원불교 교무로서 수행하면서 실제 삶은 개인적으로 머물러 있으면서, 더불어 사는 공동체를 만들어야겠다는 생각만 갖고 있습니다. 이런 자리에서 사람들을 만나고 그걸 해야겠다 싶습니다. 왜냐하면 이 자리에 왔을 때의 느낌은 밖에서 볼 때와 기운이나 말씀하는 것들이 많이 달랐습니다. 이런 것들이 지금 사회에서 흘러가는 흐름과 괴리되어 있지 않나 하는 생각이 들어 이런 자리가 접점을 만들어 갈 수 있을지 고민이었습니다. 어떻게 사람들과 소통의 첫 단계로 사람을 만나 영향력을 늘려 가고 스스로 깨우쳐야겠다는 생각이 들었습니다.

변재수　영성에 대해 큰 고민은 없었지만, 제가 저소득층 에너지 집수리를 해 드리는 일을 하고 있어 1년에 300-400가구를 방문해 주거 환경을 개선하면서 다양한 분들을 만나는데 느끼는 바가 남다릅니다. 어떤 분은 불편한 몸으로 자기가 갖고 있는 것을 최대한 대접하면서 감사한 마음을 보여주는 반면, 어떤 분은 최대한 자기가 불편한 것을 그 시간을 통해 해결하려고 많은 요구를 합니다. 심한 경우에는 계속해서 민원을 제기하기도 합니다. 지방자치단체 · 상급 지방자치단체, 심지어 청와대까지 말입니다. 생각해 보면, 당장 배고프니까 그 기회에 자기 욕구를 채우려 한다는 느낌이 가끔 듭니다. 일부 사회적 약자들이 더 치열하게 욕심내는 모습을 보면서 목사님이 말씀하셨던 약자를 치유하면서 사회를 바꿔 나가는 것이 현장에서 이루어졌으면 좋겠다고 생각합니다. 어쩔 수 없이 현장에서 그들과 부딪치지 않고 삶의 대상으로만 생각하면서 이야기하는 것은 공허할 수도 있겠다는 생각도 듭니다.

모두 각자 생활의 터전에서 고민하고 있는 것 같은데, 저도 지역에서 주거와 집 관련 문제를 개선하는 일을 하면서 나름의 역할을 해 나가고 있습니다. 제가 처음 주거 부분을 고민했던 것은 사람들이 건강한 환경 속에서 살았으면 좋겠다는 바램에서였습니다. 2000년에 '웰빙' 붐이 불면서 다양한 분야에서 웰빙 바람이 불었고, 저도 그런 생각으로 건축 방식을 고민했습니다. 하지만 문제는 춥고 불편한 주거 환경이었습니다. 사람들과 만나면서 그런 부분이 눈에 보였고, 제가 고민한 것과 다른 현실을 보았습니다. 일반 서민들이 제 생각과 같이 접근할 수 있을지 고민하지 않을 수 없었습니다. 현장에 가 보면 열악한 부분이 많습니다. 그래서 현장에서는 다양한 접근이 필요합니다. 그 사람들이 현재 처한 상황을 함께 고민하지 않으면 어느 누구도 단정해 판단할 수 없습니다. 말씀을 들으면서 공감되는 부분이 많았습니다. 현장 활동가들의 활동 속에서 그런 부분들이 녹아들어 체화되어 가면 좋겠습니다.

참가자　이야기를 들으면서 고개를 끄덕이며 들었고, 부끄러운 생각도 들었습니다. 정의롭게 살고 싶다고 생각은 했으나, 설악산 이야기 할 때 '개발되면 놀러가고 싶다.' 이런 생각을 했거든요. 그래서 제가 정의를 말할 수 있는 올바른 사람이 아니구나 싶어 창피했습니다.

김유철　창원에서 익산으로 오는 3시간 동안 미리 발제문을 읽어 보았는데, 관점만 조금씩 다를 뿐 같은 이야기를 교단별로 하셨습니다. 이 자리에 오지 않으셨지만, 먼저 기쁜 소식 하나를 들려 드리면, 김준한 신부님이 밀양 이야기를 하셨는데, 밀양이 어제 대법원에서 무죄판결을 받았습니다. 영성을 갖고 접근하면 어떤 일이 벌어질지 잘 보여준 것 같습니다. 다 알고 계시지만, 제주 강정에 35억 구상권이 청구되었는데, 밀양 사례가 큰 영향을 줄 수 있을 것 같습니다.

저처럼 글을 쓰는 사람들은 리얼하게 글을 적는데, 리얼하다는 말은 '있는 현실을 적는 것이 아니고, 있어야 할 현실을 적는 것'입니다. 우리에게는 있어야 하는 현실, 그야말로 '리얼'이 드뭅니다.

원불교 100주년을 맞이해 이런 고마운 자리가 생겼는데, 익산으로 오면서 이런저런 역설적인 생각을 했습니다. 익산에 원불교 총부가 없었으면 어떤 일이 벌어졌을까? 익산에 노래방이 지금보다 열 배 많아졌을까? 남자들이 술 먹고 놀러 다닐까? 명동에 명동성당이 없었으면 지금보다 더 환락가가 되었을까? 인사동에 조계사가 없었으면 어떻게 되었을까? 조금 더 나아가 우리나라에 개신교가 들어온 지 130년, 천주교가 들어온 지 230년인데 들어오지 않았으면 어떻게 되었을까? 사람들이 혼란스러웠을까? 지금보다 사회적 영성이 더 떨어졌을까? 저에게는 굉장히 큰 고민이었습니다.

앞서 이강실 목사님이 사회 영성은 사회개혁과 함께 나의 개혁도 따라야 한다고 말씀하셨는데, 나라고 하는 것은 개인이 아니라 내가 몸담고 있는 집단과 종교라고 생각합니다. 특별히 한국사회에서는 사회적 영성을 종교적 화두로 이야기하는데, 가장 큰 원인은 종교에 있다고 생각합니다. 마치 우리(종교인)의 용어인 것처럼 쓰이지만 사회적 영성은 하나도 없지 않습니까? 우리가 영성을 이야기할 때 눈물 흘리는 사람이 누구인지, 조금 더 가까이 가서 리얼한 삶을 들여다보는 리얼한 영성이 필요한 때가 아닌가 싶습니다.

유정길 분위기가 너무 평화로운 것 같아서, 시비를 좀 걸어야 긴장감도 생기고 쟁점도 분명해질 것 같습니다.

먼저 저는 '하나다.'라고 주장하는 것이 불편합니다. 모든 것을 이분법으로 구분하는 것이 또 하나의 고물상이라는 느낌이 듭니다. 불교에서는 하나라는 말보다 일체라는 말을 쓰지만, 일반적으로는 '불이(不二)'라는 말을 많이 씁니다. '둘이 아니다.'라는 것입니다. 자석에 N극과 S극이 있는데, N극과 S극은 분명 둘이긴 하지만 둘이 아닙니다. 그동안 모든 이분법적 사고에서 둘이 적대적 관계라고 생각했지만 분명 둘은 둘이지만 둘이 아닌 것입니다.

불교에서는 '무유정법(無有定法)'이라는 말을 씁니다. 정함이 있으면 없는 법입니다. 불교에서 무엇을 정하면 그 순간 틀린 것이고, 주의의 입장을 통해 바라보는 순간 올바르게 볼 수 없다는 것입니다. 그래서 불교에서 무유정법을 중요하게 생각합니다. 동학의 경우 '불연기연(不然其然)'이라는 말을 쓰지 않습니까. 그렇기도 하고 아니기도 한 것입니다. 어떨 땐 그렇고 어떨 땐 아닌 것입니다.

불교에서 계율이라는 말을 보면, "계율을 철저히 지키는 것이 파는 것이고, 계율을 파는 것이 지키는 것이다."라는 애매모호한 말이 있습니다. 저는 분명 둘이 아니긴 하지만 둘의 측면이 있다고 생각합니다. 둘이 아니라는 것을 인식하는 것이 중요하다고 봅니다. 왜 운동적으로 중요하냐면, 생명운동에 딜레마가 있습니다. 이를테면 운동을 분류 아닌 분류를 해 보면, 일종의 저항과 반대와 감시하는 운동이 있습니다. 또 하나는 대안을 만들고 우리가 지향하는 사회의 모델을 창조해 나가는, 건설하는 운동으로 나눠 볼 수 있습니다.

그런데 저항하는 운동은 기본적으로 명확하게 적과 내가 분명해야만 에너지로 나옵니다. 저항하는 운동은 이른바 분노와 적개심이 고도화되어야만 확장성을 높일 수 있습니다. 어떤 전쟁이든 적과 내가 있어야 하고, 너는 어느 편이냐를 따집니다. 저항운동에 들어가는 그 순간, 애매모호한 이야기는 모두 저쪽 편이라고 주장합니다. 전투 상황에서는 다양성이 존재할 수 없습니다.

일종의 창조와 건설의 대안운동의 경우 저항 중심의 이분법적 사고가 창조를 방해합니다. 다양성을 주장하는 것은 저항운동에 섞이지 않는 측면이 있습니다. 특히 생명운동이나 평화운동의 상당부분은 대안운동 쪽으로 방점이 많이 가 있습니다. 협동조합이나 마을운동과 같은 운동입니다. 어떤 가치를 주장하는 운동들이 많은데, 그런 것들이 기반이 되면서 일종의 저항을 조직하는 운동이 많습니다.

그런 측면에서 제가 80년대에 운동했던 기억을 떠올리면, 누군가를 향해 끊임없이 적개심을 고도화시켰던 그때 그 시절이 그립기도 합니다. 왜냐하면 그때는 사고를 복잡하게 하지 않아도 됐기 때문입니다. 우리 편과 적이 나눠져 있고 적에 대한 분노만 불태우던 운동이었습니다. 지금처럼 다양성을 주장할 경우 그렇게 간단하지만은 않습니다. 이 부분에 대해 조금 더 정교한 논의가 필요합니다. 특히 생명운동과 영성운동에서는 우리가 같다고 하는 것들이 운동적으로 무슨 의미가 있냐는 것입니다. 이른바 적에게 비타협적이고 증오심을 불태우고 타도해 나가는 것이 모든 것을 살리겠다는 생명살림운동과 어떻게 같습니까. 생명살림운동이 과거의 저항운동과 변별되는 지점이 있다고 봅니다. 물론 옛날 운동과의 차이점을 분명하게 부각시켜야만 지금 사회운동의 메시지를 전할 수 있습니다. 예전과 지금은 애매모호하게 다르면서 공통점이 있기는 합니다. 가난한 약자들을 대면하고 그들에게 연민을 가졌던 과거 운동과의 연결점이 있고, 명확하게 단절된 부분도 있습니다. 그것을 의미 있게 부각시켜 운동이 진화해 나가는 데 발전을 도모할 필요가 있다고 생각합니다.

박한용　저는 두 가지를 말하고 싶습니다. 실천적인 점에서 제가 명상하는 화두 중에 "단순 소박한 삶이 영원한 진보다."라는 말이 있는데, 그것을 영성과 함께 생각해 보면, "꾸밈이 없는 곳에 영성이 깃든다. 꾸밈이 있는 순간 영성은 없다. 내 안에 기름진 것은 없는가?"라는 질문을 하게 됩니다. 어떤 훌륭한 조각가가 나무로 새를 만들어 던졌는데, 그 새가 나흘 동안 돌아오지 않았다면 기가 막힌 새를 만든 것입니다. 투박하지만 수레바퀴를 만드는 목공의 손과 비교해 두 사람의 작업 중에 어떤 작업이 영성이 깃든 작업일까요? 혹시나 저도 좋은 그림·서각·좋은 작품을 찾아다니진 않는지 생각을 해 보았습니다.

또 한 가지는, 이번 대회 주제에 왜 없는지 잘 모르겠지만, 노동과 영성입니다. 제가 하고 있는 노동 중에 어떤 노동에는 영성이 깃들고, 어떤 노동에는 영성이 깃들지 않았을까요? 노동이라고 다 신성할까요? 저는 신성하지 않을 수도 있다고 생각합니다.

저는 시골에서 농사만 짓다가 간혹 부끄러워서 현장에 가서 사람들과 이야기를 해 보는데, 한 번은 이런 일도 있었습니다. 노동운동을 열심히 하는 친구에게, "네가 지금 이렇게 열심히 노동운동을 해서 쟁취하려는 것이 무엇이냐?"고 물었더니 복직이라고 했습니다. 그때 "이렇게까지 고생해서 쟁취하려는 것이 다시 머슴이 되려고 하는 것이 아니냐?"라는 말을 하고 싶은 마음이 굴뚝같았습니다.

마지막으로 정리하자면, 세상에서 처음으로 쇠가 발견되었을 때 모든 나무들이 떨었다고 합니다. 그런데 어느 생각이 깊은 나무가 말하기를, "두려워할 것 없다. 우리가 자루가 되어 주지 않는 한 쇠는 결코 우리를 해칠 수 없다."고 했다고 합니다. 여기까지입니다.

하혜영　저는 아직 용기가 없어 머슴으로 살고 있습니다. 저는 생명평화활동가 마당에 사회운동이라는 섹션이 있어 고맙고 좋습니다. '생명평화'가 좋은데, 제가 있는 곳에서 끊임없이 운동만 하고 있어 사는 게 딱딱합니다. 옆에서 사람들이 슬슬 나가떨어집니다. 그래도 저는 이런 자리가 있으면 찾아다니며 힘을 받고 나가서 즐겁게 일하는 편입니다. 저는 천도교인인데 아직 천도를 잘 모르고 한울님을 만나지 못했습니다. 그냥 열심히 운동만 하고 있는데, 제 개인의 욕구와 요구를 정확히 알고 끊임없이 싸우는 것이 아직은 제 화두입니다. 같이 사회운동에 관심 있는 분들을 만나서 고맙습니다.

이호상　만나서 반갑습니다. '사회운동과 영성'이라고 해서 관심을 갖고 왔는데 저는 사실 사회운동의 맨 막내라고 생각합니다. 공무원노동조합에서 활동했고 사회운동의 거의 끝자락에 서 있다고 봅니다. 사회운동의 문제점을 생각해 보면, 가장 큰 문제는 교육에서부터 잘못되어 사회가 혼란스러워졌다는 것입니다.

두 번째는 종교의 문제인데, 역사적으로 종교가 바로 서지 않았을 때 사회가 혼란스러워졌습니다. 저는 크리스천으로 현장에서 교회를 다닙니다. 예수님이 "돈과 나는 동일하게 섬길 수 없다."고 말씀하셨는데 맞는 것 같습니다.

대부분의 종교가 외적으로 커지기만 바랐지 내적으로 이 사회를 어떻게 바꿔 갈 것인가 하는, 예수님의 목적을 달성하지 못했다고 생각합니다. 교육의 문제, 사회적 문제 그 가운데 가장 큰 역할을 해야 할 것은 사람이라고 봅니다. 사회적 영성을 이야기하는 것은 그 마음속에 실제적으로 '나'가 없기 때문에 이 사회가 혼란스러워서일 것입니다. 저 자신부터 영성이 무엇인지 어떻게 해야 이 사회를 바꿀 수 있을 것인지를 고민하고, 실제로 내가 바뀌었는지 의문을 갖고 관심 있는 사람들 속으로 파고들어 가야만 세상이 바뀐다고 생각합니다.

박두규 주제인 '사회운동과 영성'은 정확히 말하면 우리 사회의 변혁을 꿈꾸는 사람들의 이야기 같습니다. '나'라는 개인적인 존재도 늘 변화를 갈망하고 있고, 그 존재들을 짓밟는 사회도 하나의 지향성을 가지고 있는데, 지금까지 그런 것들을 우리 사회에서 영성과 연계하여 생각해 본 적이 없는 것 같습니다.

사회운동 속에서 영성 문제는 2000년대에 들어오면서 큰 화두로 자리 잡았습니다. 그동안 우리는 몸과 마음과 영혼이 하나로 가는데, 사회변혁과 꿈들이 몸과 마음속에서만 움직였지 영성 문제를 가지고 구체적으로 자기 삶을 바라본 적은 많지 않았던 것 같습니다. 그러나 비로소 이제 내 개인의 삶과 사회적 삶까지도 영성을 연결시켜 바라보려고 하는 것은 삶 자체가 진화되었기 때문입니다.

그런데 우리가 여기서 영성이라고 말하는 것이 혼란스럽습니다. 개인마다 영성의 의미가 나름대로 있어서 영성이라는 단어로 바라보고 이야기하고 생각하는 것들이 조금씩 달라 혼란스럽습니다. 사회운동과 영성을 가장 바탕에 둔 사람들은 결과는 어떨지 모르지만, 간디나 비노바 바베가 정말 행복하게 영성에 바탕으로 둔 사회변혁운동에 선풍을 일으킨 경우라고 생각합니다. 저는 그들이 영성을 바탕에 두고 사회운동을 펼칠 수 있었던 것은 그 사회가 그동안 종교 기반을 탄탄히 다졌기 때문이라고 봅니다. 삶 자체가 종교를 지향했고, 영성이 이미 바탕에 있어서 그런 사회변혁운동이 가능했다고 생각합니다.

우리 사회에서 조선 이후나 해방 이후의 운동 속에서는 영성에 바탕을 둔 운동을 전혀 생각할 수 없었습니다. 다만 문익환 목사나 함석헌 선생은 이미 그런 영성을 바탕으로 한 운동을 꿈꾸었는지 모르겠습니다. 개인적으로 그렇게 했습니다.

간디가 인도의 독립을 꿈꿨을 때, 단순히 영국으로부터 벗어나는 것을 꿈꾼 것은 아니었습니다. 인간 영혼의 자유, 그것이야말로 진정한 해방이고 그것을 같이 얻지 않으면 영국으로부터 벗어나도 해방된 것이 아니라면서 사회운동과 개인의 영성을 철저하게 대중적 독립운동으로 펼쳤습니다.

우리가 지향하고 있는 영성이라는 것도 어떻게 보면 자기 진리입니다. 지금 전체적으로 보면 자본주의 DNA가 우리의 몸속에 박혀 있고, 내가 그렇게 살지 않으려고 해도 현실적 삶은 자본에 종속되어 있습니다. 그 생각을 스스로 벗어나지 않으면, 우리는 절대적으로 사회운동과 영성을 결합시킬 수 없다고 봅니다. 그것이 바로 개인의 변화, 개인의 영성, 의식을 도약시키는 것들입니다. 하나의 집단으로 드러날 때 사회적 의식, 영성의 도약도 가능할 것입니다. 그런 사회가 오지 않으면 우리가 아무리 좋은 대통령, 국회의원을 만들고 법, 제도 같은 많은 것을 바꿔 낸다고 해도 과연 진정한 자유가 왔느냐, 행복하고 영혼이 자유로워지느냐 하는 문제는 끊임없이 남습니다.

이 자리가 사회적 운동과 연결시킬 생각을 했다는 것만으로도 의미 있는 자리라고 봅니다. 저는 2000년대 들어서 많은 변화를 이뤘다고 생각합니다. 지금은 기존의 사회운동으로는 안 됩니다. 7-80년대만 해도 노동운동이 전 국민을 집중시킬 수 있는 대치점이분명했습니다. 반정부 투쟁도 독재를 펼치고 있는 군사정권에 대해 모든 사람들이 자기의 삶 속에서 하나의 지점으로 전선이 형성하고 있었기 때문에 노동운동도 같이 갈 수 있었습니다. 문민정부 이후로 운동 자체가 많이 달라졌습니다. 개인적, 집단적, 혹은 이기적인 것들로 인해 전보다 훨씬 더 많이 후퇴되고 있습니다.

영성적으로는 후퇴했다고 봅니다. 그러면 이러한 변화는 왜 왔을까요? 모두 자본에 종속되어 깊어만 갔지 벗어나지 못했기 때문입니다. 큰 범위의 다양한 이야기가 있겠지만, 사회운동 안에서 볼 때 무엇보다 자본에 대한 극복이 있어야 합니다. 결국은 자본주의를 극복하는 사회의식의 도약이 필요합니다. 프라우트(도그마를 지양하고 정신적 · 영적 철학에 기반을 둔 새로운 사회 · 경제 · 정치 제도를 일컫는 말로, 고려된 통합적 대안) 사회의식으로의 도약이 필요합니다. 개인과 사회의 변화는 아주 오래전부터 이야기했던 부분입니다. 개인의 본성을 통해 공덕을 완성하니 하나의 수련이라고 합니다. 내 삶 · 개인의 삶 · 사회적 삶이 네가 되고, 네가 곧 나라는 의식의 도약이 없으면 이 운동이 되지 않습니다. 집회 현장만 봐도 오던 사람들만 옵니다. 표 끊어서 기차 타고 온 사람들이 얼마나 되겠습니까? 그리고 스스로 왔다갔다는 사실에 만족하는 수준이 우리 사회운동의 현실입니다. 근본적 성찰과 인식이 없다면 영성은 의미가 없습니다.

김용우 아까 말씀 드린 대로 저는 저항을 영성이 끌고 가고 있는가? 우리 시대의 저항이 어떤 저항인가? 분노와 증오가 아니라 영성이 끌고 가는 저항인가? 이런 변화를 어떻게 가져갈 것인가? '저항하지 말자'가 아니고 어떤 저항인가? 어떻게 해야 인간적으로 깊어지는 것이고 사회가 더 성숙되는 것인가? 등에 대한 고민이 있어야 하고, 그것이 깊어지는 과정이 공동체 대안 운동 속에서 단련되고 훈련되어야 한다고 봅니다. 그것은 세속적 모나스터리(monastery)가 아닐까 합니다.

그런 바탕 위에서 영성이 끌고 가는 운동의 예로 간디의 경우를 보면, 분노나 저항이 아니었음에도 성공적이었습니다. 영적인 성찰이 기반이 되고, 그런 성찰에서 나온 방법론과 사회적 울림이 함께 있어야만 한다고 생각합니다.

이성호 제 소개를 하다 보면 자연스럽게 활동가들이 참고할 만한 이야기가 많을 것 같습니다. 저는 82학번입니다. 치열하게 학생운동을 했고, 이후로 소시민으로 살았습니다. 가책을 느끼면 시간 날 때 집회에 한 번씩 참석하여 자기만족하고 위안 삼으며, 현장에서 활동하는 친구들에게 술이나 한 잔 사고 그랬습니다. 제 나이 때가 이제 사회에서 은퇴하는 시기입니다. 이 친구들 대부분이 80년대를 치열하게 살아왔던 친구들입니다. 그런데 투표 성향이나 이런 것을 보면 50대에 급격히 보수화되고 있었는데, 전환점이 된 것이 이번 선거라고 봅니다. 사회운동은 타깃이 명확해야 한다고 봅니다. 가장 쉽게 움직일 수 있는 우리의 타깃은 누구인지 생각해 보면 치열하게 80년대를 살았던 사람들의 양심을 일깨워 줘야 한다고 생각합니다. 한번 학습하고 경험했던 사람들을 일깨워 내는 것이 가장 과학적 운동 방법이 아닌가 싶습니다.

양재성 원로 교무님들 한 말씀 해 주실 수 있을까요?

참가자 80년대 이야기를 하니까 옛날 생각이 납니다. 원불교 종로교당에 있을 때 80학번 청년들이 많이 왔었습니다. 그때는 군사정권 시대였는데, 국내에서 전혀 알 수 없는 것들을 많이 접했습니다. 학생들이 어디서 구해 왔는지 큰 제목이 '갱스터 전두환'이라고 씌어 있는 영자 신문을 보여주었습니다. 소통이 참 중요하다는 생각이 드는데, 요즘 회식 자리에서 "소화제(소통하고 화합하는 것이 제일이다)!"라고 한답니다.

조금 전에 하신 말씀 중에 한 몸이라고 하는 말에 전적으로 동의합니다만 영성이 물질적인 것, 즉 물·공기·온도 이것마저도 자유화할 수 있는 것인가 생각해 봅니다. 그 문제는 결국 종교가 자기 이데올로기에 의해 가르는 것이 오히려 저 우주 생명을 짓밟는 것이 아닌가 생각합니다. 영성이 이 시대의 화두가 되는 것은 영성의 자율성이 극대화된 때문이 아닌가 싶습니다. 대화와 소통이 공기나 물이나 영성처럼 자유롭게 넘나들면 하나의 세계·공동체가 아닌가 하는 생각이 들었습니다. 이런 자리가 이웃과 나라 그리고 세계로 확대되고 통할 수 있는 길이라면 좋은 세상이라는 생각이 들었습니다.

참가자　저는 오늘 만남의 제목이 마음에 듭니다. 우리는 우주와 더불어 살아가고 있으니 여기서 은혜를 발견하고 감사를 느끼면 평화는 거기에 있다고 봅니다.

참가자　반갑습니다. 저는 퇴임하고 강원도 오대산 뒷자락 소금강 아래 원불교 명상센터에 살고 있습니다. 제가 일생을 원불교 성직자로 살다가 퇴임하고 거기서 살면서 많은 감동을 받습니다. 그곳 산골짜기 계곡을 따라 올라가면 20여 가구가 사는데, 집에 대문이 하나도 없습니다. 그 안에서 우리가 사는데, 마음이 닫혀 있으면 그게 대문입니다. 마음이 다 열려 있습니다. 그분들은 종교도 다 있습니다. 불교도 믿고 천주교도 믿습니다. 하지만 저는 그 안에서 우리가 공동체 생활을 한다고 생각합니다. 한 달에 한 번씩 모일 때면 우리 동네에 무엇을 시정할 수 있는지 다들 의견을 내고 좋은 방향을 함께 논의합니다.

농사철에는 서로 정보를 주고받고, 혹시라도 무슨 일이 있나 싶어 집을 들여다보기도 합니다. 그 속에 살면서 사회운동과 영성에 대해 "개개인이 행복하면 사회가 행복하고, 개개인의 영성이 깊어지면 사회 전체의 영성이 솟는

것이다.”라고 생각합니다. 사실 형식이나 틀이 깨어져야 우리가 밝은 세상·
큰 세상에 살 수 있다고 생각합니다.

참가자 내일 5월 1일은 원불교 100주년을 기념해 서울 상암월드컵경기장
에 5만여 대중이 모여 100주년을 기념하는 행사를 합니다. 이미 전 세계에서
와 있습니다. 한국은 원불교의 성지이고, 그중 익산은 한국 땅에 원불교를
창시한 대종사님이 총부를 세운 곳으로 책임감을 느끼고 있습니다.

대종사님께서 기미독립운동이 일어났을 때 “저 만세의 소리는 개벽을 재
촉하는 상두 소리니 기도하자.”라고 말씀하셨습니다. 그 기도를 통해 밖으로
통하는 사회운동이 내적인 나를 성숙시키고 갈무리할 수 있기 위해 어떻게
해야 하는지 이미 제시하신 것 같습니다.

양재성 할 이야기들이 많으실 텐데 끝낼 시간이 지나서 여기서 멈추도록
하겠습니다. 논쟁이 될 만한 논제들이 나왔습니다. 저항과 대안, 어떻게 저
항할 것인가에서 저항의 태도에 대한 부분, 개인의 영성과 사회적 영성, 대
안이 있는 대응운동 등이 과제로 남아 있는 것 같습니다. 노동과 영성, 그리
고 세월호에 대한 글을 받지 못해 아쉬움으로 남습니다.

조정현 저는 “왜 분노가 일어나지 않을까? 이 시대 청년들은 왜 분노하지
않는가?”를 생각해 봅니다. 사회적 분노와 역사적 분노에 대해서 평화운동을
하는 우리가 내부에서 재평가하고 분노를 통한 내 안의 영성을 어떻게 회복
해 내고, 이것을 어떻게 사회운동의 대안적 가치로 이끌어 낼 것인가를 고민
해야 할 것 같습니다.

양재성 아주 중요한 지적입니다. 네, 이런저런 이야기, 마음 깊이 새겨야
할 이야기를 생각하면서 1분 정도 침묵하는 것으로 마치겠습니다.

밥과 삶, 그리고 영성

진행 : 정규호_ 모심과살림연구소

정규호　지금부터 여기 함께하시는 분들이 주인공이 되어 오늘 주제인 밥과 삶, 그리고 영성에 대해 이야기를 나누겠습니다. 먼저 오늘 주제와 관련해 준비한 영상을 보신 후 말씀을 나누고 11시 50분에 이야기 시간을 마치겠습니다. 그 후 마무리 순서로 노래를 부르고 12시에 이 자리를 마치겠습니다. 주제인 '밥과 영성'에 대한 8편의 글이 자료집에 실려 있습니다. 자료집의 글은 오늘 이야기를 풀어 가기 위한 재료라고 보시면 좋겠습니다. 지금이 자리에 모인 여러분 모두 주인공이 되어 이야기 마당을 풀어 가면 좋겠습니다. 자료집의 핵심 내용을 영상으로 만들었습니다. 오늘 주제가 우리 삶의 영역들과 얼마나 다양하게 연결되어 있는지 함께 생각해 보면 좋겠습니다.

정규호　자료집 내용의 핵심을 담은 영상 잘 보셨습니까? 밥처럼 삼시 세끼 일상으로 대하는 것이 있을까요? 가장 일상적이면서 본능적이고, 평범하면서도 거룩한 것이 밥이 아닌가 싶습니다. 밥이 아프니 이웃이 아프고 생명이 아프지 않나 생각합니다. 참 큰 주제이기도 합니다만 오늘 논의 제목을 가지고 이야기를 같이 나눠 보겠습니다. 이야기 나누는 방식은 자리에 앉은 순서대로 진행할 건데, 본인 순서에서 생각이 정리가 안 되면 통과를 해 주세요. 대신 두 번 연속으로 통과는 안 되고, 본인 발언 순서에서는 가급적 2분 이내로 말씀해 주서서, 가급적 많은 분들의 말씀을 듣는 시간을 만들었으면 합니다. 우리의 삶에서 밥을 어떻게 느끼고 있는지, 그 밥에 건강한 생명이 깃들기 위해서는 어떻게 해야 하는지 교무님께 먼저 말씀 부탁합니다.

문규원 원불교 교무입니다. 영상을 보고 나니 생각나는 분이 있습니다. 농타원 님이라는 할머니 교무님이신데, 원불교훈련원에서 한 번에 수십 명의 식사를 책임지십니다. 평소에는 반찬 값을 아끼지만, 손님이 오실 때는 아끼지 않으십니다. 장을 볼 때도 물건을 파는 사람이 혹시라도 좋지 않은 마음을 담을까 봐 깎지 않는다고 하십니다. 한 달 고정 지출을 줄이려고 대충 밥을 때우기도 하는데, 이게 우리의 영성에 직접적인 영향을 끼친다고 생각하면 고려해 봐야 하지 않을까요?

참가자 농타원 님은 손님이 오실 때 주방에서 일하는 분이 화를 내면 주방에서 쫓아냅니다. 평화로운 마음이 아니면 음식에 손을 대지 말라고 하십니다.

이선연 제가 부산한살림운동을 어떻게 시작했냐면, 아이가 생기면서 생각이 바뀌었습니다. 먹는 것에 대한 생각이 바뀌었습니다. 아이에게 좋은 것을 먹이려고 시작한 일이 8년 정도 되었습니다. 가끔은 귀찮아 사 먹일 때도 있지만, 주부로서 생각이 많이 바뀌었습니다. 저도 화가 나면 시켜 먹습니다. 한살림운동을 하면서 음식에 들어가는 기(氣)가 엄청나다는 것을 느꼈습니다. 어린이 생명학교에서는 3박 4일 동안 모든 밥을 해 먹습니다. 밥 한 끼를 어떤 재료로 하는가도 중요하지만, 어떤 마음을 갖고 하는지도 매우 중요합니다. 반찬이 별것도 없는데 선생님들이 즐겁게 밥을 해서 그런지 아이들이 너무 맛있게 먹어 줍니다. 밥을 하는 저희도 좋은 기(氣)를 받고, 아이들 얼굴이 달라지는 것을 느끼게 됩니다. 7년 정도 그 모습을 보니까, 주부인 제가 밥을 해 내는 것이 '우주를 구하는 것이구나'라고 생각하게 되었습니다. 밥에 대한 소중함과 밥의 의미를 생각해 봅니다. 주위에 이런 생각을 못 하는 사람을 보면 안타깝지만, 제가 옆에서 꾸준히 활동하면 언젠가 알게 되지 않을까 싶습니다. 제 아이들에게는 친절한 엄마는 아니지만 노력하고 있습니다.

조훈철　방금 발표자는 제 안사람입니다. (웃음) 한살림에서는 11월이 되면 1년 동안 한살림을 지켜 주신 생산자들을 모셔서 행사를 합니다. 일 년 동안 저희 밥상을 지켜 주는 생산자들이 농사짓는 곳의 물과 흙을 가져옵니다. 주 격 생산자분은 주걱을 가져옵니다. 조합원들이 생산자의 얼굴을 보는 귀한 시간입니다. 오래된 조합원들은 밥의 기운과 의미를 알지만 신규 조합원들은 잘 모르는데, 이 행사를 통해 느낌이 달라집니다. 생산자들이 가져온 물과 나무 등을 모아 쌀을 안치고, 불을 피우고 가마솥에 밥을 합니다. 밥이 익는 동안 같이 노는데, 시도 읽고 풍물놀이도 하면서 밥을 기다립니다. 밥이 다 되면 밥을 가운데 놓고 하늘과 땅과 사람들에게 삼배를 올립니다. 퍼포먼스처럼 하는 이 의식은 조합원들이 집에서 밥 지을 때도 같은 마음을 갖기를 바라는 행사입니다. 이런 의식들이 밥을 대하는 태도를 다시 생각하게 합니다. 어제 농진청에서 GMO 반대 집회가 있었습니다. 대한민국은 GMO 최대 수입국입니다. GMO 표시를 하게 되어 있지만, 기준이 허술해 표시제가 잘 이뤄지지 않고 있습니다. 소비자들은 잘 모르고 먹습니다. 드디어 우리나라에서도 직접 GMO 벼를 생산하겠다고 발표했습니다. 한국이 지금까지 최대 수입국이었는데, 이제 GMO 수출국이 되려고 합니다. GMO는 공장에서 생산되는 식물입니다. 파프리카는 이제 공장에서 생산된다고 봐도 무방합니다. 땅의 힘이 들어가지 않는 영성은 없습니다. 이런 사태를 우리 모두 알아야 합니다.

김영지　대구에서 왔고, 간호학과 3학년에 재학 중입니다. 이런 행사에 오니까 다양한 사람을 만나게 되고 제가 너무 고여 있었다는 생각이 듭니다. 평소에 '밥과 영성'에 대해 크게 생각하지 않았습니다. 학교 구내식당보다는 도시락을 챙겨 갑니다. 학교 식당에서 밥을 먹으면 식사를 때우는 것 같은데, 도시락은 그렇지 않습니다. 학교 식당에서 밥을 먹으면 졸리고 허기진데, 도시락은 양이 적어도 배가 부릅니다. 우리 집은 아침 6시 반에 식구들이다 같이 아침밥을 먹습니다. 누구랑 먹느냐도 중요한 것 같습니다. '밥 한 그 릇의 영성'은 같이 먹으면서 나누는 것이라고 생각합니다.

박수영 저는 원주 푸드 협동조합과 친환경 농부협회에서도 일을 하고 있습니다. 학교급식, 로컬 푸드 운동 등을 원주에서 진행하고 있습니다.

저는 밥을 맛있게 짓고 나누고 하는 것들이 사회의 변화와 무관할 수 없다고 생각합니다. 농(農)과 식(食)의 관계로 생각합니다. 예전에는 농과 식이 가까운 관계였는데, 산업화가 진행되면서 농과 식 사이에는 식품 사업이라는 것이 생겼습니다. 이제는 마트에 가서 사야 합니다. 의식 있는 사람은 생협에 가서 산다는 정도의 차이가 있습니다. 식품과 관련된 제조업이 생기면서 농과 식 사이에 거리감이 생겼습니다. 밥과 관련된 영성을 이야기할 때 개인이 좋은 재료를 사서 나눠 먹는 개인적 차원의 영성을 얘기하는데, 그것만 가지고는 해결되지 않습니다. 우리 사회 시스템을 바꿔 농과 식의 거리를 회복하는 일이 우리 사회에서 벌어지면 좋겠습니다. 생협운동이 처음에는 그랬습니다. 지금은 초창기 정신과 달라지고 있는 것 같아 안타깝습니다. 그런 의미에서 일정한 지역 안에서 생산자 · 소비자 · 가공하는 분들이 함께 변화할 수 있는 시스템을 만들어 보고 싶어서 요즘 고민하고 있습니다.

무언가 진행하려고 할 때 공통된 질서와 규율이 만들어져야 합니다. 제재(페널티) 같은 것도 있어야 진행이 가능할 것 같은데, '돈'으로 하는 제재 말고 다른 제재를 고민하고 있습니다. 이런 작업들이 사회적 영성 · 공진화라고 말할 수 있는 것이 아닌가 싶습니다.

참가자 이해를 돕기 위해 생협에 대해 말씀해 주실 수 있을까요?

박수영 제가 말하는 것은 적절치 않은 것 같습니다. 여러 자료에 많이 나와 있지만, 원주에서는 농-소 직거래에서 시작했습니다. 농부는 좋은 농사를 짓고, 소비자들이 구매해 주는 운동이었습니다. 소비자가 마트에 가서 다양한 농산물을 구매할 수 있음에도 불구하고 농부를 통해 구매를 합니다. 요즘은 농산물을 선택할 때, 안전성과 환경에 대한 기여라는 두 가지 고민을 합니다. 이전에는 "이 농산물은 재배 과정에서 땅과 물과 지역의 이로운 과정을 거쳤기 때문에 내가 구매하는 거야."라는 마음으로 구매했다면, 지금은 이걸 구매하면 내가 이로워진다고 생각하는 것 같습니다. 자기희생보다는 자기에게 이로운 것을 선택하는 것으로 바뀌는 것 같습니다.

참가자 전주에서 복지관을 운영하고 있습니다. "밥은 생명이다. 밥은 통일이다"라고 자녀들에게 교육하고 있습니다. 전주시에서 자원봉사자들이 모여 '엄마의 밥상'이라는 행사를 합니다. 아침에 밥 못 먹는 아이들 600명에게 밥을 해 주는 일입니다. 전주시 시범 사업인데 잘되고 있습니다. 가슴 아픈 일은 북한 어린이들이 못 먹어 키가 안 큰다고 하는데, 전라북도는 쌀이 남아돌아 kg당 200원씩으로 돼지 사료로 쓰고 있습니다. 같은 시대를 살면서 북한은 기아에 어려움을 겪는데, 남한은 쌀이 남아 돼지 사료로 쓰고 있습니다. 이건 국가가 할 일이 아니라고 생각합니다. 분노를 넘어 해결 방안을 고민하고 있습니다.

옛날 구례 부잣집에 가면 없는 사람들이 쌀을 가져갈 수 있도록 만든 뒤주가 있었습니다. 지금 우리 자본가들은 분배에 어떤 역할을 하고 있나요? 제 논문 주제가 밥입니다. 호는 밥상입니다. 쌀을 돼지 사료로 쓴다는 사실에 밤잠을 못 자고 있습니다.

박혜훈 원불교 성지인 영광에 살고 있는 원불교 교무입니다. 학교 다닐 때부터 호가 밥상인 분이 있었습니다. 밥 철학으로 한 철학 하는 분입니다. 그만큼 밥이라는 것이 중요하다고 하십니다. 저는 그렇게까지는 사회적인 고민을 하지 않았습니다. 제가 살고 있는 영산이라는 곳은 공동체 생활을 하기 때문에 세 끼를 꼬박꼬박 챙겨 줍니다. 유기농 쌀을 재배해서 먹고 식당에서는 천연 조미료를 사용합니다. 저로서는 행복한 세 끼의 밥상을 받고 있습니다. 저희가 안고 있는 문제는 후쿠시마 원전 사태 이후 먹을거리에 대해 고민입니다. 생각해 보면 밥 한 톨에도 우리의 의식과 생활이 담겨 있고, 서로 연결되어 있다고 생각합니다. 후쿠시마와 제가 살고 있는 영산은 공간이 분리되어 있지만, 결코 분리되지 않은 것입니다. 개인적 영성과 사회적 영성은 절대 분리되어 있지 않고 함께 고민하고 생각해야 할 문제인 것 같습니다. 앞에 말씀하신 분의 말씀을 듣고 한마디 더 생각해 봅니다. "밥은 우주다." 이런 의식 변화의 단계가 되었으면 합니다.

참가자 10여 년 전쯤 종단 차원에서 사찰 음식을 하는 분들을 모시고 활동을 하려고 모임도 하고 연구도 했습니다. 각 사찰별로 정부 지원을 받아 사업을 하고 있습니다. 처음에 사찰 음식을 배우면서 스님들 강의도 듣고 체험도 했습니다. 일 년 정도를 고기도 끊어 보았는데, 건강검진 결과가 달라졌습니다. 절 음식 중에는 몸이나 정신이 뜬다고 수행을 위해 금하는 음식이 있습니다. 제가 경험을 해보니까 마음공부를 위해서는 그런 음식들을 끊는 것이 맞는 것 같습니다.

지금 우리는 음식을 맛과 배를 채우기 위해 먹고 있습니다. TV 맛집 탐방을 보면 인간이 맛에 길들여지고 있는 것 같습니다. 음식에 대한 교육이 많이 필요합니다. 맛의 탐닉이 아닌 음식의 의미나, 땀과 노력이 깃든 음식에 대한 교육 말입니다. 어렸을 때부터 밥상머리 교육이 필요합니다. 그리고 음식을 만드는 교육이 아니라 음식에 담긴 사상이나 의미를 가르치는 교육이 필요합니다. 우리는 흔히 행복 얘기를 합니다. 어느 책에서 행복은 '좋은 사람과 맛있는 음식을 먹는 것'이라고 하던데, 맛의 탐닉이 아니라 땀과 결실 등이 맛으로 나타낼 수 있는 교육이 필요한 것 같습니다.

목영주 저는 강릉에서 왔습니다. '밥은 어머니'라고 생각합니다. 강릉에서 한살림 활동을 했고, 신용협동조합도 참여하고 있습니다. 어머니의 밥상머리 교육으로 밥 한 톨도 소중하다고 가르치셨습니다. 제 동기는 6남매인데 어머니는 칼 가는 일을 초등학교 때부터 가르치시면서 누나들은 못하게 했습니다. 쥐덫 놓는 것도 누나들은 못하게 했습니다. 우물이 근처에 있어 물은 풍족했는데 함부로 못 쓰게 하시고, 동네 산에서 나무도 함부로 하지 못하게 하셨습니다. 그때의 교육이 쭉 가는 것 같습니다. 식(食) 교육을 지금 그렇게 하고 있습니다. 어머니께서 "밥이 보약이다."며 항상 정성스럽게 밥을 하셨습니다. 밥은 아랫목에다 두고 콩나물 기를 때도 정성을 다해야 한다고 가르치셨습니다. 통일 밥상을 말씀하셨는데, 저도 밥 먹을 때 항상 통일을 위해 기도합니다. 한솥밥·한 식구 운동인데 북한 동포들을 생각하자는 운동입니다.

참가자 저는 군산에 사는데 작은 텃밭을 가꾸고 있습니다. "제 자신이 좋은 먹을거리를 잘 먹고 잘 살자"라는 의미도 있지만, 얼마 전 제가 가르치는 아이들에게 "나는 땅을 살리는 사람이다. 너희도 한 평이라도 땅을 살리는 사람이 되라."고 말했습니다. 다른 분들의 이야기를 들으면서 반성되는 부분이 있었습니다. 제가 손이 커서 음식을 남기기도 했는데, 아까 이야기를 들으면서 경외심을 갖고 반성했습니다.

참가자 저는 원불교 교무인데 퇴임하고 수행에 전념하고 있습니다. 언젠가 들었던 강의에서 "밥알이 당신 옆에 유서를 써 놨는데 읽었느냐? 못 읽었으면 밥 먹을 자격이 없다."며 "나(밥알)는 생명을 바쳐 너의 생명을 지켰는데, 너는 그 값을 하고 있느냐?"라는 유서 이야기가 강하게 남아 있습니다. 같이 생활하는 교무님의 집에서 농산물이 많이 와서 그걸 나눠 먹는데, 시든 것도 천주님이 주신 건데 어떻게 버리느냐며, 시든 농산물로 음식을 해 먹었습니다. 그 모습이 참 예뻤습니다. 저는 농사도 짓지 않고, 음식을 만들 줄도 모르지만, 우리를 살려 주는 생명의 소중함을 느끼고 있습니다.

남수정 다른 섹션을 가려다가 참여하게 된 원불교 교무입니다. "먹기 위해 사느냐?" "살기 위해 먹느냐?"라는 질문에 답을 하라면 저는 "살기 위해 먹는 것이 아닌가?"라고 답하고 싶습니다. 수행 중에 몸이나 마음이 깨어나는 과정을 살펴보면, 음식과 몸·음식과 마음의 관계에 예민해지는 것 같았습니다. GMO나 농약을 사용하거나 수경재배한 것들이 있는데, 그런 재료로 만든 음식은 못 먹겠습니다. 제가 청소년들하고 오랫동안 살았는데 아이들이 고기를 좋아합니다. 고기가 없으면 맛이 없다고 합니다. 왠지 허전하다고도 합니다. 고기를 먹으면 무거운 느낌이 있고, 공격성이 강해지는 것 같습니다. 음식이 신체적, 정신적으로 주는 영향이 큰데, 여러모로 고민해 봐야 하지 않을까 생각합니다.

참가자 학교급식 검수 일을 하면서 음식에 대한 물음표가 생겼습니다. 학교에서 10년 정도 있었습니다. 달걀 껍질이 벗겨져 물과 함께 들어오는 걸 보고 구역질이 났습니다. 그 후로 검수하는 게 너무 힘들었습니다. 모든 채소들이 깨끗하게 들어오고 바로 조리에 들어갈 수 있게 만들어 옵니다. 김치도 공장에서 생산되어 옵니다. 대한민국의 모든 급식이 다 그런 모습입니다. 식자재부터 문제가 있습니다. 시들었다거나 노란 것이 보이면 반품을 합니다. 생산지가 어디고, 언제까지 먹어야 하는지만 보면 검수가 끝납니다.

원불교훈련원에 가서 식사를 하면 다릅니다. 거기서는 흙이 묻어 있어 다듬는 것부터 시작을 합니다. 그 차이인데 음식이 다릅니다. 지금은 다른 곳에서 일을 하는데, 그곳에서는 흙이 묻은 것을 받아 다행입니다. 현재의 구조로는 농민과 직접 거래를 할 수가 없습니다.

영국에서는 패스트푸드를 학교에서 끊으니까 오후에 조는 학생이 줄었다는 자료도 있습니다. 생협에서는 자료나 데이터를 적극 내주고 홍보를 해야 합니다. 그래야 식생활 개선과 연결되지 않을까 생각합니다. 좋은 것은 알려야 하는데 잘 되지 않는 것 같습니다.

참가자 밥과 밥상이라는 주제로 다양한 주제가 오고가고 있어 재미있습니다. 저도 밥 짓는 것에 관심이 많아 식당에서 일도 해 봤습니다. 식당의 식재료는 최대한 손이 덜 가게 해서 옵니다. 조리 과정들이 생략되어 있는 음식

재료를 보고 충격을 받았습니다. 도시인들은 그런 음식을 보약처럼 먹는데 '과연 좋은 영향을 미칠까?' 하는 생각을 했습니다. 음식이 굉장히 단순화되고 표준화되어 있습니다. 진정한 영성이란 지역이나 개개인마다의 고유성을 회복하는 것이 아닌가 싶습니다. 저도 많은 실천을 하지 못하지만 고민과 생각은 많습니다. 개개인의 삶 속에서 이런 것들이 내재화되면 좋겠습니다.

조광현 의왕에서 왔습니다. 3년 전까지만 해도 도시 현장에 있었습니다. 음식은 빠르게 쉽게 편하게 섭취해야 하는 것이라고 생각했습니다. 50대 초반까지는 말입니다. 공장 지역에서는 시간대를 정해서 식사를 합니다. 거의 공장의 생산라인 돌아가듯이 식사도 업무의 연장선상이라고 보았습니다. 영양사들이 잘 차려 놓았지만, 밥을 모시는 밥상이 아니라 생산 공정에서 주유를 하는 것 같았습니다. 그래서 제 삶에 제동을 걸었습니다. 다른 선택을 해야겠다 싶어 50대에 귀농운동본부에서 공부를 했습니다. 녹색평론을 통해서 생명과 먹을거리 이야기를 접했습니다. 귀농을 하면서 자립 준비를 하고 있습니다. 저는 정상적으로 학교를 졸업하고 80년대 중후반에 고도로 산업화되는 과정에서 삶을 살았습니다. 그런데 너무나 잘못되었다는 것을 느낀 시점에서 저는 이미 소모가 되어 버리고 말았습니다. 저는 이전과 같은 삶에서는 벗어났지만, 아직도 그 안에 있는 분들이 많습니다. 그래서 같이 고민해야 하지 않을까 싶습니다. 먹는 것·밥·살림 등 저는 큰 전환을 한 것입니다. '쌀 한 톨'이 완전체입니다. 배아의 구조 자체가…. 쌀 이천 몇 백 개가 모여 밥 한 그릇이 된다는 것을 알게 되면서 삶 자체에 대한 각성이 이루어졌습니다. 저의 삶은 이렇게 바뀌고 있지만, 아직도 탈출할 수 없는 구조에 대해 고민해야 한다고 생각합니다.

참가자 저는 결혼해 아이가 하나 있는데, 밥을 하는 것은 의무이자 책임입니다. 아침의 반 정도는 제가 하고 저녁은 아내가 하고 주말은 제가 준비합니다. 그래서 식재료에 관심을 갖게 되었습니다. 설거지는 어떻게 해야 하나 그런 것도 고민이 되었습니다. '밥을 한다.'는 것이 단순히 그 하나로 끝나지 않고 여러 가지 생각과 고민이 따라옵니다. 이것도 수행이 아닌가 생각합니다.

황선진 지리산 숲 속에서 100일 학교를 운영하고 있습니다. 100일 학교에서는 하늘의 이치에 따라 사는 지혜와 기술을 가르치고 있습니다. 저는 매끼, 매번 밥을 다른 마음으로 정성스럽게 하지는 못하고 있습니다. 밥을 할 때 그 안에 담긴 고마운 마음을 의식하지 못할 때가 많습니다. 우리 학교에서 하는 기도가 있습니다. "하늘의 은혜와 땅의 축복과 사람의 정성에 감사드리며 잘 먹겠습니다."와 "밥값 하겠습니다."입니다.

김선명 원불교 환경연대에서 일하고 있습니다. 환경연대에서 하는 일 중 하나가 올바른 먹을거리에 대한 것입니다. 개인적으로는 밥이라는 것을 소중하게 생각하고 있습니다. 우리가 버리는 음식 양이면 굶어 죽는 사람이 없을 것입니다. 그럼에도 굶어 죽는 사람이 많다는 게 참 성직자로서 가슴 아픈 일입니다.

농업 인구 연령이 높아져 안타깝습니다. 앞으로 5년, 10년 뒤의 먹을거리에 대해 고민이 됩니다. 무슨 해결책이 있을까요? '로컬 푸드'나 '텃밭 운동'도 해결책 중 하나라고 생각합니다. 텃밭 10평을 일구는데 그것도 굉장히 힘이 들던데, 100평 짓는 분은 얼마나 힘들까 싶습니다. 서울시가 옥상텃밭을 장려하는데, 그것도 좋은 방법이라고 생각합니다. 쿠바가 도시농업으로 자립도 했을뿐더러 농업 선진화도 이루었습니다. 미래의 먹을거리를 고민할 때가 아닌가 생각합니다. 기본적인 먹을거리는 텃밭으로 해결되지 않을까 싶기도 합니다. GMO에 대해서는 더 고민해 봐야겠습니다.

김근환 안양에서 왔습니다. 다른 분들의 의견에 공감합니다. 먹을거리에 대한 것은 잘 모릅니다. 저는 원주 협동조합을 초기에 만났습니다. 몇 년 전부터는 텃밭동호회를 만들어 활동하고 있습니다. 직장 생활 하면서 텃밭을 하고 먹을거리를 공유한다는 것이 어렵습니다. 저는 직장 생활을 하면서 바쁘고, 아내는 먹을거리의 문제들을 아직은 잘 모릅니다. 아들이 둘 있는데 아내가 육아를 담당하고 있습니다. 저녁 때 먹을거리를 준비해야 하는데, 아이들과 함께 먹는 밥상을 준비해야 하니까 고민이 됩니다. 직접 해 보니까 먹을거리에 대해 체감을 하게 됩니다. 바쁜 직장 생활을 하면서 먹을거리를 공유하고 감시한다는 게 어렵지만, 해야 하는 일이라고 생각합니다. 이런 활동이 외딴 섬 같다는 생각이 드는데, 그럼에도 불구하고 열심히 해야겠다고 생각합니다.

정규호 한 바퀴를 다 돌았습니다. 진행을 맡으면서 좀 설레었습니다. 다양한 지역에 다양한 역할을 하는 사람들이 모여 이렇게 이야기를 할 수 있다는 것이 좋습니다. 있는 그대로의 것을 제대로 보는 것이 영성이 아닌가요? 정치 이야기, 생활 이야기 온갖 이야기가 밥에서 나오고 있습니다. 생활협동조합이 일어나게 되었던 배경에는 '부엌에 세계가 있다'라는 생각의 전환이 있습니다. 실제로 주방에 온 세상이 있더라는 것입니다. 그래서 활동이 시작되었습니다. 생명밥상운동이랄까요? "밥 한 톨에 우주가 있다" 이런 것은 선각자들의 깨달음이었지만, 지금은 누구나 알 수 있는 진실인 것 같습니다. 남은 시간이 15분 정도 있습니다. 기계적으로 돌아가지 않고, 나누고 싶은 말씀이 있다면 순서 없이 청해 듣도록 하겠습니다.

조훈철 원주에서 로컬 푸드 하는 분의 말씀을 들어 보니까 생협운동이 초기와 달라졌다고 하셨는데, 한살림도 거대한 조합입니다. 55만 명이 조합원인데, 부산 조합원이 3,500명입니다. 조직이 커지면 생협의 의미와 정신을 잃어버릴 수도 있기 때문에 부산은 작은 조직을 지향하려고 합니다.

한살림 전체의 물류가 통합되어 한곳에 모여서 나눠지는데, 부산은 될 수 있는 한 부산 주변에서 농산물을 구입하려고 합니다. 어제 한살림 이사장들 모임이 있었는데, 우리가 생명운동을 하는 조직인데 생명살림을 거꾸로 하는 것 같다는 반성이 있었습니다. 물류를 전국으로부터 모아서 하는 것은 생협운동의 의미를 지키는 것이 아닌 것 같다는 의견이 나와 물류는 지역권역으로 나누기로 했습니다.

참가자　밥 얘기를 하다 보니 시어머니 생각이 납니다. 농사를 지으셨는데 밭에 계신 모습이 그림 같았습니다. 몇 년 전에 돌아가셨는데, 순박하고 지혜로운 자식 사랑은 유난했고 크셨습니다. 어머니가 해 주신 고구마줄기 요리는 그렇게 맛있었습니다. 농업 하는 분들은 그 어머니 마음이고, 먹는 사람은 어머니가 해 주시는 음식을 먹는 마음이면 좋겠습니다.

참가자　"엄마와 아빠 클 때는 먹을 것이 없었다."는 말을 하면 아이들은 "라면을 먹으면 되지요."라고 한다는 우스갯소리가 있습니다. 그만큼 교육이 중요합니다. 저희도 비전력(非電力)으로 밥도 지어 먹는 등 교육을 해 봤습니다. 이런 것을 경험해 본 아이는 각성하고 깨닫습니다. 저는 그래서 교육이 매우 소중하다고 말씀드리고 싶습니다. 한살림 같은 곳에서 교육을 진행해 주시면 좋겠습니다.

정규호　도시에 사는 사람들은 태풍이나 비와 바람 등 자연현상에 대해 둔감합니다. 그런데 이런 분들이 텃밭을 시작하면 기후변화에 대한 감각이 달라집니다. 그래서 내가 먹을 것을 자족하는 것도 중요합니다. 농촌은 점점 더 고령화되고 하니 도시에서 텃밭운동이 넓어지면 좀 달라지지 않을까요?

김영지　초등학교 다닐 때 흙과 씨앗을 가져와 심었습니다. 팩으로 파는 걸 심으면 싹이 잘 나지 않습니다. 그래서 씨앗을 뿌려도 나지 않는 줄 알았습니다. 우리 집은 그 당시 아파트에 살면서 남은 부지에 농사를 지었습니다. 그런데 신기하게도 돌밖에 없는 땅에 씨를 심으니까 나는 게 아닙니까? 그리고 식물이 자라면서 흙이 생겼습니다. 4학년 때 화분에다 방울토마토랑 고추를 심었더니, 방울토마토와 고추가 달려서 너무 신기했습니다. 이런 먹을 거리, 농사 교육이 공교육에서 이뤄지면 차별 없는 사회가 되지 않을까 싶습니다.

김소남 한살림 등에서는 텃밭이나 농사 교육 등을 하고 있는지 궁금합니다.

조훈철 한살림에서는 조직적으로 텃밭운동 등을 하고 있지 않습니다. 조합원이면서 텃밭 활동을 하는 분들이 있고, 저희들은 지원하는 정도입니다.

정규호 서울에서는 관심이 있어도 할 수 있는 공간이 별로 없었습니다. 조직적으로 하기에는 그런 땅이 적어서 고민입니다. 유럽은 도시농업의 기준이 엄격합니다. 차도에서 얼마 떨어져 있어야 하는 등의 기준입니다. 농사짓는 것도 매우 중요하지만 건강한 먹을거리를 생산해 먹어야 합니다. '밥과 영성'이라는 주제에 의미를 담아 청년들이 노래 공양을 해 주러 오셨습니다. 프로그램 마무리하기 전에 함께하시겠습니다.

밥 먹고 하는 밴드(김현, 정다희, 김재경) 저희는 '밥 먹고 하는 밴드'입니다. 저희는 녹색청년들의 배움터라는 곳에서 만나 인연이 되어 노래를 하고 있습니다. 우리의 성격을 닮은 노래가 있어야 하지 않을까 해서 준비했습니다.

[노래 : '밥 먹고 하는 밴드', 〈밥상, 같이 산다는 건〉]

정규호 오늘 노래를 해 주시려고 흔쾌히 아침부터 서울에서 오셨습니다. 밥과 관련한 주제의 장에서 이 밴드를 많이 만났으면 좋겠습니다. 매일매일 삼시 세끼 만나는 게 밥인 것 같습니다. 여러분과 나눈 이야기들이 잘 정리되어 함께하지 못한 분들과도 나눌 수 있었으면 좋겠습니다. 이 자리를 빛낸 우리 모두에게 박수를 보내며 마치겠습니다.

종합토론

김용우_ 생명평화결사

원불교 100주년을 맞아 생평활동가들에게 이야기판을 만들어 주셔서 감사합니다. 드문 일입니다. 지난 총선에서도 시민단체 없는 총선을 했습니다. 그리고 민중운동가들이 모이지 않는다는 이야기를 합니다. 지난 1월 생명평화운동하는 분들이 순천에서 모였고, 오늘 원불교에서 자리를 마련해 주셔서 또 모여 새로운 사회운동에 대해 고민했습니다.

생명평화활동가들은 야인들입니다. 아카데믹하지도 않고, 종교인도 아닙니다. 그럼에도 불구하고 치열하게 공부하고 수행하여 사회적 실천과 유리되지 않는 존재들입니다. 한 사회가 성숙 진화해 나가는 것은 운동가들에 의해서라고 생각합니다. 운동가들이 많으면 사회는 성숙해지고 깊어집니다. 생명평화활동가 한마당에 무려 100여 명의 활동가들이 전국에서 자발적으로 모였습니다. 발제에 참여한 사람이 스물다섯 분 정도입니다. 주제는 크게 네 가지로 '마을공동체와 영성' '초불안사회와 영성' '사회운동과 영성' '밥과 삶 그리고 영성'입니다.

네 가지 소주제를 통해 이번 활동가 대회에서는 '생명평화운동과 영성'에 대해 논의했습니다. 사회운동과 영성이란 이야기를 한 것이 한국사회에서 획기적인 일이 아닌가 싶습니다. 지금까지 금기시되거나 일부 종교운동의 영역으로 인식되었지만, 전체 담론에서 '영성'이라는 것이 드러난 것은 큰 사건입니다.

우리 사회의 근대화 과정에서 종교의 역할이 있었지만, 사회적 윤리와 도덕을 세속화시키는 데 실패한 것으로 보입니다. 2005년 통계를 보면 종교에 대한 신뢰도가 54%입니다. 이 신뢰도는 기업과 시민단체에 대한 신뢰도보다 낮습니다. 한국사회에 종교가 있고 신자들이 있지만, 종교가 사회 통합이나 사회적 덕목을 지지하지 못한 것이 아닌가 싶습니다.

생명운동이 현장에서 문제를 해결하는 데 첫째, 종교 간 대화가 필요합니다. 각 삶터에서 종교 간 대화가 필요합니다. 통합적 영성을 모색해 보았으면 합니다.

둘째, 마을공동체, 사회적 기업, 지역공동체 등 공동체적 사회운동이 어떻게 확산될 수 있는가 하는 문제입니다.

셋째, 수행운동이 대중적 사회운동과 결합하기 위해 우리 사회의 영적 확장을 위해 수도원운동과 일상의 결합이 필요합니다. 생명운동의 현장성은 세 가지 영역으로 나눕니다. 자율적 존재로서의 자기 정체성입니다. 외재율이 아니라 내재율, 자립경제 운동입니다. 자본과 기업을 욕하는 것에서 그치지 않고 지속 가능한 공동체 경제, 국가에 의지 하지 않는 자치운동이라고 할 수 있습니다. 이런 것들을 기본 베이스로 일상적 평화 교육, 새로운 문명을 창조하는 전환 운동이 생명운동의 고유영역입니다. 그런데 녹록치 않습니다.

엄청난 내부적 갈등과 분란이 있습니다. 그런 이유에서 하나의 섹션으로 〈마을공동체와 영성〉이 채택되었습니다. 사회운동을 하는 데 근대적 가치의 완성과 새 문명을 모색하는 운동이 조화로운 통일을 이루어야 합니다. 우리는 청소년 문제, 노인 문제 등 초불안사회를 넘어설 수 있는 영적인 방향에 대한 탐구가 필요합니다. 〈밥과 삶의 영성〉은 생명운동의 오래된 주제였습니다. 이번 활동가 한마당에서는 네 가지 주제로 토론을 했습니다. 100여 명의 참가자들이 네 개 분과로 나뉘어 토론을 진행했습니다. 각 분야의 진행자 네 분이 토론 내용을 정리한 것을 소개합니다.

1. 마을공동체운동에서의 영성

네 명이 기본 발제를 했습니다. 40여 명이 모여 주제 토론을 했습니다. 우리는 공동체에 살 수밖에 없고, 살고 있고, 꿈을 꿉니다. 우리는 완전한 형태로 존재하는가? 우리가 모색할 수 있는 공동체의 상은 무엇인가를 고민하며 모였습니다. 고백하자면 공동체는 투쟁적이고 분쟁적인 삶의 현장입니다. 일상의 삶을 어떻게 해야 하는가? 일상의 삶이 수행입니다. 일상에서 수행하면서 더불어 살려고 노력하는 것이 공동체입니다. 지성과 경험, 자립, 성찰이 공동체를 튼튼하게 합니다. 공동체는 하나의 상에 불과합니다. 실천 속에서 만들어 가야 합니다. 그 도구로서 영성을 탐구해야 합니다. 공동체는 돌봄·보살핌·영성의 실천입니다. 변화를 만들어 가는 과정입니다.

토론 요약

- 우리는 모두 공동체에 살 수밖에 없고 공동체에 살고 있지만 공동체를 꿈꾼다.
- 공동체는 과연 완전체로 존재하는가? 그저 유토피아적인 판타지가 우리 안의 공동체의 상이 아닌가?
- 실제로 공동체는 늘 투쟁이고 분쟁 중인 삶의 현장이다. 그래서 분쟁이 존재하고 고통스럽기도 하고 사람들에게 상처를 받고 상처를 준다.
- 공동체는 일상의 삶을 어떻게 살아갈 것인가 하는, 저 자신을 찾으려는 노력이자 과정이다. 마치 수행과 같다.
- 그 수행은 깨달음의 과정이다.
- 삶과 일상에서 경험과 실천으로 부딪치며 만들어 가야 한다.
- 내 스스로의 자성과 경험과 자립만이 공동체를 더 든든하게 만들 수 있다.
- 전체를 위한 공동체가 아니라 개개인이 서로서로 돌보는 공동체가 되어야

한다.

- 생태적이고 자연과 교감하는 지구적 사고가 마을공동체의 바탕이 되어야 한다.

- 누구 때문에 못하는 공동체가 아닌 서로 돌보는 마을공동체가 되어야 한다.

- 공동체는 그저 하나의 상에 불과하다. 다만 우리가 실천 속에 만들어 가야 하고, 그 영성을 만들어 가야 한다.

- 그 영성은 깨달음의 실천이고, 서로 돌보려는 보살핌이고, 헌신의 이름일지 모른다. 그렇기 때문에 스스로 서서 서로 돌보는 과정이 바로 영성의 실천이라고 할 수 있다.

- 공동체는 늘 변화 중이고 만들어지는 과정이고 늘 많은 시간이 걸린다. 그 시간을 견디며 함께 가는 것이 공동체의 영성이자 운동의 과정이며 공동체이다.

<소란 전환마을 '은평' 대표>

2. 초불안사회와 영성

누구나 불안을 두려워합니다. 어느 순간도 우리를 놓지 않습니다. 어떻게 바라보아야 할까요? 이 사회는 경쟁을 부추깁니다. 고립은 욕망의 다른 말입니다. 개인과 사회로 나눠 볼 때, 영성은 나를 사랑하듯 다른 사람을 인정해야 하는 것입니다. 나로 인해 맺어진 관계가 사회입니다. 그렇게 모여 사는 것이 공동체입니다. 그렇기에 불안조차 맞아들이는 것이 영성입니다. 힘이 나에게 그리고 나의 집합인 사회에 있습니다.

3. 사회운동과 영성

여덟 명이 기본 발제를 했고, 발제자 중 네 명이 참여했습니다.

정의를 위한 사회변혁운동, 사회운동의 영성, 자기중심의 해방을 토대로 '한 몸 평화, 원불교 100년의 깨달음. 우주적 존재로 사물과 생명을 바라보는 관점'이 필요합니다. 동학 수운의 깨달음은 '천도는 우주의 운행원리와 생명의 원리'라는 것이고, 사회가 조화롭게 흘러가는 인류의 질서 안에 사회운동의 영성을 강조했습니다.

이 밖에 저항운동과 창조적 생명운동의 갈등에 대해 이야기했고, 저항운동은 분노, 적개심을 가지고 싸우게 되는데 피할 수 없는 문제입니다. 수행운동이 현실을 무시하면 안 됩니다. 어떻게 '넘어설' 것인가를 고민해야 합니다.

이 시대 고난의 현장에 참여해 참해방된 인간의 삶을 노래하는 사람과 종교적 진심을 담아 생명평화를 노래하는 분들이었습니다. 토론에서 합의가 되지는 않았습니다. 심화 토론이 필요한 대목입니다.

토론 요약

- 한 몸 평화영성, 정의를 위한 사회변혁운동을 말할 때, 나와 남을 구분하는 것을 넘어설 때 사회운동의 영성은 자기중심에서 해방을 토대로 불안한 사회로부터 해방된다. (이강실 목사)
- 생명운동과 영성, 원불교 100년의 깨달음인 만물의 본질, 마음의 본질, 개벽 세상을 통해 우주적 존재로서 사물을 바라보고 생명을 바라보는 관점이 필요하다. (강해윤 교무)
- 천도교와 영성, 동학 수운의 깨달음은 자기 인격과 삶과 사회에서 구현하려고 했던 덕 그것이 천도이다. 천도를 깨닫고 우주의 운행 원리와 자연의 섭리, 생명 순환의 연결 고리를 존중하는 삶, 사회가 조화롭게 흘러가는 인류의 질서 안에서 사회운동의 영성을 강조했다. (김용휘 대표)
- 이 밖에도 토의에 참여한 참가자들은 우리 사회변혁을 꿈꾸는 사람들의 이야기를 곧 '사회운동의 영성'으로 바라보았으며, 개인의 삶과 사회적 삶이 영성을 연결시켜 삶 자체가 진화되기를 소망한다고 말했다.
- 신과의 합일을 이루는 내면적 영성과 고난받는 현장에 참여하는 실천적 영성이 하나 될 때 진정한 영성이 시작된다.

4. 밥과 삶, 그리고 영성

영상을 보고 밥에 대한 노래 두 곡을 들었습니다. 다양한 연령, 다양한 지역에서 온 사람들이 참여했습니다. 가장 일상적이고 평범하고 거룩한 것이 밥입니다. 삶이고 하늘이고 우주인 밥이 아픕니다. 밥을 먹는 나와 뭇 생명이 아픕니다. 밥을 만드는 이들의 마음이 중요합니다. 같이 먹고 공감하는 밥상 공동체가 중요합니다. 생산과 소비의 관계가 가까워져야 합니다. 로컬 푸드와 생협의 역할이 중요합니다. 밥을 통한 생명, 맛을 통한 건강한 식교육, 학교급식에 대한 교육이 더 필요합니다. 땅을 살려 도시텃밭운동도 더 열심히 해야겠습니다. 밥 한 톨에 우주가 있습니다. 밥은 개벽입니다.

| 토론 요약 |

- 자료집에 담긴 '밥과 삶, 그리고 영성'에 대한 글에 담긴 핵심 내용을 담은 영상을 보고 함께 이야기 나누고, '밥'에 대한 노래 두 곡을 함께 불렀다.
- 다양한 지역에서 다양한 활동을 해 온 다양한 연령대의 참가자들이 뜻깊은 대화의 시간을 함께 만들었다. '밥'이 가진 힘을 확인할 수 있었다.
- 밥은 가장 일상적이고 가장 본능적이면서 평범하지만 가장 거룩한 것이다. 그래서 밥이 곧 삶이고 생명이고 하늘이고 우주이다.
- 그런데 생명의 기운이 깃들어 있어야 할 그 밥이 지금 아프다. 그 밥을 먹은 나와 우리, 뭇 생명이 함께 아프다.

- 밥을 통해 삶을 이야기하고 영성을 이야기할 때이다.

- 밥을 대하는 '마음'에 대해 이야기를 나누었다. 밥을 하는 사람의 마음, 밥을 먹는 사람의 마음, 나아가 그 밥을 생산하는 농부의 마음이 중요하고 소중하다. 싸게 먹고 때우는 밥이 아니라 같이 먹고 교감하는 밥상공동체를 이야기했다.

- 식(食)과 농(農)의 관계가 멀어지고 있는 현실을 걱정하면서 지역을 중심으로 생산과 소비의 관계가 더 가까워져야 한다. 그래서 로컬 푸드, 생협의 역할이 중요하다.

- 밥을 통한 평화와 통일의 중요성에 대해서 이야기했다.

- 맛을 탐닉하는 시대에 올바른 밥 교육, 식 교육이 중요하다. 특히 자라나는 아이들에게 건강한 먹을거리와 함께 식 교육을 더 열심히 해야 한다. 학교급식에 대한 관심도 더 필요하다.

- 땅을 살려야 한다. 도시민들이 농(農)적 가치를 배우고 자급하는 삶을 이루는 도시농업, 도시텃밭운동도 더 열심히 해야겠다.

- 부엌에 세계가 있고 밥 한 톨에 우주가 있다. 밥은 어머니이고, 밥은 곧 나이다. 밥은 개벽이다. 밥값하며 살아가겠다.

<정규호 모심과살림연구소>

김용우 생명운동과 영성, 이제 시작입니다. 다양한 종교 '넘어' 진리의 언어·일원·하나님·불성·한울 등 언어가 다르다는 이유로 자기 종교 중심적이어서는 안 됩니다. 사회운동은 통합적으로 영적 깊이가 깊어지는 방향으로 진화해야 합니다. 사회운동가들의 노력이 필요합니다. 원불교가 이런 자리를 만들어 주어 감사합니다.

오래된 새길, 영성

등록 1994.7.1 제1-1071
1쇄 발행 2016년 12월 31일

엮은이 원광대학교 원불교사상연구원
기 획 원불교환경연대
지은이 김용우 소 란 조정훈 이종민 넥스트젠코리아 이무열 장기성 이충한 김 호 한용술
        이정배 양재성 이강실 강해윤 김용휘 김준한 도법스님 조헌정 박그림 송경동 정규호
        김미수 김상숙 김수향 김지현 유미호 조영주 최성현 현희련
펴낸이 박길수
편집인 소경희
편 집 조영준
관 리 위현정
디자인 이주향
펴낸곳 도서출판 모시는사람들
        03147 서울시 종로구 삼일대로 457(경운동 수운회관) 1207호
전 화 02-735-7173, 02-737-7173 / 팩스 02-730-7173
홈페이지 http://modl.tistory.com

인 쇄 상지사P&B(031-955-3636)
배 본 문화유통북스(031-937-6100)

값은 뒤표지에 있습니다.
ISBN 979-11-86502-69-3 94290
ISBN 979-11-86502-66-2 94290 세트

이 도서의 국립중앙도서관 출판예정도서목록(CIP)은 서지정보유통지원시스템 홈페이지
(http://seoji.nl.go.kr)와 국가자료공동목록시스템(http://www.nl.go.kr/kolisnet)에서 이용하
실 수 있습니다.(CIP제어번호: 2016032073)

이 책은 2016년 ☯ 문화체육관광부의 후원으로 발간되었음.